伊恩·麦克尤恩
访谈录

Conversations
with
Ian McEwan

〔美〕莱恩·罗伯茨 **编**　郭国良 **译**

上海译文出版社

Ryan Roberts
Conversations with Ian McEwan
Copyright © 2010 by University Press of Mississippi
This edition published by agreement with University Press of Mississippi, 3825 Ridgewood Road,
Jackson, MS 39211. Website: www. upress. state. ms. us
Simplified Chinese edition copyright:
2021 SHANGHAI TRANSLATION PUBLISHING HOUSE
All rights reserved.

图字: 09 - 2019 - 189 号

图书在版编目(CIP)数据

伊恩·麦克尤恩访谈录/(美)莱恩·罗伯茨
(Ryan Roberts)编;郭国良译. —上海:上海译文出
版社,2021. 10
(文学访谈系列)
书名原文:Conversations with Ian McEwan
ISBN 978 - 7 - 5327 - 8833 - 0

Ⅰ.①伊… Ⅱ.①莱…②郭… Ⅲ.①伊恩·麦克尤
恩一访问记 Ⅳ.①K835. 615. 6

中国版本图书馆 CIP 数据核字(2021)第 244882 号

伊恩·麦克尤恩访谈录
[美]莱恩·罗伯茨 编 郭国良 译
责任编辑/吴洁静 装帧设计/张擎天

上海译文出版社有限公司出版、发行
网址:www. yiwen. com. cn
201101 上海市闵行区号景路 159 弄 B 座
上海文艺大一印刷有限公司印刷

开本 890×1240 1/32 印张 7.75 插页 5 字数 157,000
2022 年 1 月第 1 版 2022 年 1 月第 1 次印刷
印数:00,001—10,000 册

ISBN 978 - 7 - 5327 - 8833 - 0/I • 5456
定价:58. 00 元

伊恩·麦克尤恩作品列表①

长篇小说：

《水泥花园》	伦敦：乔纳森·凯普出版社 1978 年
《只爱陌生人》	伦敦：乔纳森·凯普出版社 1981 年
《时间中的孩子》	伦敦：乔纳森·凯普出版社 1987 年
《无辜者》	伦敦：乔纳森·凯普出版社 1990 年
《黑犬》	伦敦：乔纳森·凯普出版社 1992 年
《爱无可忍》	伦敦：乔纳森·凯普出版社 1997 年
《阿姆斯特丹》	伦敦：乔纳森·凯普出版社 1998 年
《赎罪》	伦敦：乔纳森·凯普出版社 2001 年
《星期六》	伦敦：乔纳森·凯普出版社 2005 年
《在切瑟尔海滩上》	伦敦：乔纳森·凯普出版社 2007 年

短篇小说集：

《最初的爱情，最后的仪式》	伦敦：乔纳森·凯普出版社 1975 年
《床笫之间》	伦敦：乔纳森·凯普出版社 1978 年
《短篇小说集》	伦敦：乔纳森·凯普出版社 2007 年

儿童文学：

《白色玫瑰》	伦敦：乔纳森·凯普出版社 1985 年
《梦想家彼得》	伦敦：乔纳森·凯普出版社 1995 年

戏剧：

《模仿游戏》　　　　　　收录三部电视剧本

　　　　　　　　　　　　伦敦：乔纳森·凯普出版社 1981 年

电影剧本：

《犁田者的午餐》　　　　伦敦：梅休因出版社 1985 年

《酸甜》　　　　　　　　根据毛翔青小说改编

　　　　　　　　　　　　伦敦：费伯出版社 1988 年

作词：

《或者，我们去死?》　　为迈克尔·伯克利谱写的清唱剧作词

　　　　　　　　　　　　伦敦：乔纳森·凯普出版社 1983 年

《为了你》　　　　　　　伦敦：Vintage 出版社 2008 年

---

① 作品列表及此后的生平大事记均截至该访谈录出版之年 2010 年。——译注

目 录

引言

生平大事记

出发点

伊恩·汉密尔顿/1978 年   1

青春期和此后岁月

克里斯托弗·里克斯/1979 年   21

伊恩·麦克尤恩

约翰·哈芬登/1983 年   29

对话作家:我们时代的观念

马丁·艾米斯/1987 年   53

散文写作的乐趣遭遇色情暴力——对谈伊恩·麦克尤恩

罗莎·冈萨雷斯·卡萨德蒙特/1989 年   61

侧写:伊恩·麦克尤恩

帕特里克·麦克格雷斯/1990 年   69

访谈伊恩·麦克尤恩

莉莉安·卢维尔、吉勒·梅内加尔多、安妮-洛儿·福廷/1995 年　　75

访谈伊恩·麦克尤恩

乔纳森·诺克斯/2001 年　　89

小说艺术 173:伊恩·麦克尤恩

亚当·贝格利/2002 年　　101

扎迪·史密斯对谈伊恩·麦克尤恩

扎迪·史密斯/2005 年　　123

纵谈艺术与自然

安东尼·戈姆利/2005 年　　155

与伊恩·麦克尤恩一席谈

大卫·林恩/2006 年　　165

名副其实:戴维·雷姆尼克对话伊恩·麦克尤恩

戴维·雷姆尼克/2007 年　　179

双重目的

阿舒托什·汉德卡/2008 年　　201

若隐若现

史蒂芬·平克/2008 年 207

"无奈之举":访谈伊恩·麦克尤恩

莱恩·罗伯茨/2008 年 217

引　言

　　2008年5月,作为美国笔会中心世界之声节的活动之一,伊恩·麦克尤恩与史蒂芬·平克登台对谈。二人的议题围绕交流、进化心理学,以及——援引平克的话说——"若翻看某一谈话的文字稿,有一点挺耐人寻味:谈话中交流信息寥寥无几,而旁敲侧击、委婉表达却比比皆是。我们有赖听者来填补空白"。语境在谈话中至关重要,而精微的措辞和语气亦举足轻重。因此,在将口头对话转录于纸张之上的过程中,无疑会造成某些意义或意图的些微缺失。麦克尤恩深谙其理,该合集中收录的他参与的访谈,展现了他对语言特质和意义精确性的殷殷关注。这些访谈内容丰富,增知益识,但更为重要的是,它们记录了一场作者、作品与读者之间持续不断的对话。这一系列引人入胜、坦诚率性的交谈,为一览麦克尤恩的写作过程提供了独家视角,亦展现出他作为知名公众人物、学者、父亲以及作家的多姿多彩。

　　上世纪七十年代初,伊恩·麦克尤恩携两部短篇小说集(《最初的爱情,最后的仪式》和《床笫之间》)一路奔袭,闯入文坛,这两部集子细致刻画了人类与生俱来的邪恶和复杂性,令人惊愕。评论家和书评人迅即对其种种恐怖主题——死亡、乱伦以及他笔下众多人物的孤陋游离——展开评说。此后两部小长篇《水泥花园》和《只爱陌生人》随即问世,而这两本书的题材进一步巩固了麦克尤恩在文学界的声名:一位偏爱争议性或惊悚情节的优秀作家。1989年,罗莎·冈萨雷斯·卡萨德蒙特问及麦克尤恩其早期名声是否对其后续作品产生了消极影响,后者默然认同,说道:

"是的,我发现挺艰难的,因为某些报纸一个劲地大肆渲染我的所为,把我描绘成某种文学变态者。一旦围绕我的作品树立了这一系列预期,人们就会以这种方式阅读它。"他的作品持续畅销,而他本人的影响力也与日俱增;1983年,《格兰塔》杂志和英国图书经销委员会称其为"英国青年小说家二十佳"之一,与他一同入选的同代人有马丁·艾米斯、萨尔曼·鲁西迪、帕特·巴克、威廉·博伊德、石黑一雄和朱利安·巴恩斯等人。

上世纪八十年代初,麦克尤恩觉得自己需要逃脱早期作品中幽闭恐怖的世界,有很长一段时间都未进行小说创作。在此期间,他创作了关于核战威胁的清唱剧《或者,我们去死?》,以及电影《犁田者的午餐》的剧本,该片由理查德·艾尔执导。这些经历使麦克尤恩作品主题的受众变得更为广泛,有助于改变其小说创作方式。诚如他在接受《当代英国研究》采访时所言:"《只爱陌生人》悄然步入一个略大的世界,等我写完一部有关核战威胁的清唱剧,终于开始创作《时间中的孩子》(1987)时,我觉得自己可以设法将早先一幅幅刻画极端心理状态的小油画与较为广阔的社会现实相勾连了。"

伴随《时间中的孩子》的问世,麦克尤恩步入创作的多产期,出版的几本书不仅极为畅销,而且在评论界也反响甚佳,包括《无辜者》(1990)、《黑犬》(1992)、《爱无可忍》(1997),以及获得布克文学奖的《阿姆斯特丹》(1998)。纵览上世纪九十年代,他的声名日隆,而且近十年来他仍旧享有鸿名,推出了一连串畅销书,包括《赎罪》《星期六》,以及评论界盛赞的《在切瑟尔海滩上》。麦克尤恩常常成为公众关切的对象,概因他在商业上获取巨大成功,且不断描摹与当代社会息息相关的内容。他探究人类经历的方方面面,譬如丢失孩子的后果、宗教狂热、心理痴迷、错综复杂的关系、安乐死,以及在深陷冲突和毁灭的现代世界中的幸福。麦克尤恩曾一度被视为专写恐怖题材的作家,而如今他发现自己往往被目为英国最伟大的在世作家。

在评估某卷访谈可否入选"文学访谈"系列时,我们即刻便发现如麦克尤恩这般名望的作家提供的对话具有不同的层级。作家们为了宣传新书,穿梭于城市之间,只得接受巡回售书活动中千篇一律的人物剪影和采访,该合集对此类访谈避而未选。麦克尤恩广受赞誉,此类出版物自是数不胜数——事实上,应该说是如此繁多,以至于他在该合集的最后一篇采访中坦承:"我花费了大把时间规避各种采访,可到头来还是做了许多。我的回绝次数大抵是接受次数的五倍或十倍。"尽管曾出此言,但麦克尤恩还是常常接受采访,侃侃而谈,而这正是这些对话构成此合集的基础。它们涵盖了英国、法国和西班牙学者的访谈,与艺术家安东尼·戈姆利和心理学家史蒂芬·平克的对话,以及与同道作家的讨论,包括伊恩·汉密尔顿、克里斯托弗·里克斯、戴维·雷姆尼克、扎迪·史密斯和马丁·艾米斯。

收录于此书的访谈为麦克尤恩提供诸多机会,使他得以自省和澄清其写作的基本主题,总体而言,为读者理解其作品复杂性提供了绝佳机会。麦克尤恩评点自己的每部小说时,深思熟虑,灼见迭出,在阐发自己的创作冲动时尤为坦率。在谈及自己最初的几个短篇小说时,他对亚当·贝格利说:"我寻找极端情形、精神错乱的叙述者、淫淫和惊悚——并精心谋篇布局,将这些元素融入行文中。"关于他的首部长篇小说《水泥花园》,他向约翰·哈芬登解释道:"它显然源于我笔记中的一段,本来我只是在信笔涂鸦,突然脑海中展现了一部关于家庭生活的完整小说,'就像穴居动物一样……妈妈去世以后,整个家庭仿佛陷入了沉睡'。"他向贝格利描述《爱无可忍》是如何开场的:"寥寥数笔,场景信手拈来,在黑暗中呼啸",以及《赎罪》的初稿如何包含作家布里奥妮·塔利斯的生平信息,他告诉乔纳森·诺克斯她这一角色是"我所构想出的最为完整的一个人"。麦克尤恩也详述了他的其他作品,包括电影剧本《犁田者的午餐》、他的儿童故事、清唱剧《或者,我们去死?》和歌剧填词《为了你》。

麦克尤恩探讨写作过程的固有本质,对创作行为的讨论贯穿于这些访谈的始终。他在与大卫·林恩的对话中若有所思地说:"我在写作中发现故事走向。"他进一步阐述道:"我的确认为,写作,也就是实实在在写作这件事,是一种想象行为。明媚的日子,美好的早晨,逼出一个句子来说不定有意外之喜呢。"同样,他告诉贝格利写作是"一个你不可能也不希望完完全全受你刻意掌控的过程"。论及写作工具，麦克尤恩向诺克斯解释了他如何将自己的思想变成白纸黑字这一关键转换："我觉得，是电脑文字处理将我送入一个妙不可言的虚拟空间。已存在电脑但还未打印出来的一章，与已在你脑海但尚未诉诸笔端的想法，具有相同——或相当的——虚拟性。"麦克尤恩亦向贝格利坦言："电脑文字处理更贴心体己，更像思维本身。回过头来看，打字机简直是机械障碍。"他对写作和作文这一实实在在的行为有这般审视，使扎迪·史密斯断定麦克尤恩"是一位兢兢业业的工匠；精雕细刻，精益求精，对过程的每一步都兴味盎然，就像一位科学家矻矻于科学实验"。

尽管麦克尤恩视写作为一件"私人化、让人着迷的事情"，也偏爱在自己的个人生活中不受打扰，但他对作家有时在更广的社会范围内所扮演的角色亦了然于心。该合集的最后一篇访谈特意关注了这一话题。当麦克尤恩被问及不得已接受采访时，他十分诚实地答道："感觉采访更像是一份职责，是一个人职业守则的一部分。"麦克尤恩也意识到了与这一职业相关的危险，并坦言："如果你在公众场合说了什么，那就永远没完没了了。你可能会被误引，会因为你从没说过的话而遭受攻击。"他偶尔会艰难挣扎，苦干找到一个合适的平衡，也建议作家们"可得小心，不要陷入指点江山般的'名人舆论'文化中。不过，另一方面，如果某些公共议题恰好与你的关切相关，那么有时候你可真的该大胆发声"。

此卷中遴选收录的对话揭示了几个常见的主题，包括男女关系、时空概念、真相、性欲、恐怖、黑暗人性、宗教与科学、历史，以及写作与生活的关系。这些访谈原初刊登于不同地方（大不列颠、北美、加拿大、法国和西班牙），横跨三十年，因此代表了麦克尤恩创作生涯的不同阶段。合而观之，这些访谈全方位讨论了麦克尤恩的创作，详细阐述了他对音乐、电影、戏剧、儿童故事、声誉管理、政治、科学——确切地说，是进化生物学和环境问题——的兴趣。

作为编辑，我挑选了最为详尽、实在、富有见地、清晰流畅和内容广泛的访谈，并尽力均衡搭配，既有鲜少提及的访谈，也有学术研究中频繁援引的访谈。我已尽可能避开重复,但有几例中所含的材料可能仍有重叠。此处包含的访谈均以原本形式呈现,仅略作校订,以更显明晰或统一描述。访谈以1978年至2008年间的发生顺序编排。它们初刊于不同的出版物,格式各异,包括书籍、文学杂志、周刊和录音。

其中的三篇访谈此前仅有音频格式,因而此访谈集为学者们提供了独家素材。1987年麦克尤恩与马丁·艾米斯为当代艺术学院所作的对谈提供了他对核毁灭的独特见解,而他同戴维·雷姆尼克的对话凸显了他的周全和幽默。该合集中的最后一篇访谈论述了几个别处未曾涵盖的有趣话题,包括麦克尤恩的环境保护主义论、他撰写论文的计划,以及他对访谈这一体裁的见解。这其中的每一份录音均被转录写出,并与伊恩·麦克尤恩共同编辑,力求语言明晰、精准。我相信一般读者和学者会发现这些访谈独具价值。它们不仅深入洞察麦克尤恩的作品,而且让人感受其文学个性和作为作家的成长。总体而言,此访谈集展现了伊恩·麦克尤恩如何不断探索、表达和锤炼自己对写作、科学、人际关系、政治和人性的种种卓见。

假若没有那些曾采访过伊恩·麦克尤恩的人所作之贡献,此书将无以诞生,感谢他们各位为我使用访谈内容提供便利。我想要感谢我的挚友兼爱妻特里西娅对该项目和众多其他项目始终不渝的支持。我要特别感谢瓦内萨·圭纳瑞和芭芭拉·伯克哈特的鼓励和友情;我还要特别感谢林肯兰德社区学院为我增补赴伦敦的差旅费,让我得以采访伊恩·麦克尤恩。我也要感谢密西西比大学出版社的沃尔特·比金斯,他对此书的出版助益良多。

我由衷感谢伊恩·麦克尤恩的豁达谦和,对该合集禀抱兴趣,提出对过往访谈颇有价值的建议,不辞辛劳地校订录音文字稿,还要感谢他答应与我做最后一场对话,为此书画上句号。对于他一以贯之的慷慨和友好,我不胜感激。

莱·罗

生平大事记

1948 年 伊恩·拉塞尔·麦克尤恩 6 月 21 日出生于英格兰奥尔德肖特小城，父亲戴维·麦克尤恩，母亲罗丝·麦克尤恩。在远东和北非度过少年时期。

1959 年 在萨福克的伍尔弗斯顿·霍尔寄宿学校上学。

1966 年 进入萨塞克斯大学。攻读英语和法语，并开始写小说。

1970 年 作为英国文学优等本科生从萨塞克斯大学毕业。进入东英吉利大学，在马尔科姆·布雷德伯里和安格斯·威尔逊门下研读现代小说和创意写作。

1971 年 获创意写作硕士学位。

1972 年 在《新美国评论》发表首个短篇小说《家庭制造》。赴阿富汗旅行。

1974 年 见到伊恩·汉密尔顿，后者后来在《新评论》上刊登了若干麦克尤恩的短篇小说。

1975 年 出版首部短篇小说集《最初的爱情，最后的仪式》。

1976 年 《最初的爱情，最后的仪式》获萨默塞特·毛姆文学奖。4 月 10 日《杰克·弗利的生日礼物》在英国广播公司（BBC）播出。赴美国旅行。

1978 年 出版第二部短篇小说集《床笫之间》，以及首部长篇小说《水泥花园》。

1979 年 英国广播公司中止制作《立体几何》的电视剧改编。

1980 年　　4 月 24 日英国广播公司播放《模仿游戏》。

1981 年　　出版《模仿游戏》和《只爱陌生人》，后者入围布克奖。

1982 年　　与彭妮·艾伦结婚，跟她育有两个儿子。

1983 年　　被《格兰塔》杂志和英国图书经销委员会推为"英国青年小说家二十佳"之一。伦敦交响管弦乐队演奏《或者，我们去死？》。发行电影《犁田者的午餐》，该片荣获伦敦《标准晚报》最佳电影奖、最佳导演奖（理查德·艾尔）和最佳编剧奖。

1984 年　　皇家文学学会会员。

1985 年　　出版《白色玫瑰》。

1987 年　　出版《时间中的孩子》，该书获年度惠特布莱德图书奖。随欧洲核裁军代表团参访苏联。

1988 年　　出版以毛翔青小说为蓝本的电影剧本《酸甜》。

1990 年　　出版《无辜者》。发行《只爱陌生人》电影改编剧本。

1992 年　　出版《黑犬》，此书入围布克奖。

1993 年　　发行《乖儿子》。发行《水泥花园》和《无辜者》电影改编剧本。《时间中的孩子》获（法国）费米娜外国小说奖。

1994 年　　出版《梦想家彼得》。

1995 年　　与彭妮·艾伦离婚。

1997 年　　与安娜丽娜·迈克菲结婚。出版《爱无可忍》，此书入围詹姆斯·泰特·布莱克纪念奖。

1998 年　　出版《阿姆斯特丹》，此书获当年布克奖。

1999 年　　被授予（德国）莎士比亚奖。

2000 年　　被授予大英帝国司令勋章。

2001 年　　出版《赎罪》，此书入围数个奖项，包括布克奖、詹姆斯·泰特·布莱克纪念奖以及惠特布莱德小说奖。

2002 年　　《赎罪》入围洛杉矶时报图书奖，获 W. H. 史密斯文学奖。

2003 年　　《赎罪》获（美国）书评界小说奖。

2004 年　　发行《爱无可忍》电影改编剧本。

2005 年　　出版《星期六》。此书入围国际布克奖。

2006 年　　《星期六》获詹姆斯·泰特·布莱克纪念奖。

2007 年　　出版《在切瑟尔海滩上》，此书入围布克奖。发行《赎罪》改编电影。

2008 年　　出版清唱剧《为了你》，书中附威尔士音乐剧院歌剧团演出情景。《在切瑟尔海滩上》获英国年度作者/年度图书奖。《赎罪》改编的同名电影获七项奥斯卡金像奖提名，荣膺最佳电影配乐奖和英国电影学院最佳电影奖。

出发点

◎ 伊恩·汉密尔顿/1978 年

原载于《新评论》5.2(1978 年秋季):第 9—12 页。经伊恩·汉密尔顿产业许可转载。

伊恩·汉密尔顿:你已经出版了两部短篇小说集,现在你的第一部长篇小说《水泥花园》也面世了。我想稍后再就这些作品来向你提问,不过或许我们可以先谈一谈你的"背景",正如人们所说……

伊恩·麦克尤恩:好的,可以说我来自军人家庭。1948 年我出生在奥尔德肖特,在一栋已婚军人预制军营里度过我的幼年时光。我父亲是个苏格兰军士长,他于 1932 年入伍,成为一名常规军人,他之所以当兵无非是因为他在格拉斯哥失了业。我母亲是当地人,在战争中失去了她的前夫,所以我有一对同母异父的哥哥与姐姐。我母亲那会很穷,尤其是在失去其第一任丈夫之后。1947 年那会,带着两个孩子守寡,生活过得很艰难。她大概三十岁的时候嫁给了我的父亲,我父亲那会二十九岁。

汉密尔顿:他们是什么样的人,性格相似吗?

麦克尤恩:一点也不。我父亲那会,包括现在也是,身材健硕,长相英俊,还留着一撮军人标志性的小胡子。他像他母亲,很盛气凌人。至于我的母亲,即便在做姑娘的时候就开始照顾一大家子的姐妹,而且在二十来岁的时候还经历了这样的苦难,但她仍旧是一个性格非常温和的女人,很容易顺从。

汉密尔顿：我想，虽然你有一对同母异父的哥哥和姐姐，但你当时仍旧视自己为独生子吧？

麦克尤恩：某种程度上是的。首先，他们比我大不少，而且不管怎么说，我哥一直和外婆住在一起——她真是个不一般的人物，她在我母亲的第一任丈夫去世之后主动提出要抚养一个孩子。因此我哥从小就在一幢市建住房里长大，房屋里摆满了各种金光灿烂却又有点吓人的物件：一些瓷器小狗以及一幅巨大精美的立体照片。

汉密尔顿：的确不是滋味。所以这一家子一开始就实实在在分裂了。

麦克尤恩：是的，当我父亲被派往新加坡时更是如此。我那时大概三四岁。我同母异父的哥哥留了下来。

汉密尔顿：你还记得你当时对父亲的印象吗？你刚才说他很盛气凌人。

麦克尤恩：呃，最初他在我眼里就跟陌生人差不多。从周一到周五他都在外工作，只在周末回家。他性子特别火爆，不过其实他是个很重感情的人，但他羞于直接表达感情。我小时候真的特别怕他，我就记得有一次，我一看到他在雨中推着自行车经过营房的窗户，就吓得跑到沙发后面，然后呼唤我妈把他赶走。就我而言，他是个入侵者，生生地闯入了我与母亲之间那一亲密、幸福的关系中。

汉密尔顿：你们一家搬到新加坡的时候你只有三岁。你还记得当时的情景吗？

麦克尤恩：不是很多。我记得那里就跟很多国外军事基地差不多，房屋和英国这边的小型市建住房群很像。之所以会意识到自己在国外生活，是因为那里充沛的阳光和旁边站着的一两个用人。那会我有个保姆，我把这件事视为我最了不起的成就之一。她那会十七岁，长得很漂亮。她常睡在我的床上，或者，更确切地说，睡在床尾。她教我中文，我觉得，要是现在对我实施一次集中催眠疗法,说不定我还能想起那些中文。

汉密尔顿:你在那边待了多久?

麦克尤恩:哦,待到了我六岁左右。此后,我们在英格兰辗转多地。到我八岁的时候,我父亲收到了委任状——他成了一名军官。

汉密尔顿:他有没有希望你也成为一名军官?

麦克尤恩:他也许有这样的想法吧,但我认为他从一开始就知道这并不适合我。如果我对此表现出丝毫兴趣,他可能会很高兴,但我并没有。无论如何,他非常期望我接受良好的教育。他十四岁时获得文法学校的奖学金,但由于家里买不起校服而弃学了。

汉密尔顿:所以他把你送去了寄宿学校。

麦克尤恩:嗯,是的,但那是在我大约十二岁的时候了。中间那会儿我在非洲待过一段时间。对我而言,那是一段非常快乐的时光,一段青春期前的童年时光。我交了许多亲密无间的朋友,并与我父亲一同做了许多事情——扎扎实实的事情。生活无忧无虑,在野外奔跑呀,游泳呀,在海岸与沙漠探险呀,一切都是那么美好。与随后几年相比,就是十三岁到十七岁的那几年,那段时光简直就是天堂。我读了大量书籍,博览群书。我母亲曾在基督教育青年会(YMCA)书店工作过一小段时间,其间她常常把书店里的书带回来供我阅读。我读过詹宁斯和伊妮德·布莱顿的书,但是那些我后来结识的人读过的书,我都没读过——比如 C. S. 刘易斯的书,还有《小熊维尼》,抑或是《霍比特人》——我错过了中产阶级的英语读物。那时候,有什么书我就读什么,读得津津有味:詹姆斯·比格尔斯系列,詹姆雷特,各种漫画书,还有比利·邦特。

汉密尔顿:那么你那会对于自己会被送回英国读寄宿学校这件事情,多少是知道一点的喽?

麦克尤恩：是的，我特别激动。我记得我看他们带回来的所有小册子；我觉得那肯定是些公学的小册子，但我当时并不确定。最后我被送到了萨福克的一所国营寄宿学校。我母亲对这整件事都不是很满意，不过她并没说什么。

汉密尔顿：那种感觉一定很奇怪，分离的感觉。

麦克尤恩：是的，我还记得离开时的情景。我们从一个小型空军机场乘坐一架 DC－3 离开。我记得我旁边坐着两位老奶奶，我坐在窗边，哭得特别凶，结果她们也开始哗啦啦地哭了。然后我望向窗外，并且惊恐地发现，母亲站在大约五十码远的沙地上，也在不住地哭泣。我觉得我是从那时起对这件事情有了深刻的认识，认识到这并不是某种詹宁斯式的冒险。我的意思是，我是真的要与家人分别了。

汉密尔顿：学校呢，学校是什么样的？

麦克尤恩：嗯，那是一所很奇特的学校——学校名叫伍尔弗斯顿·霍尔——尽管录取的学生大多都是伦敦工人阶层家庭的孩子，而且都很聪明，但它仍旧是按照小型公学来办的。不过我相信它要比当时大多数的公学都要开明。

汉密尔顿：全都是男孩吧，我猜想？而且，个个都多少有些沉迷于性？

麦克尤恩：是的，令人吃惊。不过一开始我太单纯，甚至都没有注意到这点，或者当我注意到的时候我感觉这与我一点关系都没有。我想大概过了几个学期以后，我才开始隐隐地认识到人们口中所谓的"手淫"是什么意思。即便如此，我也不觉得我会手淫。那很奇怪，但在大概十二岁到十六七岁的时候，我们大部分时间都很空闲——有很多自己的时间，并且大多时候我都觉得很茫然。

汉密尔顿：你那会好学吗？

麦克尤恩：不，我是个非常平庸的学生——在我刚刚描述的那段日子里，无论从哪个方面来看我都很平庸。三十个人里面我的排名总是在二十六，顶多二十一那样，就总是被忽略的那个，真的。我记得有一些男生总是被教师单独叫过去——大体上说，这些教师都喜欢同性。不过他们没有真的非礼这些男孩，但在他们身上花了不少时间。我那会特别安静，还非常害羞，脸色苍白，从来没被老师特殊照顾过，也没被那些校霸欺负过。学校里有更加显眼的受害者，不论是瘦小的，胖胖的，还是那些非常自大的孩子，不知为何，就我总是被忽略掉。正如我没有被欺凌过一样，我也从没被老师悉心指导过。大多数人似乎都很难记住我的名字。人们总是把我错认为是某个长得隐隐像我的小子。

汉密尔顿：这一切让你感到不愉快吗？

麦克尤恩：没有，一点也没有，我那会只想生存下来，不想被殴打。关于我的青春期，真没什么别的可说的了。大概直到十六七岁的时候，我体内的荷尔蒙才开始涌动。我变得特别要强，大量地阅读书籍，所做之事都能很好地完成。突然之间，老师也开始注意到我了，我还获得了不少奖项，也与其他男孩建立了非常深厚的友谊。由于我们学校就没有女生，所以我开始用热情的眼光来看待低年级男孩，这可耗了我不少时间。

汉密尔顿：那时候你读什么书呢？

麦克尤恩：噢，各种高贵的书籍，优秀读物以及悲剧故事，我都读。我还爱上了乡村，并且读了《序曲》。我还读济慈和雪莱，而且由于我是在萨福克上学，所以我还读过乔治·克雷布的作品。人生突然有了劲头。那大约到了 1965 年，我偷偷溜去酒吧，发觉做人们不认可的事情真的好爽。我开始写诗，模仿莎士比亚的《十四行诗》。我想正是因为我对男孩比较感兴趣，我才会把他们的名字写到诗歌里面去。

汉密尔顿：挺冒险的：它们被一一解读出来了吗？

麦克尤恩：嗯，实际上，很久以后我发现有个小男孩给我父母写了封信，告诉他们我是个邪恶的家伙。幸运的是，我母亲截住了这封信，没让我父亲看到，但她肯定也感到很不高兴，但她只是憋在心里无法告诉我。直到一年后我把第一任女朋友带回家时，她才提到这件事，才彻底释然。我一直都特别纳闷为什么女朋友能得到如此特殊的待遇，可以说是盛情款待了。我的意思是，当时很少会有哪个母亲得知你女朋友要来，就准备了一张双人床，这仅仅是因为她以为我注定会成为一个十足的同性恋。

汉密尔顿：有多少激荡的六十年代的东西融入到了你在学校的日常生活之中？我估计，在你体内荷尔蒙高涨的时候，那一切大概都已登峰造极了吧。

麦克尤恩：当时我们甚至都没有意识到呢。高中的时候，我们开始在校园杂志上发表长篇大论的严肃文章，大谈特谈同性恋的合法性、大家不穿校服的必要性、如何分散权力，以及决定权应掌握在学生手里。但是我们也不知道自己为什么会有这些想法。

汉密尔顿：大多数作家似乎都有非常独特、非常传统的英文老师，你有过吗？

麦克尤恩：哦，是吗？嗯，是的，我也有过这样的老师。他那会二十六七岁的样子，愤世嫉俗，博览群书，是利维斯的信徒。是他让我对英语的理解与认识又深入了一步，或者不管你会怎么描述吧。毋庸置疑，我读了《伟大的传统》《共同的追求》以及《阅读与鉴别》。我就像一名修道士一样对英国文学如痴如醉，一心要上大学，要教英国文学。

汉密尔顿：你这位老师对披头士乐队以及摇滚乐持什么样的看法？我猜想是不以为然吧。

麦克尤恩：是的，我那会特别纠结。一方面，我很热爱摇滚音乐，另一方面，又觉得自己应该比较严谨，就这样在二者之间举棋不定。从我十一岁开始的在校期间,摇滚乐圈子里有巴迪·霍利、埃尔维斯·普雷斯利、埃迪·科克伦等人。到我十四岁的时候,我观看了第一场摇滚音乐会。我花了三先令六便士去看在吉尔福德教堂演出的滚石乐队,但拒绝听披头士乐队的第三张专辑,因为突然之间我认定这些都只是任人操纵的垃圾而已。几个月之后,我又改变了主意。我无法将一些东西统一起来。例如我对诗歌,对"严肃书籍"的热爱,对这种内心生活的精英主义美学的参与,以及与相信该主义的老师相处——我就是无法将我对摇滚乐的喜爱与这些东西相提并论。我很困惑,但其实这种困惑是没有必要的。

汉密尔顿:毕业后你去了萨塞克斯大学……

麦克尤恩:是的,我闲了一年。一开始我回家了,但我那会太激动,家里实在待不住,所以没多久就去了伦敦,或多或少地一本本读了有助于我之后考上萨塞克斯大学的书目。我曾一度在卡姆登地方议会当过清洁工。后来在希腊待了一段时间,回来后又干了一段时间的清洁工。那会大概是 1967 年,《佩珀军士》专辑发行的那年,这张专辑的发行对我来说真的很重要。不过,那个时候我整天都在做清洁,晚上回去的时候总是疲惫不堪,那时候在伦敦发生的一切似乎都与我无关。我太累了,根本不想出门,对外面发生的任何惊天动地的事情都一无所知。事实上,我为自己的独立自主深感欣慰,我觉得每个星期都能赚到钱而不是只在宿舍睡大觉这件事情,真的很了不起。

汉密尔顿:为什么《佩珀军士》专辑如此重要呢?

麦克尤恩:因为它高度统一,自成一格,引经据典,它是振奋人心的音乐。它还帮我解决了那折磨我多年的对流行音乐的矛盾心理。

汉密尔顿:一直以来,我都觉得《佩珀军士》里的大部分喻示都指向毒品,吸毒场面……

麦克尤恩:当时我认识的人里没有吸毒的,所以这些东西不存在我的生活之中……否则我肯定会尝试。某种程度上,整个时代在 1967 年那会达到了顶峰——迷幻世界,艺术实验室——这一切我都错过了。

汉密尔顿:你在萨塞克斯攻读英文专业,那是一种怎样的体验?

麦克尤恩:是的,我读的是英文和法文。萨塞克斯对我而言,是一个令人失望的地方。漂了一年之后,我又抵达了学校。我本希望能和同学们彻夜长谈,无论是严肃的话题还是比较跳脱的,但我却惊慌地发觉自己置身于毫无学术知识氛围的环境中:学生会里全都是弹球机和桌上足球;课堂上的大多数同龄人甚至都不知道亚历山大·蒲柏是哪个世纪的作家,更不要说其作品了。所以,就根本没什么有意义的谈话了。我发现自己每天晚上都会经过人头攒动的台阶,然后跟大家一起涌入排屋参加派对。最糟糕的是,在萨塞克斯大学还有个初入社交圈时非常势利的传统,没准更甚于剑桥——一大批上层中产阶级的男男女女都挤破头想要成为媒体红人并参加伦敦社交季,其他与之相关的事物他们也都会去尝试。不过我还是很高兴能在那里遇到一个美丽的姑娘并与其相爱,此外还交了许多朋友。

汉密尔顿:老师怎样呢?

麦克尤恩:他们与我们相当疏远。整个导师制孕育了一种家长式的气氛,就是你可能一个学期只能见你导师一面,喝杯雪莉酒,谈谈聊聊而已。当时没有哪个老师能让我感到激动与振奋。

汉密尔顿:你那会读现代小说吗?

麦克尤恩:嗯,读过一些。我是高中毕业那年开始读的现代小说——艾丽丝·默多克、威廉·戈尔丁。《麦田里的守望者》是一部非常重要的小说,《第二十二条军规》也是。但总的来说,自从我到了萨塞克斯大学,我就不读了。我觉得自己那会有很多时间,因为我好像比身边大多数人读的书都多,然后我就开始递交高中时写的作文,交之前还会把老师的评语擦掉，然后就不停地得"优秀"。

汉密尔顿：这些作文在你高中的时候都得什么？

麦克尤恩：良下。

汉密尔顿：所以你那会高高在上，神气活现？

麦克尤恩：还好吧，我只是觉得那边没什么意思。擦不出火花。这导致我对英国文学的热情和理想追求逐渐削弱了，真是走运。

汉密尔顿：你的雄心壮志呢？

麦克尤恩：呃，就那么慢慢地消失了，我甚至都没意识到，但也还没到做什么都可以，就是不想当作家的程度。不过我认识的人都想成为作家。

汉密尔顿：那你那会还在写作吗？

麦克尤恩：写的，到第三年的时候，我已经写了一个舞台剧剧本，还有一个广播剧剧本，还把托马斯·曼的一个短篇小说改编成了电视剧本。但我得说这些都不是约稿，也没被搬上荧幕。举例来说，那个电视剧本，我本以为事情很简单，只需要把它寄给 BBC，然后他们就会邮寄给我一张支票。我记得它的开场白是："黎明。吕贝克市。人群涌过桥身。"这样的开场白拍成电视剧，可能需要两百万英镑的预算。我还开始写小说，我觉得写小说最好的方式就是到一片树林里去，然后就开写。我会到萨塞克斯大学图书馆附近的那片潮湿的小树林里去，然后坐在一根蚂蚁簇拥的原木上开始我的创作。我心想如果我每天写上一页，不到半年就能写完了，然后我就会有一本薄薄的企鹅版小说了。我只是觉得这可能会是一条出路。我天马行空地想了好多个硕士论文主题，不过幸好都被否了。然后在秋季学期即将开始的前一周，我看到东英吉利大学有一个硕士学位允许申请者递交自己创作的小说，而非书面论文。即便只有六分之一的录取比例，我觉得也不失为一次机会……所以就去了。

汉密尔顿：所以在这个阶段，从某种程度上来说，你更致力于小说的写作而非戏剧或诗歌？

麦克尤恩：是的，我确实觉得小说是我能掌控的。诗歌，在我看来，已成了一种模仿性写作，即像其他某些诗人那样写作，而出于某一原因——我也不知道为什么——散文体就不一样了，它仿佛可以给予我某种自主能动的机会，即便我当时只写了两篇小说。

汉密尔顿：你有没有给任何人看过这些早期小说？

麦克尤恩：没有，从来没有。我去了东英吉利大学，并在那里度过了一年美好的时光。事实上，想要达到文学硕士学位的要求是很容易的。首先，全都是与现代小说有关的课程，而且几乎都是大家肯定读过的书：梅勒的、纳博科夫的，等等。但说实在的，我并没读过他们的书——而且几乎没有开设比较文学。所以这一年里的大部分时光，我都是稳坐不动地写小说，写了大概二十五篇。

汉密尔顿：你参与政治了吗？

麦克尤恩：在萨塞克斯大学参与了一些，是的——我猜你的意思应该是说学生政治吧——我是参与了，但并不很积极。我记得当时在萨塞克斯有个很严重的问题，就是有关学生档案文件可访问性的问题。在这件事上我倒是参与了不少。但当我一到了诺维奇，到了东英吉利大学，就发现自己被卷入一场占领一幢建筑物的漩涡之中，这座建筑物被学生占领了整整两个星期。某种意义上，这次占领非常成功，这是无政府主义或者说非政府的典范。无政府主义的管理。学生开自己的研讨会，整个学校就生机盎然。

汉密尔顿：最后怎样了？

麦克尤恩：呃，以失败告终，这样的事总是这样收场。不过这一年我过得真的很潇洒。我头一次跟一堆女孩同时上床——而不是一次一个。

这俨然是第二次青春期。我不再读书,也不再听古典音乐。我想是因为我觉得自己可以写书了,所以就没必要再读书了。

汉密尔顿:到这个阶段,你有没有接触过毒品,还有嬉皮士?

麦克尤恩:嗯,有的,但我觉得自己与这些东西还是有一定距离的。我知道自己总是会被另一种强烈的理性传统所制约。而嬉皮士文化又是刻意反理性的,它是一个非语言的世界,提供给我们感官上的放松,是一种极大的自由。但我从来都无法摒弃自己认为重要的事情。在萨塞克斯就读的那几年,我对科学很感兴趣,还有科学哲学。我珍视科学方法。然而在这里,我却闲坐在教室里,跷着二郎腿,身边还有一些人——我不知道他们到底是些什么人:他们对这世界持阴谋论,他们是彻头彻尾的享乐主义者,实际上是政治上的保守派。至少在这个国家,六十年代政治方面的动荡与这些娱乐方面的事情,包括吸毒方面的事情,是毫不相干的。许多嬉皮士都说要跑到乡下小屋和公社里去住。他们的价值观其实是偏保守的——自我保护与逃避现实。对他们而言,政治分析蕴含太多理性、线性的思想。对我而言,这是一大解脱,从勤勉又谨慎的行事方式中摆脱出来,突然之间没有什么是重要的了。而在此之前,事情素来以一种加以约束的方式显得很重要。

汉密尔顿:你那会已经开始发表短篇小说了?

麦克尤恩:是的,我把《家庭制造》卖给了《新美国评论》,还把另一个短篇小说售给了《跨大西洋评论》。塞克尔和沃伯格出版社曾建议我把《家庭制造》变成我小说的第一章。所以离开诺维奇之后,我就在剑桥待了一段时间想写第二章。我还是浪费了两个月的时间,即便我一直就觉得那是行不通的。然后有一天,有几个朋友打电话过来,说他们买了一辆巴士,打算开启去阿富汗的嬉皮之旅。恰逢我发表《家庭制造》的稿费从美国寄了过来,于是我想,没有哪个作家会对这样的召唤无动于衷吧?

汉密尔顿：所以你那会已经称得上是"作家"了？

麦克尤恩：呃，还只能算是个志向吧。我不觉得当时我会把自己明确地形容为一位作家——十有八九是因为我很想成为作家，但又不敢说出来。

汉密尔顿：阿富汗之行，一路上有什么戏剧性的感触吗？

麦克尤恩：似乎并没有什么。回想起来，整件事情给我的感觉就是，我很开心有这样一个经历，但实际上却没什么可回味的。我与非常要好的朋友们在一起，但我们所做的，似乎就只是在德黑兰或者慕尼黑空等，等着钱自己找上门来。一等就是好几周。空虚无聊，一个劲地抽烟，毫无实质意义。我的意思是，我宁愿烟酒以一种附加的方式存在。如果你跟朋友一起去喝酒，却不聊天，那喝酒就没什么意思了。同样，如果你吸着烟，然后就只在附近闲逛，那也毫无意义。当我回到诺维奇的时候，简直如释重负。我想做的，无非是找个安静的房间，写点东西。

汉密尔顿：你在阿富汗旅行期间写过什么吗？

麦克尤恩：没有，我就到那儿去，并没考虑写作什么的。好吧，我好像也想过，只是没有付诸行动。回来之后我感到非常不安，1972年的一整个秋天我就在做笔记呀，教外国人英语什么的。后来把《化装》出售给《美国评论》，《化装》的字数大概在一万两千到一万五千字之间，他们给了我六百美元。那是1972年圣诞节发生的事情了，我特别激动，因此还立马写了三个短篇小说。我自信爆棚，一鼓作气写下了《夏日里的最后一天》《蝴蝶》以及《立体几何》。

汉密尔顿：《立体几何》是我们出版的你的第一篇短篇小说。整篇小说构思巧妙，比你同时期的其他几则小说结构更出彩。

麦克尤恩：我想这该是最有趣的一件轶事了。这篇小说的素材来源有所不同。我那会一直在读伯特兰·罗素的日记，这部日记的平装本当时刚刚出版,我突然非常希望自己能有一位如罗素般有趣又有文化的祖父或者曾祖父,也会像罗素那样以这种方式撰写自己的人生——这就是我故事中的叙述者沉迷于其曾祖父日记的渊源。我还与一位阿根廷数学家长谈了几次,聊得可有趣啦。我还想写写当时和我一同去阿富汗的那一类人,于是我写了一个女人,或者说是一个女孩,那个世界的女孩,嬉皮类的女孩。叙述者是一个讨厌的人,他冷酷无情,性冷淡而又自恋,至于嫁给他的那个女孩,无论有多么热情且性感,都不过是在自欺欺人罢了,这挺悲哀的。这个故事其实讲述了我本人内心的那种迷茫。在写这篇故事的几个月时间里,我感到自己与那个女孩处于同一个世界,后来写作完成了,我也感受到了一丝如同乡愁般的怀恋之情。

汉密尔顿:你写作前对于自己接下来想要写的"故事内容"有没有一定的想法,就像诗人经常会在特定时间"需要"一个明确的诗歌框架?

麦克尤恩:没有,我不认为自己对接下来要写的东西真的有什么清晰的概念。我觉得我所写的每篇小说都是某种风格的拼贴,而且,即便故事写上一两页之后我开始严肃对待了,故事的渊源也总是略带戏仿意味。

汉密尔顿:那戏仿什么呢?

麦克尤恩:不是某一特定作家就是某一特定风格。我刚开始写《家庭制造》的时候,以为自己会写出一部讽刺性模仿亨利·米勒的精巧之作。可是,当我着手写的时候,却觉得这至少会是个有趣的故事。尽管如此,等到写完之后,我还是觉得这篇小说讲的是青少年男性尊严的种种荒谬。

汉密尔顿:《家庭制造》里的叙述者在回顾他的第一次性爱经历。他在讲述这故事的时候是多大岁数了?

麦克尤恩:嗯,我想他应该是亨利·米勒那样的年龄吧,已经是个六十多岁的小老头了。其实,故事讲的是性爱的沽名钓誉。我是说,我注意到人们——尤其是男人——每当他们在讲述自己的性事不遂时,常常沉浸于一种自负——换句话说,他们都功成名就,完全可以承认失败。我就想写一个性事完全不遂的故事。我知道很多作家都会写"我第一次做爱"这种题材的故事,但我想写的,是一次极其糟糕的做爱经历,然后叙述者还挖空心思地想要从中获得巨大的满足感。这所谓的满足感,不过就是将他的生殖器插入女性阴部然后达到高潮而已。

汉密尔顿:不过这个叙述者已经在时间的磨炼中成了一个处事不惊且深谙世事的人了。

麦克尤恩:是的,他那种处事不惊的态度和我刚才所说的自负其实是一回事。我想这种基调主要是受米勒的影响,还有一点梅勒的影子,他们二人我都很欣赏,但又觉得他们写的东西完全失真,所以才想着去讽刺性地模仿他们。

汉密尔顿:还有哪些短篇小说是以模仿为出发点的?

麦克尤恩:嗯,我当时特别欣赏《收藏家》。现在亦如此,我认为这是福尔斯最出彩的一部作品。在《与橱中人的对话》中,我也试图模仿《收藏家》里男主人公的那种调儿:那种低调且自怜的中下层阶级的口吻。这就是该小说的出发点。作品最后所呈现的,往往是我读过的书与我自身经历的糅合体。在那个阶段,我就如同一个能够快速回击的拳击手,而我自己的人生素材反倒不会让我立马写成作品。模仿就如同一道捷径,一条阻碍最少的路线。

汉密尔顿:有时我从你的那些早期的短篇小说中发现,第一人称叙述者给人留下的印象会比用第三人称描述他时显得更通文达理,就算不是更能舞文弄墨,而用第三人称叙述时,你描述的才是其真实的行为举止。

麦克尤恩:我觉得这一批评还蛮中肯的。不过,那些短篇小说并不是自然主义框架内的戏剧独白。问题是,作为作者,你总是想两者兼顾。你想要你的叙述者说出你最好的台词。如果你用第一人称写作,那除了第一人称叙述者以外,你还能把那些好台词给谁呢? 反讽起不了太大作用,你最终只能把最好的台词交给一个道德败坏的人物。从这个意义上来说,这些早期小说是存在这样的问题,存在着对叙述者作用的混淆。他们往往都是愚蠢的,但同时,你又希望他们是有洞察力的。

汉密尔顿:你的处女作《最初的爱情,最后的仪式》于 1974 年由凯普出版社出版发行,对吗? 当时是与塞克尔和沃伯格出版社在安排上出了什么问题吗?

麦克尤恩:当时与他们之间的合作本身就没有正式定下来。塞克尔的汤姆·罗森塔尔当时想和我达成一笔交易,他答应出资一千英镑让我再写一部长篇小说,这部小说出版之后,他才肯出版我的短篇小说集。但我仍然觉得自己还远不足以写长篇小说,并且不想签订任何会限制我小说集的合同。刚好那会乔纳森·凯普出版社的汤姆·马施勒来找我,说他们可以马上出版我的小说集。

汉密尔顿:你对自己的那第一本书获得的反响有何感触?

麦克尤恩:呃,我真的出乎意料地感到惊讶。比如说,当我写《最初的爱情,最后的仪式》里那些故事时,我并没有意识到自己写了一连串淫秽情节。当我看到一些评论里的情节摘要时,我真的惊呆了。

汉密尔顿:他们说错了吗?

麦克尤恩:不,在某种意义上他们说得完全正确⋯⋯在我看来,每个故事的出发点好像都是全新的。我并不认为自己把八个内容全都是有关"性"的故事放在了一起。但一看到这些评论,我就马上明白那当然是它们会呈现的模样。这就像是在偷听两个头脑聪明的陌生人——而非心怀歹意的坏人——在谈论你自己。人家读了你的小说,把读后感回头告诉了你,而你自己才不会那样描述你的小说,这经历怪怪的。当我发现自己被形容成一个沉迷于性的人时,我感到非常诧异。尽管如此,当我开始写

第二部小说集的时候,我还是不想被这些事情影响到自己的创作。不过这也孕育了某种自我意识。譬如,《一只豢养猿猴的沉思》以及《来回》其实就是自省式的小说。

汉密尔顿:欣喜的是,这两篇都刊发在《新评论》上,尤其是"猿"的那篇,是我经常会被问到的。实际上,经常被问的这问题很简单:"故事讲的是什么?"

麦克尤恩:这的确是个非常有意思的故事。写的时候我也感受到了莫大的乐趣。我觉得它实际上描述了作家们的另一面,他们不断地给自己施加压力,担心会不自觉地重复自己。同时还讲述了一个被抛弃的恋人分手后坚持不懈地窥探对方生活的故事。

汉密尔顿:你有相当长一段时间都坚持不写长篇小说。是否可以说,当时你下定决心,要刻意保持对短篇小说的信念呢?

麦克尤恩:我并不想因别人的劝说而放弃短篇小说。还有就是写短篇小说的时候总是越写越有想法。一旦你写完了一篇、六篇,抑或是三十篇,灵感就会自动找上门来。尽管从1973年到1976年间,我的确开始了五六部长篇小说的写作,但我觉得这只是战略性的希冀,并非真能落到实处。这种想要完成一部长篇小说的执念,总是先于真心想要去写作。动笔写的时候,我常常不由自主地会把思路、把故事线索削减到最少,然后最后写出来的东西不是短篇小说,就是时长半小时的电视剧剧本。直到1976年我从美国回来后写完《心理之城》,我才真的对长篇创作有了信心。那篇小说大概是一万二千个单词,讲述了一个独一无二的故事。有天下午,我突发灵感,就坐下来整理了一些我之前写过的笔记,并把它们转换成了长篇小说式的故事情节,这回绝对是个长篇小说,而不是短篇小故事了。我觉得自己可以继续前进了,我有了素材,不用只拘泥于形式的束缚了。

汉密尔顿:与此同时,你的第二部短篇小说集《床笫之间》付梓,书评家依然提到了你对于性的古怪痴迷。那么你是否承认自己有真正痴迷的事情呢？

麦克尤恩：我不是一个特别容易痴迷的人，不过这是另一回事。人们根本无法解释作家的一切所为。的确有一些令我痴迷的东西——不妨将某些作家的痴迷之物称为"主题"。比如说，我的作品中不断出现恋母情结。我觉得成年人的很多动机以及性行为，都与父女关系或者母子关系有关。而且我认为我的小说中有一种预设的灾难感，就是说里头的人物总是会先设想出最糟糕的情况，这样才会觉得最终结果是足够好的。我小的时候就常玩这种游戏，从某些意义上说我现在仍在玩，我经常会预测最坏的事情发生。拿《蝴蝶》为例，其中的故事情节就是我所能设想的最糟的情况。可是，仿佛噩梦似的，我仍旧可以沉溺其中，沉浸于其思想之中。写这个故事的时候我自己都被吓到了。但是，每当别人问我：你是怎么想到写这种故事的？我依然觉得自己难以招架，不知道该如何回答，因为真的很难描述我与写作素材之间的关联。我最终觉得除了故事本身之外，真的没有其他可以解释的了。

汉密尔顿：你的小说《水泥花园》里的确有很多恋母情结，这本书讲述了一家子孩子试图掩盖其母亲死亡的事实，这样他们就不至于被拆散或者被管束。他们把她埋到了地窖里，想着靠自己谋生，好似无事发生过一样。我第一次读这个小说的时候，就觉得好像在哪里看到过类似的情节，在其他书中，抑或是什么书评里。你写这个故事的时候有什么参照来源吗？

麦克尤恩：虽然说我这本书并没有什么具体的原始资料来源，不过自从我写了这个故事以后，我的确发现有一本书的情节和我的很像。我先前并没有读过朱利安·格洛格的《我们妈妈的房子》，这本书讲的是一群孩子将他们母亲埋葬在了花园里，然后就可以彼此不分开。有趣的是，我曾经在图书馆或评论期刊借阅处读过的一本《科克斯书评》上正巧提起过这个"熟悉"的情节。也许是我当时吸收了这个想法。不过我这本书的思路，其实是起源于我儿时对那种孩子多的大家庭的羡慕之情。作为独生子女,我对大家庭中每个孩子可能受到的忽视程度感到震惊。因为孩子太多了,并非每一个都能始终获得关爱,得到照料。每当我去那些有很多兄弟姐妹的朋友家玩的时候,我总是强烈地感觉到,在这样的家庭什么事情都可能发生,父母离他们很遥远,然而独生子女就像是三角形中的固点。当我和有五六个孩子的家庭相处时,我真的非常羡慕他们那种奔放,那份自由。

汉密尔顿:即便如此,他们的父母并没有被埋葬在地窖里。在你的小说中,女孩朱莉承担了半个家长的角色,但最终却与其兄长,即叙述者杰克乱伦……

麦克尤恩:嗯,是这样的,但我并不想写这种情形:因为家长去世了,孩子们就仅仅扮演与父母等同的角色。我有一个想法,即在核心家庭中,被压制的那种力量——恋母情结的力量、乱伦的力量——同时恰恰也是使得家庭团结一致的力量,这是一大悖论啊。所以说,如果失去了父母的管制,乱哄哄的无序状态就会趁虚而入,在这混乱状态下,恋母情结与乱伦就会大行其道。从杰克的角度来看,朱莉成了其渴望在性方面拥有的对象,即便她是他的妹妹,而且在当时的情势下,朱莉还充当着他弟弟母亲的角色,从某种程度上来说也是杰克他自己的母亲。我觉得我是在暗示大家,在这种情况下,恋母情结与乱伦是可以等同的。

汉密尔顿:感觉你好像对这种现象比较感兴趣,而对故事的悬念——即母亲的尸体是否会被发现——却不大关注,虽然说这一悬念已经给出了。

麦克尤恩:是的,我当然希望故事往前推进。我不希望这些孩子一味地回望。我希望他们母亲的死成为他们全新的出发点,而不是生活中永恒的存在。

汉密尔顿:与短篇小说相比,你对这部小说有什么不同的要求?

麦克尤恩：嗯，我很有自信，因为我知道我的素材即便被削减了，也只能以一部长篇小说的形式呈现。我试图在小说中加入短篇小说的某些长处，我希望它是一部篇幅较短的长篇小说，能够让读者一口气读完。我希望这部小说可以抓住读者的注意力，保持两到三个小时，就像一位短篇小说作家期望能够抓住读者的注意力达半小时或者四十分钟那样。我故意选择了一个较为封闭的小说场景，部分原因是我不想一下子处理太多情节，不然我会觉得很紧张。小说人物有限，而且，随着外界的介入，故事戛然而止。所以这算是一个比较有条理的折中方法，我也希望是足够有效的折中方法。我觉得自己已经非常高效且务实地完成了我分内的事情。尽管如此，故事的铺陈范围依然非常有限，这也可能是我小说的一大弱点吧。

汉密尔顿：接下来会发生什么呢，你觉得？

麦克尤恩：我希望接下来我能够写出更大的格局、更复杂的内容，思考成人世界，以老成持重的方式观察它。我最近刚刚完成了一部电视电影剧本的创作，它讲述的是女性在二战中的角色。我想在我的虚构作品中保留一定的张力。《心理之城》在我看来就是我想要找寻的方向。某种程度上说，这就像是突然异常渴望循规蹈矩的模式。其实我也不太清楚。我所知道的是，如今在我制作的这个鱼塘之中，在我所写的这一个个故事里，给自己留下的空间是极小的。写这部小说是一个令人心满意足的经历，但同时又像是把所有东西都打包收拾了起来，将材料精炼概括。这些年来，将青少年作为故事的叙述者，对我来说曾经是一个非常有用的写作手法。但现在我必须奋力向前。对青春期，我已经没有什么特别的话要说了。

青春期和此后岁月

◎ 克里斯托弗·里克斯/1979 年

原载于《听众》,1979 年 4 月 12 日:第 526—527 页。经作者许可转载。

伊恩·麦克尤恩出生于 1948 年;其时,他父亲在军中服役,因此他们一家得以游历世界——德国、的黎波里、新加坡——直至十一岁,他被送到萨福克一所由伦敦教育当局开办的寄宿学校。显而易见,这段日子晦暗惨淡。他进入萨塞克斯大学之后,一切才明媚起来。去了东英吉利大学后更是璀璨辉煌,在那儿,他凭三个短篇小说便可申请硕士学位。紧随其后,《新美国评论》刊登了他的短篇小说《家庭制造》。

他所做的一切熠熠生辉,冰火交融。某些人觉得寒风凛凛,另一些人却感到灼热逼人。然而,它森森然发出钢铁回火时的嘶嘶之声。他的目光凝视一处,盯着人心中的残忍和冷酷,毫不畏缩。不过,近来——对他而言这是一段关键期:他从自己熟知的领域,即青春期,转向目前与其更为接近的领域。正因如此,回顾与展望便难上加难——麦克尤恩已将锐利的目光转向脉脉温情,转向柔和与畸爱招致的痛苦。在他的最新小说《水泥花园》接近结尾处,麦克尤恩将杰克与妹妹朱莉之间的不伦之恋视为既真实又真挚。

克里斯托弗·里克斯:一直以来,许多人认为你在短篇小说中构建的世界异常令人厌恶。我的意思是,其中不仅有想象出来的恐怖,还做了些非常恐怖的事儿。有人批评这种低俗可厌仅能风靡一时,你怎么看待这一观点？

伊恩·麦克尤恩：我一直觉得这个问题挺难回答的。我想，如果你以最简单的方式来谈这一问题——也就是说，如果此刻我坐下来，面对一页白纸——迫使我写小说的并不是那些美好、轻松、惬意和比较正面的东西，而是那些恶劣、困难和令人不安的事情。我需要那样一种张力来推动我写作。此外，我想，我一直都努力在我的短篇小说中凸显某种谨慎的乐观，而且我认为，除非在一个对我来说是完全险恶的世界中实现这一点，否则其实是做不到的。因此，我真正担心的是无端的乐观，而不是无谓的暴力。

里克斯：你本人的生活向来蛮安定的。譬如，我对你的童年很好奇。鉴于在你的短篇小说和《水泥花园》中有许多关于童年的恐怖想象，请问你的童年是怎样的？

麦克尤恩：哦，我有一个哥哥和一个姐姐，他们都比我大很多，所以我可以说是个独生子。我差不多十一二岁前的那段童年时光无疑是挺稳定、挺快乐的。我在北非度过了童年的许多时光——非常安逸的生活，常在户外玩耍。没错，从这个角度来说，我认为自己当时是个挺安定的人，我觉得现在依然是，从根本上讲的确如此；只要一坐下来，我就可以两耳不闻窗外事，进入创作小说这一异常封闭而又独特的世界。我并没感觉自己受到小说的威胁。比方说，假如我花一天时间写了篇文章，而这篇文章最终成了某个小说的一部分，虽然它讲的是暴力或可怕的事，但结束之际，只要我觉得自己已实现了开始时设定的目标，就会感到很欣喜。那跟我写的内容没多大关系。

里克斯：你写的大多是青春期的题材，对吧？我知道你并不想被归为专写青春期的作家，但你写了很多有关一个人生理自我的清晰认知，既不同寻常，又似是幻觉，还有手淫和诸如此类的内容。

麦克尤恩：我之所以写青春期题材，或者说我之前写过青春期，那是因为它的确为我提供了一个相当独特的修辞视角。换言之,青少年是人群中异乎寻常的特例;他们靠近孩童时期,然而又时常对跨入世界的另一边——即所谓的阴影线——深感困惑和忿激。从某种意义上说,他们是地地道道的局外人,而小说——尤其是短篇小说,尤其是第一人称叙述——可以凭借错位、疏离的视角大显神通。

里克斯: 那么,你是否觉得自己越来越像一位长篇小说家,而非短篇小说家——也许你想迈出那一步,《水泥花园》已打了头阵,我这样认为对吗?——你有没有可能出于某种技术原因不再写青春期的题材呢?

麦克尤恩: 是的,一定程度上是有技术原因的。没错,毫无疑问,我觉得在不久的将来,《水泥花园》必定是我最后一次月复一月地冥思苦索,驻在一个十五岁孩子的脑海中。我曾想设定一个情景:一切社会约束骤然消失。忽然之间,孩子们发现自己待在屋里——没有老师,没有父母,没有任何权威人物,他们拥有彻底的自由——然而他们完全陷入瘫痪。一旦有了自由,叙述者最初几近崩溃,不知所措——根本无法动弹。没错,我想扩展这一范围。这事关为何让青少年作为叙述者的确可使我们获得某种修辞自由——但你也的确把自己锁进一个相当狭小的空间。也许,这就是《水泥花园》的问题所在。设法从成人的视角观察成人世界,这颇有几分挑战的意味,但我认为这是必须面对的。

里克斯: 小时候,你经常在国外,是吧?而且,据我所知,你曾用自己首篇小说大获成功赚到的钱去阿富汗旅行,你还在美国待过一段时间。畅游这些名副其实的异国他域感觉如何?你觉得这对你影响很大吗?

麦克尤恩: 是的,对我影响很大。于我而言,旅行一直十分重要,过去四五年来的旅行尤其如此。我喜欢独自出游,我想旅行是无所事事的一种方式。我的意思是,我旅行时就不写作了。我甚至都不会想到写作。旅行或多或少将你置于作家笔下的角色——你在不断地经历各种情景,但不必对它们负任何实质性的责任。我觉得这一点特来劲。

里克斯：你觉得自己对这些地方负哪种责任呢？我认为《心理之城》是你的最佳故事之一，这个故事显然是讲旅行以及你身处其中却不归属于其的一种特殊方式，并不是不负责任。

麦克尤恩：我认为自己全然没有责任去弄清真实的洛杉矶，因为我觉得借助一系列的会面来展开会更好一些，非常刻意地将你的叙述者见过的所有人弄到同一个地方，进行交谈，以此来展现一座城市。不知怎么的，我对自己初次到访美国兴奋不已，发现自己早晨早早起床，急不可耐地要写点东西。我知道我要写的一定会与洛杉矶有关，我也很庆幸自己只在那儿待了几天。我并不是个特别善于观察的旅行者。我不大会把当地各种各样的特色呀什么的一股脑全记在心里。短暂的停留让我从关系和情爱之城的角度来重构洛杉矶容易许多，而不是像雷纳·班汉姆那样把它当做一个地方来描述。

里克斯：你写到洛杉矶时，人们会情不自禁地想到电影，而《心理之城》触动我的一点是，小说和电影的展示方式是不同的：同时发生的争论，小说中是可以做到的，而电影做不到。也就是说，你知道一个人正在说这个，同时另一个人正在和他一较高下，据理力争。在电影里，你无法听到他们在说什么。

"等会儿，"他说，"你不能把所有女性肋骨的那套东西强加于几千年前的社会。基督教表达思想，就要借助现有的……"

几乎是同时特伦斯说："反对基督教的另一个理由是，它导致人们被动地接受社会不平等，因为真正的奖赏在……"

玛丽打断乔治，辩驳道："如今基督教为性别歧视提供了一整套思想体系，还有资本主义……"

"你是共产党员吗？"乔治愤怒地质问道，然而我并不确定他在同谁讲话。特伦斯自顾自地继续振振有词。我听到他提及十字军东征和宗教法庭。

"这和基督教没有丁点儿关系。"乔治几乎是吼了出来,脸都涨红了。

"以基督的名义所犯的恶行还有更多……这没什么关系……把女草药师当作女巫加以迫害……一派胡言。这毫不相干……腐败、受贿、扶持暴君、在圣坛聚财……胡扯……搞阴茎崇拜……瞧瞧伽利略……这没什么……"我几乎没听到其他人说了些什么,因为我在声嘶力竭地炮轰基督教。

这段对话精彩极了,部分原因在于这是一场生机盎然的争论。

麦克尤恩:是的,毫不谦虚地说,我对《心理之城》那最后的十页倍感自豪。

里克斯:我曾在心中想过一件事,就是关于结尾的问题。例如,你在构思结尾时花了极多的心思——既没有严格支配的意味,没有干脆而错误地不留任何争论余地;另一方面,也并非包容一切思想,并非开放式的,并非尽随你意——这点于我而言显而易见,我希望对你的每一位读者而言亦如此。

麦克尤恩:我觉得写结尾绝非易事。我认为客观而言,写结尾格外艰难。我知道自己小说中的某些结尾就是不行。对于这些结尾,我感到惴惴不安。这简直就是在走钢丝——正如你所言,你不想让一篇短篇小说哗啦啦地收尾,就像钢琴家用双肘抵撞钢琴,与此同时,你也想避免绞刑时刻的故弄玄虚或以悬垂分词收场。你必须写出配得上内容的结尾,要在结尾上大下功夫。我觉得《心理之城》的结尾确实不错。我在结尾上花很多时间,我要等到最后才写结尾,因为通常我到了最后才知道结局。这就是结尾占用了我如此多时间的另一原因——我一定得弄清它们的真面目。

里克斯:我想《新美国评论》一采用《家庭制造》这篇小说,你就知道自

25

己已成功了。你是否觉得自己的作品与美国文学作品之间有着某种特殊的关系？你受美国作家的影响大吗？

麦克尤恩：我当然读过所有美国当代大作家的作品，理所当然地，他们书中的许多文段以及某些书，我也都非常喜欢。但就我自己的作品而言，这些书的确看起来和我的大不相同。我想人们真正欣赏的作品是那种，你心想：哇，天哪，我可做不到这样——你知道，这是我自己完全没有经历过的或者无法合成的。早些时候，我刚开始写作时，如果某个人读了本书，拼凑出一篇仿作，以此开启文学生涯，那会容易许多。梅勒和米勒均为《家庭制造》提供了一个起点；亨利·米勒的某种心声，借着一位愤世嫉俗、唠唠叨叨、格外浮夸，可又十分有趣的叙述者发出。对这一角色，我既喜欢，亦厌恶，想由我自己来塑造，使其变得甚至更加浮夸自负。

里克斯：不过，你有一篇小说同你的其他小说大不相同。我想到了《来回》。我不得不承认这篇小说起初并不吸引我。我如今想来当时那想法不对，但我仍旧觉得它是个特例。关于这篇小说你有什么要说吗？

麦克尤恩：是的，我有话要说，因为，在某种程度上，这篇小说是我的最爱。我想，在所有对该小说所在合集的评论中，它至多被提及了一次。一般来说，我都是一门心思写那种非常容易理解而又干净利落的文章，任何人都可以读懂——我竭力避免写那种过分文雅或华而不实、深奥艰涩的东西。但《来回》是一篇原本五十五页的小说，后来压缩至大约八页，这似乎是解决特殊问题的唯一方法，这篇小说更像是一首诗。它的确需要读上两三遍。我认为自己最喜欢这篇，因为我比任何人都更了解它。

里克斯：我能问一件我觉得你可能不大喜欢的事儿吗？——这和你作品中的惊世骇俗有关。《来回》有点实验主义的味道，但丝毫也不惊世骇俗；然而，你的许多其他作品虽然没有令人惊讶的实验色彩，但是，某种程度上，显然是希望人们为之一惊的——至少对某些揭示他们幻想和执念的真相大为惊讶。

麦克尤恩：如果我们在谈论惊讶，那我倒要对这份惊讶稍稍感到惊讶了，我还真的从未遇到过任何人跟我说他们被我写的短篇小说惊呆了。我见过许多不喜欢这些小说的人，但我还没遇见过有人说："你的小说令人作呕得叫我读不下去。"然而，纸媒中常见的却是一种恐怖和惊讶的反应，而我认为这与人们在报纸这样的大众媒介上撰文反应有关，你写稿我撰文，在纸媒上你来我往，于是这惊讶就有了某种矫饰的成分——我是说，同小说本身一样虚假。我的某篇小说曾经出现在一本耸人听闻的色情杂志上。

里克斯：那是一篇反色情小说……

麦克尤恩：是的，的确是，这篇小说的意图其实挺纯粹的。

里克斯：那么当代小说呢？你觉得自己在这一座座活生生的文学丰碑中是否占有一席之地？

麦克尤恩：哦，不，我并不这么觉得——那是非常难的。我不知道当下是不是英国小说的美好时代。当然在我看来，这是戏剧的黄金时代，而且这些年来一直如此。我认识许多作家，我喜欢他们的为人，也喜欢他们的某些作品，他们的长篇小说、短篇小说，但我的确无法把自己纳入到任何一个共同体，任何一种集体趣味、美学追求、批评立场或其余种种之中。事实上，我根本不觉得自己归属任何派别。

里克斯：你如何看待传统？我真想把你整个人拎起来，而且多半是违背你的意愿，将你置于某个传统之中，这一传统的最伟大作家是吉卜林，而其中的短篇小说想象奇谲，谈残忍，论耻辱，说传统道德价值。你对这种传统有何看法？

麦克尤恩：嗯，我还没读过吉卜林的作品呢——十六岁时我只读过他的一首名为《如果》的诗——所以，我想说，如果你想把我整个人拎起来，然后放入那一传统中，那是你的特权。但你觉得我的小说一直都关涉道德,我恐怕无法苟同。确实,我的小说包含种种皮相之谈,对生活抱持相当脆弱的乐观。我希望避免对短篇小说作任何程式化的道德操纵,对长篇小说亦如此——我尽量搁置小说的道德性意蕴,希望人们可以有节制地怜恤正派人,即使正派人在另一种意义上也是反派人。这就是为什么在《水泥花园》中作者并没有站出来说乱伦是丢人的,千万使不得,但作者也没说乱伦是好事,也没推荐大家都去乱伦,都去我行我素。其实,我根本没那个意思。不妨退一步吧:在我忙活时,在我写作时,我真的感到自由舒畅。即使我在绞尽脑汁、苦思冥想最不自由的情景时,我也切身感受到无与伦比的自由自在。没有什么比重新动笔写作更令人欢欣了——你的食物更可口,你的脚步更轻快,充盈双肺的空气仿佛愈加清新。

伊恩·麦克尤恩

◎ 约翰·哈芬登/1983 年

原载于《小说家访谈录》，伦敦：梅休因出版社，1985 年：第 168—190 页。
访谈时间：1983 年。经作者许可转载。

伊恩·麦克尤恩，生于 1948 年，1970 年开始创作短篇小说，毕业于萨塞克斯大学，后在东英吉利大学获文学硕士学位。他的首部短篇小说集《最初的爱情，最后的仪式》（1975）用精妙的笔触勾绘了人类的性欲与堕落，一经问世便获盛赞，并一举夺得 1976 年毛姆文学奖。继第二部短篇小说集《床笫之间》（1978）后，麦克尤恩又陆续出版了两部精彩绝伦的长篇小说《水泥花园》（1978）和《只爱陌生人》（1981），它们深入探寻人的内心，充斥着阴森可怖的气息。他担纲编剧的电视剧《模仿游戏》（理查德·艾尔执导）——被克莱夫·詹姆斯誉为"一出当世罕见的佳剧"——为他赢得更广泛的观众和更强烈的批评关注。他的另一部改编自短篇小说的电视剧《立体几何》亦然，但令人遗憾的是，在开拍之际，英国广播公司决定临时喊停。他迄今所写的三部电视剧本均收录在《模仿游戏》（1981）中。

作为一名文学全才，麦克尤恩还写过一部关于核战威胁的清唱剧《或者，我们去死？》，情感深沉肃穆，该剧由迈克尔·伯克利谱曲，1983 年 2 月由伦敦交响乐团与合唱团演出，理查德·希考克斯担任指挥。此外，他还写过一部故事片《犁田者的午餐》，讲述了当代英国和被遗忘的历史悲剧——该片同样由理查德·艾尔执导，由乔纳森·普雷斯、罗斯玛丽·哈里斯、弗兰克·芬莱联袂主演。近期他正在为阿尔贝托·莫拉维亚的一部小说改写电影剧本,该影片将由贝纳尔多·贝托鲁奇担任制片人,同时也已开始另一部小说的创作。

1983 年,在他位于伦敦南部的家中,我采访了他。他和夫人彭妮·艾伦,以及两个继子住在一起。

约翰·哈芬登:你是通过写短篇小说而成名,后来陆续创作了两部长篇小说和一部电视剧本,最近又推出了一部故事片和一部清唱剧。我感觉从你早期到近期的作品有一个共同点,早期作品主要关注病态的思想,近期作品则探讨病态和混乱的社会。

伊恩·麦克尤恩:是的,不过这些都是后话了。我的作品里确实充满病态、混乱的主题,但这并不是我刻意而为。

哈芬登:你曾说,评论家们刻意强调你早期作品中阴暗可怖的一面,以及它们对于人类的堕落癫狂的关注,对此你深感意外。

麦克尤恩:老实讲,我确实挺意外。我的朋友们大部分都受过较好的文学教育,他们都认为戏剧性成分在短篇小说中是必不可少的。他们熟读巴勒斯、塞利纳、热内和卡夫卡的作品,对于这些故事中血淋淋的生理描写和冷酷的分裂感早已见怪不怪。我并非刻意按照某种模式写作,每一个新故事的创作都是一次全新的出发。唯一的小目标就是锤炼自己的修辞,比如用现在时态写一个故事《夏日里的最后一天》。这些故事有时只是我闲暇时的信笔涂鸦,却自成一格,带有某种天然的美感。

当英国广播公司叫停《立体几何》时,我颇为惊讶,因为自此之后播出的电视剧虽然都很和谐安全,却了无生趣。现在的电视严禁任何关于性的玩笑,我连个有趣的荤段子都看不着。

哈芬登:《立体几何》中出现的玻璃瓶里的阳具对你来说有什么特殊的意义吗?

麦克尤恩:从最基本的层面而言,一个男人坐在桌前专心地读着曾祖父的日记,桌上摆着一根保存在瓶中的阳具,这是一幅很滑稽的场景。而且还必须是勃起的阳具,只有这样才方便制成标本保存。还有一点,男主人公不愿意与妻子发生性关系,这暗示着他自己的性欲也被压抑住了,这就给了他妻子一个绝妙的机会去打开这个玻璃瓶(应该很有意思):这其实是擅自挪用别人的物品,因为她实在太想要与丈夫发生性关系了。但是瓶子刚被打开,男主人公就把瓶里的阳具拿出去埋了,然后继续回去读日记。没有什么能让他停下来。

哈芬登:刚才你提到想锤炼自己的修辞能力,那么在创作过程中,当你发现某个小技巧不会被读者识破的时候,有没有想过撒一些无伤大雅的小谎?

麦克尤恩:当然了,我一直都想。在心情不好的时候写作,你都不敢相信自己能想出多少坏点子。但是等你真正写完一篇之后,你就会迅速地忘掉那些可有可无的东西,转而全神贯注地投入其中。比如说,《只爱陌生人》这本书让我学会了如何清楚明确地表达自己的意思。但这本书的创作过程却是最痛苦的,因为我经常写完一章之后就不知道下一章要写什么了。我感觉这本书好像永远也写不完,写作让我觉得很痛苦。写前半段的时候我心里还有个大概的思路,但是对于后半段要写什么却毫无头绪。

哈芬登:能讲讲你是怎么开始写《水泥花园》的吗?

麦克尤恩:它显然源于我笔记中的一段,本来我只是在信笔涂鸦,突然脑海中展现了一部关于家庭生活的完整小说:"就像穴居动物一样……妈妈去世以后,整个家庭仿佛陷入了沉睡。"紧接着四个孩子的形象跃入脑中:"最初的权力传播……姐姐把最小的孩子偷回家抚养……要给叙述者更多的叙述空间。"我记得立刻把这个片段写下来,然后躺到床上睡了一个沉沉的午觉,我睡了整整一个小时。醒来重新写作的时候,一开头就犯了个错,我后知后觉地意识到故事的开头其实应该写父亲。我甚至还想了好一阵子,要不要以每个孩子的视角分别重述一遍故事。很久之后我发现,二姐其实才是真正的叙述者,因为她一直在记日记。叙述者最终一定会走向彻底的癫狂:"他的失衡是个大问题,这个家庭留不住他。"有段时间我觉得主人公杰克会死。(引文摘自伊恩·麦克尤恩的笔记稿。)

哈芬登:在《水泥花园》中,姐姐朱莉的男朋友德里克最终打破了幻象。作为这个家庭的局外人,德里克十分嫉妒这四个孩子的世界:他既渴望融入他们的世界,同时又想毁掉它。

麦克尤恩:是的,我能理解德里克的心态,因为我跟他一样也是独生子女。每当我和那些有兄弟姐妹的朋友们一起玩的时候,我都会幻想自己的父母突然消失,这样我就可以重新加入一个人丁兴旺的大家庭了。我小时候很希望有姐妹,这个故事的灵感也正是来自这个愿望。其他的乱伦故事也都有很相似的故事背景。这本书的另一个灵感来源是我妻子的童年经历。

哈芬登:在你的第二部短篇小说集《床笫之间》的同名短篇小说中,读者们看到了男主人公对自己女儿的性幻想。你深度剖析了这位父亲的内心活动,将它们直观地展现在读者眼前,尤其是夜间当他偶然听到女儿对于性的困惑不安时,他的心理活动让读者觉得似乎下一秒他们就会发生乱伦。但其实她只不过是个有点焦虑不安的小孩子而已。读者本来有一种窥破秘密的快感,但最后你却把故事又圆回了正常的轨道。

麦克尤恩:我很高兴你作这样的理解,当他听见房间里的声音,对自己的女儿产生了粗暴和混乱的想法,他在脑海中想象着女儿的性行为。男主人公为了追求写作,选择远离任何真实的恋爱关系,到最后甚至开始害怕女性、害怕她们的欢愉。对于这一点我在创作的时候也有点犹豫担心:他的日常工作十分枯燥乏味,每天就是把所有事情归档、在分栏簿上写作、数数自己写了多少字。或许这种关联太简单了,但是我认为短篇小说的立意必须简单利落,针锋相对。你可以选择某一个复杂的点,然后集中精力,穷追猛打。

哈芬登:《床笫之间》的结尾是"一个八岁的小男孩,看着一片白得炫目的雪地,不敢踩上去,唯恐留下脚印"。这其实是个绝妙的比喻,意为不忍破坏纯洁之物。

麦克尤恩:是的,最后一段升华了整个故事的主题。我还记得,我儿时住在肯特郡的时候,看见过一场铺天盖地的暴雪,我穿着橡胶靴走出去看,被眼前的景色深深地震撼到了。雪地看起来太纯洁无瑕了,我不想踩上去破坏它。

哈芬登:你之前在别的采访里提到过《来回》是你最喜欢的故事之一,也许是因为它挺与众不同的。很多读者都觉得它有点晦涩难懂,你能谈谈这个故事吗?

麦克尤恩:这个故事其实很简单。一个男人和他的爱人并排躺在床上,心里却幻想着自己在职场里被一位咄咄逼人的同事追赶。赞美沉睡的爱人,畏惧强势耀眼的同事——这就是这个故事的对立所在。

哈芬登:《最初的爱情,最后的仪式》是改编自你的亲身经历的一个寓言吗?我觉得这个故事可能是你所有作品里最具象征意义的;它谈论的是恋爱与怀孕,里面还提到了捕鳗鱼,这可是你之前常做的事。

麦克尤恩:奇怪的是,我在创作过程中一点也没察觉到其中的象征意味,一丁点都没有。我并没有刻意地使用象征手法。我只是下意识地回想自己的生活经历,然后做了一定的改动,把它们融进我的创作之中。我觉得这个故事主要讲的是怀孕。叙述者看着小女孩跪在一只死耗子旁边,很明显地感受到了她身上蕴含的力量。我一直觉得这是一个既坚定又温柔的故事,就像《床笫之间》一样。所以当我看见评论家们写的那些哗众取宠、毫无新意的书评时,我觉得特别惊讶,这些人似乎总是关注一些细枝末节,而忽视最关键的东西。

哈芬登:我赞同你的观点:我认为《最初的爱情,最后的仪式》讲述的是,故事中的一个个人物想要消除对一段不甚满意的人际关系的错误认知。故事中虽然有阴暗的成分,但它们的存在都是为了积极解决问题。

麦克尤恩:我曾经有个非常简单粗暴的愿望,就是用"对(Yes)"来结束一个故事。我一直迷恋于《尤利西斯》的结局。我面临的问题就是,怎么去达到"对"这个词。这个问题的出现甚至早于故事内容本身。当你把注意力集中在边边角角的难题的时候,你就会发现自己在自由随意、无意识地利用某些出人意料的材料,比如水桶里的鳗鱼。这不是象征手法,而是记忆的浮现。当鳗鱼被放生的时候,我没有把它想象成容易被识破伪装的阴茎,也没有把捕捞网想成阴道。人们不会想到象征什么的,尽管有时候不能否认确实存在象征。

哈芬登:但另一个故事《蝴蝶》讲的是一个男人虐杀孩子,这个话题够骇人的。

麦克尤恩:是的。《蝴蝶》的确是一篇惊悚小说。我在写的时候还没有小孩。现在我恐怕写不出这种故事了,我也会被吓到。孩子逐渐占据了我的生活,我没办法轻描淡写地拿他们的生命开玩笑。

哈芬登:比起以前,你近期作品中的社会和政治意识更强烈了,为什么会发生这种转变呢?

麦克尤恩:这是我刻意为之,因为我早就发现自己一直被局限在那些已经写过的东西里。大家给我贴上了标签,认为我只会描写夸张癫狂的病态心理和青少年的焦虑、鼻涕和粉刺。彭妮·艾伦是我现在的妻子,与她的相处为我提供了很多灵感,我总是想把它们写下来。在写《模仿游戏》的时候,我终于踏出了舒适圈,有意地选择过去的某个时期,并重塑它,这一点于我而言是个非常大的改变。但是到了《只爱陌生人》,我发现自己无意中又回到了一个非常私密的世界,书中人物的心理状态才是重中之重,比个人与个人、个人与群体之间的关系重要得多。这些事情不是完全可控的,也不应该完全受人控制。我明白写作一旦涉及更多的政治,或者广泛来说——更深入社会,就会变得很危险,因为这个世界会让我感到悲伤和焦虑。我可能会站在道德的角度,提前排除掉小说中那些重要神秘的未知元素。我还觉得,我正在经历的这些改变很有可能和形式本身息息相关:只有当我被迫和别人合作的时候,我才发现自己在写一个更宏大的世界。

哈芬登:你是说在写电影或者电视剧的时候,没有足够的空间来详细刻画人物的心理状态,是吗?

麦克尤恩:对我而言,电影是一块巨大的画布,而小说则相对要小得多。二者形式的差别对我的创作产生了很大的影响。当然,有很多作家则认为,小说这种形式更适合描绘一个完整的社会。但是现在也有像塔可夫斯基那样优秀的电影制片人,他们成功地利用电影这种形式来探索人物的内心历程。我很想写一部不那么幽闭的小说,只是没有太大的信心能写好。

哈芬登:除了心理刻画之外,你的小说还有更深层的寓意,或者说还有更宏大的架构。

麦克尤恩:是的。我正在心里幻想一部小说的开头,我把所有想做的事情都列出来。我能感觉到有些东西正在慢慢浮现,这并非我刻意为之。我并不能完全掌控自己的小说,希望这能帮我平衡甚至削弱书中的道德关切。书中的神秘元素必须保留。我认识一些作家,他们对于自己接下来要写的小说侃侃而谈。某种程度上我嫉妒他们,因为在写作的空当期我会挺抑郁的。但我也明白有时我不得不沉默,而沉默往往表明我已经厌倦了。

哈芬登：我知道你现在对《模仿游戏》这部电视剧有所保留。在它播出以后，你有没有觉得故事情节有些过于简单了？

麦克尤恩：这部电视剧是我初次尝试写剧本，也是导演理查德·艾尔的处女作。其中确实有很多冗长乏味的片段，整体故事也是简单的线性叙述：故事一直在沿着单一主线往前推进。但这其实也是这部剧的优点。

哈芬登：所以你觉得问题出在电视剧的节奏而非内容上？在我看来，故事情节其实很简单：1940 年二战时期，一个年轻的英国女人试图挑战男权，进入男性世界……

麦克尤恩：其实从广义上来说，这是个人挑战制度的一个寓言。我在写作过程中遇到的问题是，一旦以女性角色为中心，她的存在就成了"女性"的代名词；而相对地，以男性角色为中心，则代表着全人类的视角。这部作品并不是单单讲述男性如何压迫女性，它同样揭示制度是如何打压个体的。我觉得这一点体现得有点弱了，如果再来一次，我会重新选择女主角代表的意义，更便于男性理解。我关心的不只是女性为什么认为自己属于被压迫阶级，我还想探究为什么电视剧最后只呈现出了一层意义，给人一种很单薄的感觉。

哈芬登：鉴于这部电视剧的故事背景设在 1940 年，凯西·莱恩这个角色确实具有独特的意义，她象征反叛与冲突。但是剧中她的女权主义思想和行为出现得有点突兀，并没有任何铺垫。

麦克尤恩：弗吉尼亚·伍尔夫在 1938 年出版了《三个几尼》，这本书在二战期间曾三次重印，我在写《模仿游戏》的时候从中借鉴良多。女权主义学者指出，需要不断地重新发掘女性经验——因为我们没有前例可供参考。很多女性对于现状十分不满，但她们不会发声，没有讲出作为女性的不满，更不会与其他女性互相交流。我认为这种思想主张应该在剧里有所体现，不然整部剧的思想就落后了。每次听到大家说虽然故事背景是 1940 年，但是女主角却像是 1978 年的人，我都忍不住皱眉。当时我觉得这个评价有失偏颇,但现在我觉得,确实应该在剧里稍微再做些铺垫。我曾经见过很多战时参加过地方辅助防卫队的女性,她们每个人都有很多精彩的人生经历和独特的思想可以分享。但是战争结束以后,她们又变回了优雅得体的淑女,在郊区过着光鲜的生活。孩子们都长大离家,她们看着一尘不染的房子,心里其实很孤独。说来可能有点奇怪,这些女性都渴望回到战时,因为那时的她们很自由,有自己的职业,生活充满了冒险的刺激感。凯西·莱恩应该跟身边的其他女性团结起来,而不是以一个反叛的中产阶级女孩的身份单打独斗,这样掀不起什么大的风浪。对于这部剧的制作过程,我有点草率、不够上心,本来可以用更复杂的方式来处理相同的题材。这是我第一次尝试电视剧制作,但我仍然觉得这是个很动人的故事。

哈芬登:你的剧里有很多地方充满争议,你没有担心过这一点吗?
麦克尤恩:不,我不担心,而且我会一直坚持下去。

哈芬登:对于把男性塑造成一种刻板的、漫画式的形象,你有没有什么顾虑?
麦克尤恩:我承认,《模仿游戏》里的男性全都是按照刻板印象塑造的。人们总觉得男性身上不可能存在刻板印象,而一直以来,女性却被认为可以塑造成各种夸张的刻板形象。但我觉得可以塑造一个立体、丰满的女性角色,与充满我们所熟悉的男性刻板行为的环境作斗争。男性行为相对隐性,我们一般不会认为自己哪个行为是非常男性的。我们男人就是人。所以众人皆起,说你不能像这样讽刺男人,说男性是更加复杂。对此,我的回答是,我就是刻意谈论这些有争议的话题的。

就在写《模仿游戏》期间,我听闻在卡姆登小镇,有两位妇女因为在酒馆里织东西而被赶了出去。店员解释说,顾客们不喜欢看到有人在酒馆里织东西。第二天,三十位女性带着东西来到这家酒馆里一起编织,她们的行为有点好笑,但没什么毛病。这一次店员没有直接把她们赶走,而是选择报警,最后警察把这三十位女性全都赶了出去。这件事证实了我的想法,男性行为有时候简直滑稽刻板到了极点,竟然得动用政府权力来驱赶这些妇女,简直又荒唐又可笑。

哈芬登:在我看来,女性解放不仅需要社会环境的改变,还需要男性从心理和情感上彻底改变他们对女性的态度,而你作为一名作家,会继续探索这个领域,对吗?

麦克尤恩:问题是,在表达完之后,我们能做什么? 我们有很多方法来解释私人行为的问题,但是写完《模仿游戏》之后,我虽然成功摆脱了"青春期史家"的名号,却又变成了一个男性女权主义者,这真的让我害怕。从这以后,我突然被拉去参加各种各样的"媒体中的性别歧视""作家反性别歧视"会议。我很高兴看到这部剧受到这么多关注,但是我现在有点后悔写了这个题材。我不希望成为女性事务的代言人。作为一个男性,我不想霸占女性发言的权利。

哈芬登:剧中的一大危机发生在特纳与凯西之间,作为才智过人的数学家,特纳却没能成功和凯西上床,你自己对这样的处理满意吗? 特纳觉得自己遭到背叛,因此憎恨凯西,要报一箭之仇。我觉得你可真大胆,你如此详细地描绘了这一场景,还成功地点明了真相以及接下来一系列噩梦般的后果。真正的危险似乎在于你把特纳的阳痿与他的聪明才智挂上钩。

麦克尤恩:我倒没觉得这种对立是由他智力上的超群和生理上的阳痿引起的。更确切地说,他在外部世界取得的成就让他绝对自信,因而内心世界产生了对失败的恐惧。之前有一个场景混淆了人们的视线,一位快递员告诉凯西,特纳的故乡布莱奇利这个地方到处都是同性恋,而且剧中也有提及特纳的母亲是个控制欲很强的女人,因此有些同性恋读者误以为我在暗示特纳是个同性恋,所以才不能和凯西发生性关系,最后变得邪恶。这是我给出的误导线索,实际上与整部剧的主要论点无关。

男性害怕女性以及她们的力量。有一幕清楚地证明了这点:凯西在性兴奋的时候会变得很苛刻,而这让特纳觉得恐惧,他的愤怒其实是一点点累积起来的。凯西在窥探外部世界的男性秘密的同时,也从特纳身上窥破了男性的私人秘密,而这两者引起的反应是一模一样的:她遇到了一种男性防御心理,这种心理让他们不愿意承认自己的弱点。其实这种防御心理不仅对女性是一种压迫,对男性自身也是一种负担。我不想评判在这种情况下男性和女性谁更不幸,但谁更强大却是一目了然的。

哈芬登: 你在写完《模仿游戏》之后紧接着就写了《只爱陌生人》吗?

麦克尤恩: 是的,这听起来很容易,但其实中间我休息了一整年。

哈芬登: 尼古拉斯·罗格的电影《威尼斯疑魂》对《只爱陌生人》的创作有多大影响?

麦克尤恩: 我知道这部电影,但是那时候一直没看过。它改编自一部小说,我也没读过这部小说。我对这个名字很敏感,但是前几年我在电视上看了这部电影,感觉也没什么大不了的。

1978 年,我和妻子彭妮·艾伦在威尼斯待了一周,那时正赶上旅游旺季,这次旅程中的很多经历被我写进了书里。刚开始写这本书的时候,我并没有什么明确的意图。从威尼斯回来以后,我记了一些笔记,后来丢失了,一年半以后才又重新找到。书中的两个人物既不像我也不像彭妮,而且它通过一种精神状态描述了一座城市,反过来说也可以。可以说,小说起步于那些笔记。笔记里包含了"自我应验的指控"这一片语和小说的第一句话,这说明从那时起我就开始构思一部小说了。

这本书很难写,而且很难读懂和讨论。看起来,书里说的全是一些真实的东西,因为太过真实而显得平淡乏味。全书其实是对《模仿游戏》里的一个论点的详细阐述。那么再一次摆在我眼前的就是形式的问题,从社会角度来谈论两性问题还不够深入,那我只能探讨人类的无意识的本质,以及这种无意识是如何形成的。光探讨理性也是不够的,因为人也许还有欲望——女性身上的受虐欲和男性身上的施虐欲——这些欲望导致了对女性的压迫,也促进了父权社会的形成,但这些欲望其实与快感的来源有关。这是一个很难表述的点。

前不久我参加了一场有关情欲与左派的"今日马克思主义"座谈会,会上我献丑做了个即兴演讲,我认为情欲并不完全受理性控制,它也不是左派女权主义口中的一种程序。参会的都是社会学家和女权主义者,我的立场就很危险,因为我提出很多女性都有受虐幻想,很多男性也有施虐幻想,只是这些幻想都是私下里发生的,从没有人公开谈论它们。但是在两性关系中,与其竭力否认,不如大方拥抱这一事实。对于女性而言,真正的自由在于承认自己的受虐欲望,然后搞清楚这种欲望是如何影响性快感的。对男性而言也一样。在我谈论性幻想的时候,台下炸了锅,这让我觉得大为受挫,因为大家的反对和愤怒让我没办法清楚地表达自己的意思。大家攻击我,说我为强奸犯提供了一份"宪章",还认为我谈论女性经历是触犯了禁区。

哈芬登: 这有助于我们更好地理解《只爱陌生人》中的罗伯特和凯若琳这两个角色。罗伯特突兀地向陌生人科林和玛丽分享了自己儿童时期的私密经历,这对他自己而言算得上是一种威胁。虽然这对年轻的夫妻回到宾馆后并没有谈论这次奇遇,但从他们的潜意识、从他们对待彼此的行为可以看出,他们其实是有反应的。你提到了他们"沉默的阴谋"——而且在第七章里——他们"重新捏造了一个虚假的自己",用来编造各种各样的性幻想。

麦克尤恩: 我觉得,罗伯特和凯若琳的关系对他们来说具有无法言喻的吸引力。罗伯特和凯若琳展现了一种滑稽的支配与被支配的关系,而当科林和玛丽这对豁达大度而又稍感身心交瘁的夫妇接触到这样一种全新的关系时,他们发现它已无意中左右了他们的生活。他们在做爱时把那些骇人听闻的施虐和受虐幻想付诸实施——更确切地说,是相互诉说。比如,可以说,他们非常精心构建的一个理性观念——即科林是一位温和的女权主义者,而玛丽则更为激进,他们之间的那种平衡——不攻自破,因为他们从未从自身的更深层次来探讨这个问题,而一直只把它当做一个社会问题。

我在会议上想说的是,如果你只是从家庭关系的角度来谈论情欲性爱,那就有点傻了。性幻想是很复杂的,你的欲望不完全受理性控制。随着年纪增长,你可能学习接受了一些理性的观点,也可能改变了作为男性或女性的行为方式,但是你的脆弱、欲望,这些十有八九是在童年时期就已形成,是无法逆转的。我们这一代成长于二十世纪五十年代的人,在父亲的威势下长大,我觉得对于很多女性来说,父亲的形象深刻有力地影响着她们的性倾向。虽然这些发言让我身处舆论的风口浪尖,但我还是坚持自己的想法,认为自己没错。我不由自主地想,左派女权主义者其实禁忌多多,与十九世纪晚期教会的禁忌不相上下。每个人都惯于附和,我一有异议,他们就群情激奋,将我视为肉中钉。

哈芬登: 在《只爱陌生人》中,科林和玛丽下意识地通过自我放纵来寻求保护,也就是你所说的"一种修辞方式,一种推进故事的手段"。这对情侣之所以能够在性别政治上达成一致,是因为他们对社会冲突避而不谈,这让他们形成一种共谋。

麦克尤恩: 是的,他们从不谈论罗伯特和凯若琳,而是把想法都藏在心里。要想形成共谋,科林和玛丽不能谈及罗伯特和凯若琳,而是成为他们。

这其实是一个很老派的关于头脑和心的故事:两个用脑子的人碰上了两个走心的人,最后用脑子的人变得有点失控了。罗伯特是一个漫画式人物,他代表着极端的父权统治,因此无法容忍科林这种人的存在,科林在他眼里成了威胁。在科林身上,罗伯特的施虐幻想达到了极点,他可以把所有的施虐欲肆无忌惮地释放出来,而凯若琳对此也心有戚戚焉。

哈芬登: 在旅途中很有意思的一个场景是,玛丽去游泳,科林以为她溺水了,于是拼命地游过去救她。等他游到她身边以后才发现玛丽安然无恙,游得正欢,事后科林也从未提起他的虚惊一场……

麦克尤恩: 这里还有一种解读:如果对某件事产生了错误判断,那你就得思考一下这个错误的判断是否反映了你内心的期望。也就是说,科林之所以觉得玛丽溺水了,是因为他心里想看见她被淹死。但是在这个场景里我最想表达的是,玛丽已经游得太远了,这也暗示着这群主角已经快越界了。

哈芬登: 克里斯托弗·里克斯为这部小说写了一则有趣的书评(《伦敦书评》,4:1,1982 年 1 月 21 日—2 月 3 日),他提到有些邪恶是无药可救、难以解释的。然而,罗伯特为自己的变态找到了充分依据。他对于自己施虐欲的根源的解释很合理,小说中并没有受到质疑,正因如此,我更喜欢你在处理科林和玛丽这两个角色时所采用的那种微妙的、具有探索性的写法。

麦克尤恩: 我觉得罗伯特更像是一个密码,而不是角色。有的人很理解他,也有人很讨厌他。他是这部小说的前提,而不是一个完全有说服力的角色。

哈芬登: 但你没有让他成为一个莫名其妙的角色,你想告诉读者他对于自己的施虐欲理解得有多深。

麦克尤恩: 是的,罗伯特对科林的这种暴力倾向其实已经蔓延到所有人中间——人们互相残杀,到处都在爆发战争,这些都是因为人们意识到了自己拥有的权力,体会到了行使权力的快感。耐人寻味的是,人们身上同时具有极强的服从性,不仅是凯若琳对罗伯特的绝对服从,还包括科林对罗伯特的服从。故事一开始就暗示科林其实是一个受害者。在相处中,罗伯特一直在随意地操纵科林,他们之间好像存在一种压迫和被压迫的契约关系。

哈芬登: 里克斯认为《只爱陌生人》是一部悲剧。

麦克尤恩：我不想用悲剧这样的词来形容这部小说，但我也承认，科林和玛丽对于即将发生在自己身上的事情已经有所预料。在这座城市里，在他们和这座城市相处的过程中，死亡随时可能降临。早在我拟好书名之前，我就在第一章里假定了一个陌生人，科林和玛丽为了这个人穿衣打扮，而且常常想起他。所以这本书从开头就带有一点悲剧共有的宿命论的意味。有很多读者因为对科林和玛丽太过愤怒而无法好好欣赏这部小说。我觉得一位理想的读者应该有这样一种认知：在一段恋爱关系中，存在着很多不自由的地方。

哈芬登：我很好奇，你书中的政治意识越来越强烈，是不是跟阅读和观看戴维·黑尔的戏剧有关？

麦克尤恩：在同代人中，戴维的作品确实最吸引我。

哈芬登：是不是因为他把个人生活和政治生活挂钩？

麦克尤恩：这一点我是从妇女运动中学到的——有必要将个人行为和更广泛的公共生活联系起来。我觉得很有趣的是，戴维·黑尔对于他的作品题材的态度相当矛盾，在某种程度上，我跟他越来越像。戴维曾写过一个关于英国现状的剧本，其中谈到了一种背叛感，过了很久之后，我在《犁田者的午餐》中也开始探究同样的问题。在写《模仿游戏》之前，我看了他的《惨败希特勒》。这二者有关系，但并无直接影响，它们是从不同的视角来叙述的。我很喜欢《惨败希特勒》，戴维的作品很合我意。

哈芬登：你曾提到，在写清唱剧《或者，我们去死？》之前，你就已经尝试以相同的主题写过一部小说和一部电影剧本了。

麦克尤恩：那部小说几乎没什么进展，它太过于程式化了。小说讲述的是一个家庭因为外部发生的事情而关系日渐紧张的故事。而电影剧本则包含了更多的末日启示，是一个涉及成百上千万人的幸存幻想，其中包含的元素太多了：灾难、惊悚、爱情……一点都不神秘。

哈芬登：在《或者，我们去死？》中，你干脆将男性和女性世界对立了起来。

麦克尤恩：在这部清唱剧中，男性和女性与其说是性别，其实不如说是品性：女性气质和男性气质，以及人类文明是如何向后者严重倾斜的。无论是对个体还是对社会而言，男性和女性都应该和谐共存。这部清唱剧强调的是行为倾向。一方面，男女的行为倾向是两极化的；另一方面，我觉得世界上最强大、最重要的是母亲和孩子，这是人类文明最应该保护的——因为孩子是人类的希望，而核武器正在威胁着孩子们。

核武器的发展表明，科学与人类情感正在割裂，科学正在走向疯狂：这一点用男性品性可以很形象地说明，那就是生龙活虎、咄咄逼人、缺乏共情和养育意识。牛顿物理学总结的一条男性特征是能够进行独立客观的观察。但是新物理学提出了一些新的理论，例如不确定性原理，这些理论认为观察者在观察过程中无法置身事外，而且得面临认知的种种局限性。牛顿物理学逐渐发现科学与道德是紧密相关的，这让我看见了希望，整体论的各种不同形式或许也证明了新物理学越来越重视道德的影响。

我是坚定的单边主义者。英国因为拥有核武器而成为了众矢之的，这也搞乱了我们国家的经济发展和民主进程。美国和俄罗斯的情况与我们不同，他们显然需要进行协商谈判。我的想法并非理想主义，而是求真务实的。我想活下去，我们把大量的国家资源和一半的科研人员都集中在这样一种毁灭性武器上，这让我觉得十分难过和愤怒。关于这些武器，我们的决议都不是民主的；战后，第一届工党政府没有与议会商议，便作出一项有关核武器的决议。研发核武器看似很有必要，但其实它推翻了我们所有的民主原则。我是坚信民主程序的。

哈芬登：你用清唱剧的形式来表达一些被部分评论家认为有失偏颇的政治观点，对此你犹豫过吗？

麦克尤恩：我认为人们对我的厌恶只不过是沧海一粟。艺术作品总不可避免地招致巨大的焦虑,不可能消除这种忧心,因为这是一件非常私人的事情。

哈芬登:几年前,在和克里斯托弗·里克斯的谈话中(《听众》,1979年4月12日),你曾说写作让你感到欢欣鼓舞,你所写的内容并不会给你带来威胁或者烦扰……

麦克尤恩:艺术作品总是充满悖论的:由于艺术本身是欲望、意志或者活力的一种表达,它最终必定含有某些乐观的成分。尽管剧里讨论的是严肃的话题,但是当我写完这部清唱剧的时候,我还是高兴得忘乎所以。《只爱陌生人》我写得很痛苦,但是每当我写完精彩的一页,我都十分开心雀跃。

哈芬登:写《只爱陌生人》给你带来的痛苦具体是指什么?

麦克尤恩:我对科林的遭遇感同身受,好像我在以一种怪异的方式书写自己的死亡。这让我觉得很不舒服。一个我不想再继续,另一个我则雄心勃勃,因写作而愉悦。

哈芬登:在《只爱陌生人》和《犁田者的午餐》这两部作品中,你的叙述都十分超然。

麦克尤恩:我发现,相较于那些主观的、情感热烈的行文,在这种超然的叙述中我能够发掘更多真相,这让我很高兴。

哈芬登:《犁田者的午餐》这部电影从众多不同的视角来叙述,构建了大量不同的层次。一年前,你开始写剧本的时候就决定要勾勒一幅关于英国的全景图吗?

麦克尤恩:是的,准确地说,我是从1981年3月开始写的。我想写一部背景设在当代英国的电影剧本,但又不知道会有哪些人物出场。有很长一段时间,我想写写英国皇室。因为1981年是查尔斯王子与戴安娜王妃的世纪婚礼,而随着婚礼日趋白热化,我意识到每个人对此都极度狂热,甚至包括那些不信国教的人:根本没办法摆脱。想要置身事外,得狠狠地花一番力气才行。我想也许可以从一个喝醉酒的记者的视角来看待这种痴迷;我构思了很久,不过最终还是厌弃了。我觉得你也可以站在人类学家的角度看待它,把它当作刺激的皇室秘辛来看。过了一阵子,我开始迷惑,心想这是否有意义。

虽然内容不确定,但是电影的标题一直是定好的,《犁田者的午餐》——这是虚构的一餐,意指虚假的过去——这是题目中的隐喻。然后我东飘西荡,到不同的地方转悠。在工党会议上,我遇见了一群反对核武器的妇女,她们刚刚在格林汉姆公地组建了一个和平营,我去拜访她们的时候,她们还在奋力组织运营。我也在诺福克郡待了一阵子,惊讶于英国竟然还有这样一片美丽壮观的土地从未被呈现在大银幕上。后来我又去了波兰。最后我发觉,这一切也许可以整合一体。

哈芬登:听起来你更像是到各处去采风,而不是在探寻当代人的思想和态度。

麦克尤恩:二者其实密不可分。就比如说,我去了格林汉姆公地拜访了那些女性,她们的价值观和态度十分明确。

哈芬登:在四处游历的途中,你有没有审视你自己的投入程度和态度?

麦克尤恩:有。我对布莱顿的那两位女性很感兴趣。她们全身心地致力于践行自己的想法。这让我不得不审视自己:我有多少想法?我能践行到什么程度?我很羡慕格林汉姆公地的那些女性。另一方面,1981年在黑潭市,我目睹了保守党会议上的法治辩论,这才了解到目前保守党内部领导人之间强烈的敌意。我当时和一群记者一起,这样的辩论他们每年都要目睹一次,对此早已司空见惯,他们只是远远地看着调笑着,因为这是整场大会最精彩的部分。然而,不可思议的是,大会代表对消极观念津津乐道:党员们热衷的是责罚惩处——延长监禁期限、为警察配备武器、鞭打破坏公物者。消极情感煽动人们,使他们发狂,对此我的确感到震惊。不过,奇怪的是,我却希望在我的电影中,人们对上述种种情况也能做到冷眼嘲笑,像许多记者一样见怪不怪。

哈芬登:《犁田者的午餐》中的会议场景淋漓尽致地描绘了怪诞的现实。

麦克尤恩:是的,我们是在另一个组织的帮助下偷偷溜进去的。保守党新闻办公室之前要求看看我们的剧本,一开始他们倒是很友好的,同意我们拍摄这部电影。但是几个月以后,很多其他硬新闻团队也申请了拍摄,所以我们的权限被撤销了——但这跟意识形态无关。最后我们通过别的合法途径进去了。我们的工作人员拿到了技术许可证,演员也拿到了媒体通行证,我们混在一群记者和摄制组中间,看起来与他们无异。在拍摄过程中,我们要很小心地避免另外两个电影摄制组入镜。我很惊讶,我们的演员轻轻松松就混进了会议里。赫尔塞廷讲话时,乔纳森·普雷斯大胆地在讲台之下走过(没人认出他是个演员),而且他走了六七次,因为我们拍了好几镜。

哈芬登:这部电影让人觉得很沮丧。一开始我们可能被詹姆斯(乔纳森·普雷斯饰)给骗住了,但很快我们就意识到,他自私自利、自欺欺人。你似乎设法不让观众对任何角色产生共鸣,我想知道你从一开始就遵循这一间离原则吗?

麦克尤恩:是的,按照传统,电影里一般会有一些惹人喜爱的角色,然而在小说里却会出现很多反英雄式人物:你和他们一起经历、一起成长。但是对于电影而言,你只是一个旁观者。我认为这显然是一部悲观的电影;它意在体现时代精神,体现个人谎言与民族谎言并非全然无关。詹姆斯重写苏伊士运河危机这段历史,这就一直与他在追求苏珊时撒下的谎言有关。我感觉我们确实生活在令人沮丧的时代,但我仍然希望这部电影可以带来叙事的快感,可以充满趣味,尽管其中的幽默蛮装腔作势的。

哈芬登: 在里克斯的采访中,你曾提到,你谨防在短篇小说中掺入"无端的乐观"。电影媒介是不是为你解决了这个难题,你现在可以纯粹地悲观了?

麦克尤恩: 电影的结尾一般都是积极乐观的,不是吗?人们常常没有勇气承认自己的悲观消极。我觉得格林汉姆公地的那些女性可以作为一种衡量道德的标杆。在我为这部电影走访调查的时候,这些女性一直在抱怨没有受到足够的关注,所以人们在观看的时候应该记住,这是一部记录历史的电影。虽然电影开拍以来,我们遭受了很多刁难,但即便在马尔维纳斯群岛战争中,格林汉姆公地也没被报道过。

哈芬登: 电影里,和平营的女人既纯洁又天真,显然不知道有人会像詹姆斯那样,转身就撕下自己伪善的面具。

麦克尤恩: 是的,与詹姆斯一起时,你会欣赏他的都市感和温文尔雅,所以相比之下,和平营里的人看起来会很愚蠢,就像在诗歌朗诵会上,太过认真的人看起来也很愚蠢。我不只想满怀厌恶地观看银幕中的他,还想进入他的世界。

哈芬登: 虽然诗歌朗诵会这一情节看上去没什么来由,但它让观众了解詹姆斯有多么愤世嫉俗,他随意对待正直的诗人朋友,摆出一副高人一等的样子。可悲的是,观众们并没有意识到这一点,他们只是跟着詹姆斯一起大笑。

麦克尤恩: 是的,这一幕是有点跑题,但是在剪辑的时候我们发现几乎每一幕都在不断推动苏伊士运河事件和詹姆斯对那个女孩的追求。我个人很喜欢诗歌朗诵会这一幕。虽然它有点偏离了电影的主题,但我想借此保留一个多样化的世界。看完这一幕,你会站到詹姆斯和他的朋友杰瑞米一边,你会变得面目可憎,嘲笑朋友们的诗歌朗诵。当你真正变成这样品行不端、愤世嫉俗的人之后,你会觉得身边的每一个都过于真诚了,他们的真诚让你觉得恶心;这样一种怠惰的生活态度很诱人,在伦敦文学界和新闻界相当盛行,当然酒精也是其中一个推手。我既想要人们沉溺其中,又希望人们能冷眼旁观……

哈芬登:以一种极差的印象?

麦克尤恩:是的,因为撒切尔夫人统治下的英国给我留下了极差的印象。

哈芬登:詹姆斯最后变成了一个狠毒无情的人。他抓住一切机会,但是自我认知并不明确,因此他既投机取巧,又天真幼稚。

麦克尤恩:我觉得他很迟钝,但很擅长推销自己。

哈芬登:他已经迟钝到没有发现苏珊和杰瑞米比他更世俗。当他发现这两个人也很自私自利时,感到很惊愕。

麦克尤恩:是的,他身上也许有一种与他很不相配的天真。不过,后来,我有了更多想法:我想写某人在骗人的同时又受骗,还有其他人也跟着受骗。有这样一个观点:英国、法国和以色列就苏伊士运河事件形成的非神圣联盟,跟电影里的角色关系类似。例如,循着詹姆斯描绘的苏伊士地图,理查德·艾尔消失在诺福克的田野之间时,颜色巧合地相配起来。相似地,结尾的时候,杰瑞米谈及苏珊和他自己:"我们是老盟友。"每个人在骗人的时候,都会沾沾自喜。但这一切的前提是,詹姆斯本身容易轻信他人。我觉得这很合情理,因为当你渴望一样东西时,你就想让大家都知道你想要它的理由。

哈芬登:你觉得苏伊士运河危机和马尔维纳斯群岛战争之间存在怎样的隐喻或相似之处?

麦克尤恩：马尔维纳斯群岛战争爆发的时候，我刚完成初稿，因此在二稿中我把它设定成了小说的背景，因为我很清楚我们到布莱顿拍摄保守党会议这个场景的时候，大家一定都在讨论马尔维纳斯群岛。尽管这二者有着明显的区别，我还是认为它们都植根于相同的幻想：丘吉尔式的幻想，而且战争总是号召人们为正义而战。这其实是另一种形式的自欺欺人。他们宣称的夺回马尔维纳斯群岛的理由并不是真正的重点，事实上他们是出于某些更细微、更情绪化的原因才派舰队出战的。

哈芬登：《犁田者的午餐》中的历史学家安·巴灵顿这个角色比较复杂，很讨人喜欢。当然，她的角色定位比较暧昧，她易于妥协，感情受伤，与一个商业电影制作人有着命运纠葛。虽然她一直在寻求个人的慰藉，但她的政治信仰依然很重要，值得称道。

麦克尤恩：我之前也一直觉得她很惹人喜欢。直到最近我才开始觉得她并非如此完美。对于有学识的英国中产阶级，她表达了一些很有见地的想法。这些想法不符合保守党会议精神，没有鼓噪责罚惩处。她确实很有历史意识，但以她一己之力无法与整个社会怠惰浮躁的风气抗衡，她已经精疲力竭。她曾说，时代已经变了，以前的时代回不来了。她足够正直、满怀同情，却不够强大。

哈芬登：安·巴灵顿为什么努力要把自己代入詹姆斯所写的苏伊士运河危机这一事件中呢？

麦克尤恩：这是一种很可怕的自欺欺人。她拥有很多令人艳羡的东西——一幢漂亮的房子，还可以随意进出一片壮丽的英国乡村——等大家到了一定的年纪就能够理解她的妥协了。我不想太尖锐地批评她，我只想从人性角度简单地评价一句：一个人要是一直处在激烈反对别人的状态，他会变得越来越尖酸刻薄。如果你一辈子都在反对别人，这会在无形中塑造你的性格。你在这些你讨厌或者反对的东西上花费了太多精力，到最后会变成与它们为伍。每个人一辈子当中都会有一段时期，把反对别人当做第一要务,不过后来你就会希望有下一代人来接手这项任务。最重要的是历史和记忆。所以我仍然觉得安·巴灵顿是个讨喜的角色,她的观点都围绕着 E. P. 汤普森的观点,但最大的区别在于,E. P. 汤普森选择的是一条截然相反的、从理论到实践的道路。

哈芬登:观众对于安的最终印象是,她相当可怜。她不仅在心理上受到了伤害,还傻傻地相信詹姆斯像她一样正直。

麦克尤恩:是的,我想解释一下她为什么会被詹姆斯欺骗。人们总觉得像詹姆斯这样沉默寡言的人很深沉,认为他们能走得长远,这个现象让我觉得很有意思。

哈芬登:当他被要求为社会主义和财产所有权辩护时,他只说了一通陈词滥调。

麦克尤恩:是很滑稽。我之所以喜欢这场戏……部分原因是,在我快二十岁的时候遇到过相似的情形,那时我刚开始接触来自知识分子家庭的人。我以朋友的身份造访他们家,他们要测试我的想法。每个人都像是在参加社团辩论,张口就是"正如麦考利所说……",我曾觉得这很可怕。就好像一踏进门,你的阳具大小就要被测一样。至少,反正我是这么想的。我父母对我带回家的朋友都很好,他们显然没有兴趣测量别人的智力高低。

哈芬登:在你的作品中这种情况多吗?我是指作者对过去依然耿耿于怀,通过在作品中重现自己早年的某些尴尬时刻来消解自己的心结?

麦克尤恩:只有在写到某些不讨喜的角色时我才会如此。

哈芬登:现在看自己早期写的短篇小说时,你有没有觉得它们略显青涩?

麦克尤恩:我本人很乐意再回归短篇小说的创作,但我真心觉得我很可能再也写不出年轻时的好作品了。我也不知道。短篇小说这一体裁本身是个很好的试验场。我很重视它们，写得也很慢，我想一直坚持写下去。我不想放弃钻研，也不想觉得随着年龄的增大，我唯一的职责就是就公共话题向国人侃侃而谈：那样做既无聊又狂妄。我时刻想保持写作的激情与神秘，但我很难再像年轻时那样挥斥方遒。我的很多早期短篇都关涉启蒙，换句话说，就是与长大成人有关。

如果你想写一部小说，那你的题材一定要吸引人：即使题材很悲伤，它也要真的吸引你，毕竟你得与之相处很长一段时间。我不知道我下一部小说要写什么题材，但至少我现在信笔涂鸦的时候感到很洒脱自如。

对话作家：我们时代的观念

◎ 马丁·艾米斯/1987 年

原载于《卫报对谈录》第 69 期，当代艺术学院，伦敦：当代艺术学院录像，1989 年。1987 年录制。经当代艺术学院许可转载。

马丁·艾米斯： 依我看来，《时间中的孩子》既结合了你对童年和政治的兴趣，同时又显示了你对宇宙的兴趣，因为这本书所讨论的正是时间以及它的不可知性。在创作之初你有没有感觉到自己在写一本包罗万象、主题繁杂的书？有没有意识到这本书一次性呈现了很多复杂的东西？

伊恩·麦克尤恩： 是的，为此我一直在寻找合适的素材。对我而言，与其说是童年呀，孩子呀，倒不如说是浩如烟海的儿童保育文献才让这一切成为可能。直接触发我灵感的是克里斯蒂娜·哈迪蒙特写的一本书，叫做《理想中的婴儿：从洛克到斯波克的儿童保育》，这本书回溯了近三百年来的儿童保育史。如果你想考查任何一个年代、任何一代人，或者是任何一个特定的历史时期，最好的办法就是阅读那个时代人们的育儿法则。因为这些育儿理念反映了人们想要把孩子培养成怎样的人，这种对于孩童的期望与希冀正是一个时代所追求的理想与目标。

显然，在阅读这本书及其他相关书籍时，你会发现育儿理论就像钟摆一样来回摇摆。十八世纪末和十九世纪初，卢梭思想大行其道，因此人们在养育孩子方面也奉行自由主义。维多利亚时代的育儿理论已经人尽皆知，无需多言。爱德华时代的人多愁善感——对待孩子的态度较为温和。到了二十世纪二三十年代，人们过分相信和夸大社会科学的作用，我觉得这是最糟糕的一段时期。他们给妈妈们发计算尺来精确计算母乳喂养的时间,严厉告诫她们不能爱抚和拥抱自己的孩子,因为人们认为这样会过度刺激孩子,损伤他们的大脑发育。后来斯波克医生提出了以儿童为中心的保育理论,这一理论主要与两大因素相关,一个是当时二战后流行的自由主义共识,另一个是道德相对主义,后者在当今英国已逐渐式微。我以为有机会写下一章,写一写这个想象中的摇摆的钟摆。

艾米斯: 这本书的故事设定在一个不太明确的未来时空中。

麦克尤恩: 是的,书中有一段专门探讨是否有可能将公共世界的道德劝诫与儿童保育的亲密性相糅合。斯蒂芬是一位儿童文学作家。他其实并不想,结果还是成了一名儿童文学作家。他发现自己进了一个政府委员会,这个委员会在撰写一部权威新书……

艾米斯: 那本书讲的是如何育儿……

麦克尤恩: 没错,就叫《权威育儿手册》。

艾米斯: 时尚的变化绝不只是一部品味的变迁史,对吗?我们如何抚养孩子,我们如何塑造自己,这二者其实密切相关。

麦克尤恩: 你说得对。我寻找了很久,最后找到了一个同时涵盖亲密个体与社会群体的题材,希望能够把这二者融入到我的作品当中。

艾米斯: 那书中体现的宇宙学哲理呢?你曾说过,某种程度上,我们根本不了解时间的本质。在你的书中,你探讨了各种不同的时间——童年时期,时间疾驰而过,在政府委员会上班,时间慢慢悠悠,诸如此类。其实,你笔下的主人公在时间中回溯,或得以一窥往昔时光。有这么一种后相对性,一种对时间的新的不确定性。现在我们知道了,时间并不是一个个瞬间的串联,它其实是个维度,是可以变更的。

麦克尤恩: 神秘主义者和有远见卓识的人早已撰文指出,时间绝不是按顺序排列的,或者说时间并不呈线性,现在看来,科学不过是晚一步印证了这人人皆知的道理而已。威廉·詹姆斯在《宗教体验之种种》一书中说过，在某些极为偶然的瞬间，人们可能会突然感觉到过去、现在与未来同时并存。当然，小说家们总喜欢在时间设置上玩一些小把戏。哪怕你是按照顺序一页一页地读完一本书，当你静下心来仔细回想的时候，你能记住的还是一个整体的框架，就像一栋建筑一样层次分明——而这也正是时间的奇特之处。在这本书里，我想讨论的是儿童，而孩子们的童年又正是时间进程中的一部分，所以我竭力想把关于时间的主观体验尽量融进作品当中，但同时又将它们置于一个既科学又神秘的架构中。

艾米斯：众多小说家也意识到了这一点，因为近些年科学突然揭开了自己神秘的面纱。我们已对抽象艺术习以为常，但我们现在得熟悉抽象科学了。牛顿的物理世界正在分崩离析，取而代之的是一个物质层面的嬉皮士世界——东西可以同时出现在两地，东西也可以是不可见的。

麦克尤恩：这场科学革命已持续了半个多世纪，但它才刚刚开始一点一滴地向我们灌注文科无知论，而且可能开始给我们呈现某种伦理维度。《权威育儿手册》的确凿笃实与量子力学所提出的更为断裂——而且我认为更为有趣——的世界观截然相悖。

艾米斯：在这不定的现时，你小说中那位未直接用他或她点明性别的首相，显然隐隐约约暗指撒切尔夫人。虽然从她下台到本书出版已经过去了十二年，但老巫婆却依然与我们形影相随。那本《权威育儿手册》正是撒切尔理念的印证，她着重强调的是守时、利己、实干，等等。现在，我们知道，小说，即使是以未来为背景的小说，其实着眼的是当下。可是，由于你的小说讲述的是时间，所以你当初有没有觉得是出于写作技巧的要求而不得不把背景设定在未来？你是否认为它也与下列事实有关，即史无前例地，或对最近几代人来说，未来已不再是自然会来的东西，而是需要靠绝佳的运气，去主动追求才能实现？是不是这样的一种认知给了你探索的欲望？

麦克尤恩：是的，最近出现了一大批以不久以后的未来为故事背景的小说。我时常想：难道这一现象折射出了我们内心深处的不安全感？人们担忧未来是不是真的存在，担忧自己的肉身无法抵达未来，但是我们至少可以在脑海里勾勒一下未来的样子。就我个人而言，我的本意从来不是要写一部未来小说。我只不过是在讽刺畸形扭曲的当下社会。不过，七十年代时，我确实想写一部预测九十年代的小说，可是我最后还是放弃了，只截取其中一小部分放进了《床笫之间》里。这说明我潜意识里也有这种对未来的不安全感，只是当时自己并没有意识到而已。以前，我们常常想重塑过去，现在呢，又想弄清楚未来到底是什么样子，哪怕是用反乌托邦的形式来展现。

艾米斯：有种说法是，如果我们想要正确把握现在，就必须前往未来，成为未来的历史学家，因为这样的历史学家未来可能并不存在。我们得站在未来的角度上抓耳挠腮地想想，1987年我们在这儿到底认为自己在干些什么。前面我提到，你的书中探讨了各种不同的时间或者说不同特质的时间。有一节你还专门讲述了车祸发生时时间是如何放慢拉长的——我相信出过车祸的人都有过这种熟悉的感觉。

麦克尤恩：说到这里，我趁机提一下，这本小说每一章的标题都包含一条来自《权威育儿手册》(英国皇家文书局版)的摘录。据说曾经有位书评家打电话给凯普出版社，询问他们可以在哪儿搞到这本书……(观众笑)……要我完成这本书，得先付给我一大笔预付版税才行。(麦克尤恩朗读第六章标题以及第五章中关于车祸的段落。)

艾米斯：这本饱含深情的书中一切都是紧密相连的，以第二个孩子的降生为结局。这个孩子的出生比起其他书里描写的孩子出生少了一丝温情和人情味。关于写作众所周知的一点是，要写好幸福与喜悦是很难的，甚至比写好第一章里的孩子走失更难。亨利·德·蒙泰朗曾说："幸福是白色的，一写到纸上就看不见了。"托尔斯泰也许是为数不多的能把幸福写得形象具体的作家之一。在创作中,你有没有觉得想要写好一个团圆美满的结局是特别困难的? 你之前的作品并不以幸福结局而著称。我怕读者们会认为你在故作矫情。

麦克尤恩:你说的这个问题正是这一世纪作家们的一大难题。但是在迎接过一个新生命的到来、感受过这种纯粹的喜悦之后,我觉得在接下来的几周里,哪怕是从审美角度来看,也有责任挑战自己,试着去写写幸福的场面。但是说起来容易,做起来难。当我在写婴儿降生这个场景的时候,我才发现自己的叙述干干巴巴、毫无趣味。这个欢乐的场景是很有预示性的,它的出现首次预示了结局的圆满走向,斯蒂芬接生了这个孩子,同时也从这个孩子身上获得了救赎。

我觉得人是要跨越界线的。你年岁渐长,生儿育女,希望这世界一直运转,你对它越来越深情。二十来岁的时候,你的一切轻率鲁莽、异想天开都情有可原,但是逐渐长大后,你就会开始思考自己真正爱的是什么。这种心态的转变也在塑造着我们的——我们可以称之为审美观吗?——我觉得可以。就算不是审美观,它至少赋予了我们一种责任感。

观众:为什么你和马丁都确信未来不安全,而且现在比过去三四十年更不安全呢?

麦克尤恩:嗯……这是因为我们获取和储备的大量足以毁灭地球的武器比三四十年前要多得多。三四十年前,我们的原子弹数量只够毁掉人类社会,但现在我们已经拥有了四到六万颗弹头,这些原子弹能够轻而易举地毁灭整个地球以及所有生灵。我和马丁都对那些手握决策权的政客不抱信心,他们鲁莽冲动,不够聪明。

艾米斯:这位观众,你觉得现在比以前更安全吗?

观众:不,并非如此。一直以来,我都觉得未来是不安全的,但我也没有觉得现在比以前更不安全。我能感受到你的悲观情绪,你觉得现在我们生活在一个危机四伏的时代。

艾米斯：这更多的是看清现状之后的一种醒悟吧，我认为可以无可辩驳地说现状是不可能永远持续的；目前的安排与时间——介于决定按下按钮和真正按下按钮之间重新的思考时间——一直在不断缩减。我们现在正处于太空军事化的边缘，就像氢弹一样，这是又一场水膜破裂，这是我们倒翻的又一桶淋釉。应对一颗核弹的正确时机是在它发射之前，而不是在它以每秒四英里的速度向你袭来的时候。同样地，时间在被压缩……

麦克尤恩：被专业技能……

艾米斯：是的，被计算机……

麦克尤恩：被能动的意志——政治意志和工业意志。怪异的是，它不是突然落到我们身上的，而是我们的主动作为。

艾米斯：我认为，这个话题是在经历了一代人的热议之后才成为了作家们的写作主题——实际上是个很漫长的过程。然而，由于这一摧毁一切生命的能力是逐步达到顶峰的——这显然是人类发展进程中最重要的事情——所以你不能指望作家们明天就来探讨这一话题。这些事情神秘兮兮，确实有点翻来覆去的，最终才呈井喷式爆发。也许这听上去好像我们一下子突然都在讲明摆着的事，但我想真的是那么明了吗？

观众：如果你在这种可能被炸飞的阴影下写作，这是否会大大挫伤创造性呢？

麦克尤恩：嗯，这当然会挫伤人的情感。这是一件很可怕的事情，显然也给作家们带来了挑战。二战爆发时人们常常说事情看上去更加清晰明了了——我指的是现实中的感觉。我曾读过一位少妇在1939年9月写的日记，里面提到当时的邮筒散发出一种极不寻常的红光。我想相应地你也能在写作或者其他艺术形式里发现更强烈的表达。

观众：我能问一个关于查尔斯·达克这个角色的问题吗？他是书中那本育儿手册的作者吗？

麦克尤恩：正是。

观众：在这本书的结尾,你用优美的笔触着重刻画了斯蒂芬的第二个孩子的降生。我在想：与这个结局相对立的是不是查尔斯·达克身上发生的退化现象？他的心智回到了孩童时期,隐居在森林小屋中,过着孩子的生活。这是否意味着,继而一想,你承认政治确是在不断退步,正在逐渐隐入某个黑暗的反向深渊中,而孤立的个体才是唯一的希望？在你的架构中,那是政治与个体分道扬镳之处吗？在你的书中我们看到,政治其实在自我消解、泯没和毁灭,最终只留下个体,是这样的吗？

麦克尤恩：这里有个问题,因为我从没想过自己的书中会包含这么多的政治内涵。我更多的是在探讨道德问题而非政治问题。说实在的,当我回顾全书的时候,发现查尔斯·达克的政客身份稍微打乱了我的创作计划。查尔斯随时可以加入工党或保守党——他没有自觉的政治信仰。他是个野心家。我更关注的是公共生活与私人生活之间的矛盾。二者如果长期处于分裂状态,是非常危险的,会造成极其严重的道德和政治后果。斯蒂芬自忖,除非公共生活和私人生活之间有一条牢不可破的界限,不然就会出大岔子,就会发生乞丐持证上岗这种荒唐可笑的事。查尔斯是个卑鄙的角色,因为一方面他迷恋私生活,另一方面为了自己的野心而写一本与自己私生活背道而驰的育儿手册。说实在的,我原本无意指出尤其是右翼政治在退化。但由于他是一位政府部长,我就无意间掉进了这一圈套。

观众：你曾说,除了孩子我们别无所有。这句话里的孩子是特指你自己的孩子,还是泛指世上所有的孩子？二者之间的差别可大了。如果说的是你自己的孩子,这就是一个很私人的问题。但如果指的是所有的孩子以及他们的未来,那这就是一个社会学和政治学概念了。

麦克尤恩：我指的是所有的孩子。我们与未来的唯一一联系就是孩子。百年之后,只有我们的孙辈还活在世上。我当然不可能为了一己私欲,只

自私地谈论自己的孩子。如果我认为这个星球的命运独独掌握在我儿子威廉和格列高利手中，我就要替人类未来担忧了。（笑）

艾米斯：我的孩子可助一臂之力。今天的访谈到此结束，谢谢伊恩……

散文写作的乐趣遭遇色情暴力
——对谈伊恩·麦克尤恩

◎ 罗莎·冈萨雷斯·卡萨德蒙特/1989 年

原载于《钟铃：巴塞罗那英语和文学研究》1.3(1989 年)：第 55—62 页。重刊于《欧洲英语信使》1.3(1992 年秋季)：第 40—45 页。经作者许可转载。

罗莎·冈萨雷斯：你以创作短篇小说起步，但自从七十年代出了两部短篇小说集后就再也没有新作问世，而事实上你的长篇小说却越写越长。难道你对短篇小说已不再感兴趣了？

伊恩·麦克尤恩：我现在正在写一部小长篇，不过，你说得很对，自七十年代以来我再也没有写过短篇小说。短篇小说属于我人生中的另一个阶段。对我来说，短篇小说是一个实验室，允许我尝试各种不同的东西，让我发现自己是一个作家。它们也确实是使我开始写作的途径。我希望有一天我会再次开始写短篇，但眼下我专注于写长篇。

冈萨雷斯：但即使你的长篇小说比短篇小说更具发散性，它们仍然构造十分严谨，行文精准克制。在我看来，这些都是短篇小说的基本特质。你认为你的风格是否源自你曾经是一位短篇小说作家？

麦克尤恩：我的前两部长篇小说属于短篇小说的扩展，某些短篇小说的写作习惯延展到了长篇小说的写作中。但我一直觉得实际写作中最重要的是对句子、段落以及章节的构建和塑造，并在那个意义等级的基础上，享受语言本身的精筛细选。

冈萨雷斯：所以说篇幅的长短并不重要……

麦克尤恩：是的,我不喜欢英语小说的创作传统,将一切直接抛出来。人们觉得,哇,有四百页呢,但没有哪一句特别重要,或者只有某些场景才重要,而其他一切都只是一页页地说出来,没有任何语言上的乐趣。

冈萨雷斯：那你有文学偶像吗? 譬如说,你被视为卡夫卡的继承者……

麦克尤恩：我不认为自己是卡夫卡的继承者。人们对作家品头论足,有将他们说得愚笨不堪的,有对他们恭维奉承的。他们常常被吹得天花乱坠。这是这一职业的一大风险,你得学会适应它。不过,卡夫卡对我来说始终非常重要。他就是那位让我能够开始写作的作家。这听起来可能有点自相矛盾:他的想象如同幽闭的迷宫,但同时他的作品却又给人以超凡的自由,那种真正摆脱了英国小说的自由,痴迷于社会文献记载,专注历史细节,对许多我毫无兴趣、一无所知的事物都兴致勃勃,譬如社会等级差别和流动性、家具、书中人物的衣着,等等。

在我看来,英国小说就像一个尘土飞扬、幽暗且过度装饰的房间,其织品都已被虫蛀。而卡夫卡的作品似乎异常澄明晶莹,他笔下的人物属于任何时间、任何地方,而在我看来,那就是一种自由。我还很钦慕他的幽默,我觉得他的幽默没有得到足够的认可。

在我看来,卡夫卡是第一位现代作家,那种在十九世纪不可能存在的作家,而我觉得亨利·詹姆斯可以。康拉德横跨两个世界。甚至乔伊斯也从十九世纪吸取了营养。但是在卡夫卡身上有某种不可忽视、确凿无疑的现代成分。很多作家都有一位为他们打开大门的作家,但不一定是他的偶像。在读了卡夫卡写的一个名为《学院讲座》的故事后,我写了一篇他的仿作,也是一个由猿猴讲述的故事,讲了一只猿猴和一个正忙于写第二本书的女人一起生活,女人不再关注猿猴。当时,我正在写我的第二本书,也许卡夫卡是我的猿猴。或者说我是他的猿猴。

冈萨雷斯：尽管某种意义上说,你很幸运,因为你于1975年发表的第一本短篇小说集《最初的爱情，最后的仪式》出版后立即大获成功，它也使你成为一个有争议的作家。你是否认为这种声誉对你以后的作品产生了负面影响？

麦克尤恩：是的，我发现挺艰难的，因为某些报纸一个劲地大肆渲染我的所为，把我描绘成某种文学变态者。一旦围绕我的作品树立了这一系列预期，人们就会以这种方式阅读它。譬如，在《时间中的孩子》中，即使并没有这种元素，人们也只会讨论这种元素的缺失。所以，是的，我面临声誉的问题，于是我诵读自己的作品，试图与之抗衡，因为我认为我的作品并不只是充斥暴力和恐怖。但是，我不知道，所有作家都对报刊评论满腹牢骚，而我更是如此。

冈萨雷斯：1990年5月6日的《星期日泰晤士报》上的一篇书评将你的上一部小说《无辜者》归纳为"性、死亡和隐藏的变态"，显然这是极带偏见的判断，不过这部小说中确实有潜在的暴力，以及爱情和恐怖的糅合……

麦克尤恩：嗯，我并不想轻轻松松地写这些令人不安的事情，也并不指望这样做能带给我更多的读者，事实上我认为会适得其反。可是我们这个社会是暴力的，所以作家必然会反映这一点。重要的不是所描述的内容，而是被描述的原因。我感兴趣的是暴力冲动如何在我们心中滋长。《无辜者》中，一个平平常常的男人身陷困境，变得极度暴力。主人公满脑子全是第二次世界大战的图景。我想通过把一具尸体的肢解与一个城市的肢解（如战后被炸毁的柏林）进行类比来展示人类可以实现的野蛮性。

冈萨雷斯：为什么你会选择这一特别的背景，另外这部小说的出发点又是什么呢？

麦克尤恩：1987年我随同一个名为"欧洲核裁军"的反核代表团前往苏联。当时苏联的经济改革刚开始几个月。我们去那里的目的是想利用这些新的发展来说服苏联当局停止迫害他们国内的反核团体成员。从现在看,这都是很久远的事情了。我们去那里与这些团体接触,这些俄罗斯人敢于谈俄罗斯武器。苏联政府只讲美国武器。我们想谈美苏武器,试图将这两大团体召拢在一起。

于是我们见到了那些机构的决策者,尤其是美国与加拿大事务协会的政要,他们请我们观看了一部我认为是无比非凡的预告片:《未来两三年欧洲大事记》。这些人,为克里姆林宫提供政策选择的外交政策知识分子,在谈论最不寻常的事情,其中之一就是东欧得走自己的路,而苏联会开始从东德单方面撤军。当我们兴奋地问起我们在哪里可以读到这些设想时,他们告知这些并没有任何记录,因为如果戈尔巴乔夫先生下台,而别的某个人上台,他们就会失业。一直到戈尔巴乔夫总统在联合国发表讲话——我想那是 1988 年底——这些变化的真正威力才得以显现。

离开莫斯科时,我感觉冷战即将结束。碰巧三周后我在柏林,我已经很长时间没去柏林了。我做了很多游客通常做的事情:去波茨坦广场,站在一个木制平台上观看这曾经是无比繁忙的大道,而现在它只是一块满是地雷和自动枪的沙靶地,而且我认为连这沙靶也很快会消失。我说很快,我觉得大概五到十年吧——在我看来,五到十年好像挺快的。于是我开始计划写一部关于冷战的小说,不是冷战的结束,而是 1955 年冷战达到顶峰或进入纵深。我一直在寻找故事,真实的故事,很长一段时间我以为那会是一个逃离东方的故事。后来我读到这样一个故事:美国人和英国人合作挖了一条隧道,那是一个非常大胆的工程,这条长四百米的隧道伸入俄罗斯境内,与莫斯科连接,其目的是在电话线上安装窃听器。

这隧道有两点十分吸引我:一是俄罗斯人虽然甚至在美国人开挖隧道前就已知情但没有采取任何行动,因为他们不想危及那名通风报信的间谍。当时我觉得搞间谍是一件多么古怪、无用的事情,是一个奇怪、循环、自足、自我指涉的系统。我开始读更多的书,逐渐明白,你得努力找一个曾经依据谍报而改变其外交政策的国家。搞间谍无非就是在这封闭系统中你来我往,相互博弈。某种意义上,它类似于文学现代主义的各种形式。

对一个英国人来说,1955 年这一年也发生了一些蛮有趣的事情。到了 1955 年,至少有一半,我认为是比较聪明的一半英国人,都认为英帝国时代业已结束——而这正是发生苏伊士运河危机的前一年,苏伊士运河危机是英国自我认知的一个分水岭。世界级第一强国的接力棒已自觉地被移交给了美国。许多英国人开始拿神话安慰自己,说我们之于美国就是希腊之于罗马,我们是老牌帝国,而美国相对是较蛮撞、更强大的帝国,我们用某种智慧来弥补我们所缺乏的经济和军事力量。1955 年也许是美式和平的第一次开花结果。就帝国而言,我得说,在某些方面,美帝国并不那么邪恶,因为它并非通过武力而是通过其他手段——如流行音乐、电影、快餐等——来施展其力量及其影响。甚至在 1953 年首创了"青少年(teenager)"这个词。因此,《无辜者》中的年轻主人公伦纳德·马纳姆在人生第一次出国时相当不自信,就如他的国家新近也相当不自信一样。在上一代,英国人,譬如在伊夫林·沃的《爱人》中的英国人,身处异国时会觉得自己属于优等种族。伊夫林·沃的主人公可以各种嫌弃美国人。他们虽摆出一副狂妄恣肆的样子,但根子上却十分空虚庸俗。另一方面,对于伦纳德·马纳姆来说,美国人提供了一个他很想进入的世界。这部小说主要关注的是伦纳德克服他对摇滚乐的厌恶并开始喜欢冷冰冰的可口可乐,接受成年男子可以喝巧克力牛奶,接受这个非常强大的国家似乎也有幼儿文化这一悖论:食物、饮料、音乐,这一切对一个严肃的英国人来说多多少少显得特别幼稚。但伦纳德最终也被同化了。

冈萨雷斯:你的作品中反复出现的一大主题是性别认同和男人对女人的矛盾态度,惧怕和嫉妒交织,就像你书中展现的许多异装癖现象。你能详细阐释一下吗?

麦克尤恩:我不知道我能不能解释清楚。我是说,我的一部部小说、我的作品,本身就已经详细阐释。是的,我一直对男女之间难以相互理解很感兴趣。男人和女人在情感关系中很难满足自己,不容易产生自由之情,很难坦诚相见……种种可能性都有,有悲有喜。

冈萨雷斯: 你提到男人怕女人。最近你还在西班牙听众面前提到过这一点,当时很多男性听众摇头皱眉。

麦克尤恩: 我认为,无论在亲密关系或社交中,男人之所以对权力耿耿于怀是因为惧怕;也许是怕自己被吞没,也许这惧怕的根源在于童年时过度依赖女人。但我看不出还有什么可以引发如此多的强奸,如果没有得到女人的某些东西,男人认为这是对他们存在的威胁。摇头和皱眉头是不可避免的。我认为你必须在自己的内心深处找寻这一恐惧;表面上它呈现的是恼怒或挑衅。

冈萨雷斯: 你的作品中另一个反复出现的主题是青少年的性混乱,这并不是英国小说新近经常探讨的主题。为什么你认为事实确实如此,且对它如此感兴趣?

麦克尤恩: 我想这是因为当我开始写作时才二十二岁,只能逼迫自己从新近的过去中寻找素材。我认为青春期是一个艰难的过渡期,是一段启蒙之旅。它缭乱心绪:经济上依赖父母,但又抱有成年人的希望,想探索世界。而且,青少年也有一种不讨喜的品质,即非常高度的自我意识。因此,用一大虚构的术语来说,他们是"完美的叙述者":他们置身事外,却渴望参与其中。我的青春期因空虚而痛苦不堪。当时我感觉这世界与我擦身而过,我认为那样的感触悄然融入了我的小说。

冈萨雷斯: 你最新的两部小说已脱离幽闭的个人创伤世界,进入了更为广阔的公共与政治事务的世界。这是因为你个人参与了反核运动这样的公共议题,还是因为 88 宪章压力集团呢?

麦克尤恩: 某种程度上,我一向都对政治蛮感兴趣的。以前我从来没有找到合宜的办法将这一兴趣融入到我的作品中。我写了一部清唱剧,因为我觉得小说这一形式是不适合探讨如此紧迫的道德问题的。政治和小说,是一片雷区。如果你在开始写小说的时候,就明确想说服人们接受某一观点,那你就是在限束自己的领域,是在摒弃自己展开调查或自由探究的可能性,而我认为这种可能性正是小说的一大可取之处。

冈萨雷斯:然而,虽然你的早期作品对人类状况勾画了一幅晦暗的图景,但你最新的两部小说却以更为充满希冀的基调收尾。你如何解释这一转变呢?

麦克尤恩:呃,这些年来我已明显有了改变。年轻时,你尽可以忧天悯人。我觉得随着年龄的增长,你会发现自己在寻找人生意义。年轻时,你拥有无限的时间。我们那时对街头革命喜闻乐见,但随着年龄的增长,你开始担心它将招致的结果,而且,届时你说不定也拥有了一段街道,你不希望它被毁了。还有孩子们也会迫使你去追寻价值。你在这世界上有了股本、筹码。你希望它延续下去,你苦苦寻找有助于它延续的法宝;这就势必会让你幻想人与人之间相互信任,良好真诚地沟通。这不可避免地会体现在你的小说中。

侧写:伊恩·麦克尤恩

◎ 帕特里克·麦克格雷斯/1990 年

原载于 *BOMB* 杂志第 33 期(1990 年):第 14—16 页。经出版商许可转载。

帕特里克·麦克格雷斯:冷战时期的柏林在间谍小说中是个很常见的背景,但同时,柏林也是个被分为许多区域并被攻占的城市。这座城市千疮百孔,战争的梦魇经久不散。请问这是柏林成为小说背景的原因吗?

伊恩·麦克尤恩:其实不然。一开始吸引我的其实是现在的柏林。1987 年我在柏林,那时我就已经决定写一部以冷战为背景的小说;但当时我还没有一个明确的想法,不知道具体要写哪个时段。那时吸引我的是冷战的具象化,包括柏林墙,它的谬论、它的陈腐,以及人人都围绕这座墙扎扎实实地驾驭自己的人生,但还有狗、耙松的沙和枪——最惊人的科技投资,致命的科技,仅仅为了防止人们从一条街走到另一条街。直到很久之后,我才选择了那一时段,即五十年代中期,那是我在彼得·赖特的《抓间谍者》中看到它提及那条隧道之后的事了。然后这一念头就深深扎根在我脑海中,也就是说,我可以写一部以冷战为背景的小说,这部小说以冷战开始走向终结收尾,而这将以某种个人的和解得到反映。

麦克格雷斯:你曾在别的场合说过《只爱陌生人》中的威尼斯既是一个实实在在的地方,也是一种心理状态。我想请问:对你而言,《无辜者》中的柏林是否也是一种心理状态? 是否类似一种战后意识?

麦克尤恩：某种程度上柏林像一台冰箱，一个冷藏库，这是因为二战战士们的姿态妥妥地凝冻在了柏林。因此，它就像被囚禁和忘却的历史。小说设定的时期正是英帝国四分五裂的时候：实际上战争已使我们身无分文，帝国也因内部缘故而即将分崩离析，英国的衣钵正拱手转向美国，后者通过战争壮大了自己的经济实力。因此我对苏伊士运河危机前一年的这段交接时期很感兴趣，想写这方面的小说。这一时期，英国人再也无法对美国人摆出那种冷酷和优越感——这种优越感在《夺命之爱》的主人公身上展现无遗。突然之间，似乎美国人拥有了那种派头，他们似乎满怀信心，阔步向前。

麦克格雷斯：关于美国人，小说谈到了一点，那就是隐瞒过去的本领，书中莱昂纳多的行李箱可以说明这点。

麦克尤恩：嗯，我觉得遗忘是保持无辜这一迷思的重要因素，而且我认为无辜是一把双刃剑。不少恶劣事件都拿无辜作为挡箭牌。我时常想起卡特总统在伊朗人劫持了美国人质后发表的一篇演讲，他说"现在，美国不再无辜"。再次听到这个两次卷入世界大战，打了越南战争、朝鲜战争，染指全球数以百万计人口的国家的迷思让我感到很好笑——它如何召唤无辜这一魔仆；我还认为这需要果断重写历史或擦除历史才能完成。从许多方面来讲，我觉得英国也是如此，虽然我不认为无辜的种种迷思在英国有这么强大。也许较为古老的文明不可能维系这样的观念。不过，是的，我觉得谈到国家，无辜是一个含蓄、刻毒的字眼。我记得戴高乐曾经说过："国家和政府根本没有道德，所以无辜也无从谈起。"它们的所作所为都是出于自利。

麦克格雷斯：在小说的结尾，你提到了和解，然而小说主人公伦纳德其实从未去美国找玛丽亚——那个1955年他在柏林时所爱的女人——团聚。

麦克尤恩：嗯，我留给读者来决定伦纳德有没有真的即将死亡。小说最后,他已六十七岁,患有心脏病,双眼紧闭,瘫倒在树荫下的长椅上。反正我不知道伦纳德在任何意义上配得上玛丽亚。他这个人一直竭力声辩自己清白无辜,却从来没有真正反思过自己的罪过:他参与了至少一次过失杀人,他背叛国家,他极度偏执地拒绝了他所爱的女人,因为他怀疑她出轨了,他还成功地离开了柏林,依然认为自己完全是清白无辜的。他就是一个令人担忧的例子,这种人不会以史为鉴。确有一定程度的和解,但这是一种蹉跎岁月背景下的和解。去年 11 月推倒柏林墙时,我去了柏林;6 月我就写完了小说。让我感到惊喜的是,我发现自己来到波茨坦广场,这就是伦纳德想象他和玛丽亚重聚的地方。11 月 12 日,星期天早晨六点,我在波茨坦广场观看一架吊车吊起一大截柏林墙,然后我与妻子和成千上万名群众一起穿过柏林墙的裂口。也许是因为那一时刻,我十分坚持保留甚至夸大小说末尾的和解意识。当然,当我穿过墙壁,跨入“无人之地”,越过扫完雷后的那片沙地,那一刻我的心情十分矛盾:那令人欣喜,非同寻常,值得庆贺,但同时,假如柏林墙这么容易就倒塌,我们就这样轻轻松松地走了过来,那究竟是为什么它在那里矗立了那么长时间?我有一种很强烈的感受:那简直是浪费啊!我希望这部小说能够捕捉那一感觉,这就是为什么我不能让伦纳德与玛丽亚相聚。我希望这部小说体现这一双重感——苦乐参半的感觉,即一方面,他终于明白了自己走过的一生,他从前怀疑她是不对的,他知道了某些真相,吸取了教训。但另一方面,他的人生已逝,他已六十七岁。在我看来,那也是柏林墙的倒塌,绝不简简单单只是一件快乐的事,那一刻你的感受是整整一代人,甚或两代人,已错失了时间,错失了机会。

麦克格雷斯:你能谈谈伦纳德和玛丽亚的前夫奥托的关系吗?他被杀死在了她的公寓里,尸体给伦纳德带来了不小的麻烦。

麦克尤恩:我觉得伦纳德是个普通人,却携带着奥托身上的那种破坏性。奥托在许多方面都是一种分身,他就是一个大写的恶魔,同时也附在伦纳德身上。而我得说,我们所有人心中都有这样一个恶魔。当伦纳德发现奥托在衣橱里睡着时,刹那间他停止和玛丽亚吵架,去凝望此人。他心想:"她先选择了他,后又选择了我。某种程度上我们是一条绳上的蚂蚱。她把我与这个男人绑在了一起。"随后,公寓里展开那场致命的争斗时,伦纳德发现自己置身于婚姻战的中心,而这场争吵纯粹被描述为一场战争,一场枪战。后来,伦纳德面临肢解奥托的可怖行为时,便以投弹手瞄准目标的眼光来审视奥托。在所有这些暴力展示中,在争斗,在肢解场景中,我试图揭示的是,我们站在欧洲世纪的尽头,其社会记忆中所包含的是我们两次世界大战杀戮以及种族灭绝暴力的非凡武艺。

麦克格雷斯:肢解场景确实触目惊心。

麦克尤恩:如果你想唤起一种普通人卷入恶性暴力事件的感觉,你就得采用实际上会引发道德恐惧的方式。程式化或模式化暴力,就像你在电视里看到的那样,人们在枪战时顺手耍弄大折刀,只能是一种淫秽描写罢了。

麦克格雷斯:接着是篇幅冗长的系列情节,也就是伦纳德企图处理他那几只装着奥托碎尸的行李箱。

麦克尤恩:携着行李箱的伦纳德,是一个承载着记忆负担——不仅在字面上,而且在隐喻意义上——的人。欧洲人就携带着这些行李箱;欧洲大地上几乎没有一条生命未曾被战争或战争招致的灾祸而大肆改变。这些行李箱最后出现在另一个情节,冷战情节中,回到隧道里。这意味着循环的终结,暗示一个个凝冻的姿态将业已牵制的暴力又吸回到自身。那些行李箱被带回隧道,就像某种东西被吸回自身,所以在冷战之前的热战中,有五千、六千,甚至七千万人不仅死于战斗或纳粹屠犹中,而且死于整个世纪的种族灭绝里——在某种程度上把这一点重新纳入到冷战中,明白冷战就像凝冻在这一行动中的暴力,这是很重要的。冷战已经结束,但我并不认为那单单是一件值得庆祝的事情,你会真正发现那个欧洲恶魔,那个"奥托",将再次出没于此地。例如,反犹排犹大张旗鼓地在法国兴起;还有其他袭击事件,例如伦敦北部墙上涂抹的纳粹党徽,苏联出现了被亵渎的墓地,中欧出现了传统的种族仇恨和对抗。我们的确有这种强大的破坏力,这与欧洲文明的伟大胜利形成了鲜明对比。因此,我认为这部小说想表达的是,呃,这儿既卿卿我我,无比美好,这儿又打打杀杀,糟糕透顶。欧洲人就过着这种极端的双重生活。譬如,他们创造了伸张个性的政治文化,但也制造了规模史无前例的种族大屠杀。我试图通过某一个人物来揭示欧洲文明的这一双重性,也许我们只有把这些事情放在个人层面上才能理解。

麦克格雷斯:你是否认为欧洲会重蹈覆辙?

麦克尤恩:嗯,当我从报纸上看到一幅幅人行道上涂着纳粹党徽的照片时,我惊呆了。我心想:历史上哪儿去了?历史感在哪?接着我有种其他人都是机器人的感觉——我不禁感到寒飕飕的,心想可能又要一切重演了。而且我也知道,它一直就在那儿,冷战只不过施行了某种僵严的伪秩序,压制了这一切可能性——不仅是自由表达的可能性,而且是自由憎恨的可能性。不,我觉得二十一世纪的欧洲将十分艰难。我并不认为在二十一世纪民主将在各地开花,一切和平繁荣,因为宿仇这一人类问题依旧存在。冷战让我们回避这一切。我们从未有机会直面二战所揭露的问题,战争不仅给东方造成巨大损失,西方也未能幸免。

麦克格雷斯:此话怎讲?是因为西方被偏执所侵蚀吗?

麦克尤恩:嗯,我觉得某种程度上这一想法本身就是一种侵蚀。冷战让复杂的定位变得困难了。比如,你要是参与西方和平运动,那你显然是在援助克里姆林宫。若你是一个为扩大苏联政治权利而奔走的不同政见者,那么你就是在为美国情报局效劳。正是这种单一的视野和思维剥夺了知性生活的丰富性。它把很多人放到了错误的对立面上。世界分裂时,我们也很难有清晰的认知。

麦克格雷斯：小说中清白无辜这一概念似乎最终获得了复杂性，因为这引发了两大对立：一个是与经验对立的"无知"，另一个是与罪过对立的"无辜"。伦纳德经历了一系列问题：性无辜、政治无辜、道德无辜、法律无辜——这一切拼接叠加，因此这个概念内涵丰富，思想深邃。

麦克尤恩：这倒挺有意思的，因为我写这部小说的时候并不明确书名是什么，而我常常在想，如果我当初没有把这本书取名为《无辜者》，我们是否还会像今天这样谈论它。书名往往成为非常强大、统揽一切的隐喻。而且，除非你一开始就有题目帮你完成作品，否则你回溯时很难给书命名，因为书名与确定整本书的内容有关。即使是《无辜者》这个书名，我也从来没有感到完全妥帖。

麦克格雷斯：现在你还这么想吗？

麦克尤恩：是的，因为我发现我们只是在讨论"无辜"这一话题，而有很长一段时间我想把它取名为《特殊关系》。很长一段时间，我想干脆称它为《柏林信函》。

访谈伊恩·麦克尤恩

◎ 莉莉安·卢维尔、吉勒·梅内加尔多、安妮-洛儿·福廷/1995 年

原载于《当代英国研究》8(1995 年)：第 1—12 页。经出版商许可转载。

吉勒·梅内加尔多：麦克尤恩先生，你似乎在你的作品，尤其是短篇小说中，特别偏好孩童和/或青少年，抑或是不太成熟、有时世界观受限的成年人的视角——为什么你对儿童视角和叙述抱有如此持久的兴趣呢？

伊恩·麦克尤恩：呃，其实要回答这个问题得追溯到七十年代初期我创作那些短篇小说的时候。当时我才二十出头，正在寻找一种叙述声音和主题。

我曾经对那时以社会纪实形式、注重英国各阶层细微差异的某种主流英国文学非常抵触。在我看来，那就像是一间闷热沉浊、装潢繁冗的房间。大概在那个时候，二十一岁吧，我开始阅读弗洛伊德和卡夫卡，以及托马斯·曼，他们的著作仿佛充盈着自由的气息。回顾过去，我不太清楚当时我是如何将曼视为一个超然于社会天地的人，但我无疑认为卡夫卡是的。我的出发点是探寻我个人存在的去社会化、被扭曲的种种解释。我的很多早期故事就像描绘我自身情形的梦境：它们只有寥寥无几的自传成分，但就像梦境一样，与我的自身存在师出同宗。我往往只有在写完某个特定的短篇小说很久之后，才明白这一点。

从众多青少年声音中我发现了一种超然，这是很有用的修辞。我此前读过以"穿越阴影线"、进入成年初期为文学传统的短篇小说，况且那时候我自己也刚刚步入青年时期，它自然而然地就成了创作主题。在短篇

小说这一形式中,青少年是大有可为的存在,因为一方面他们充满了对成年生活的渴求,另一方面也充斥着孩提时的无能为力,虚构的张力十足,这一点我亦感同身受。孩童视角给了我另一个立足点,以不同的方法——也许,是冷冷的一瞥——来观照成年人的世界,仿佛自己来自另一星球来描述它。

因此,可以说,《最初的爱情,最后的仪式》和我的第二部短篇小说集《床笫之间》重现了我到那时为止的生活,朦胧梦幻,只是后者没有那么明显。种种匪夷所思、异常骇人的情形凸显了形形色色的冲突和失意。我选择短篇小说这一形式,让一个个故事由第一人称叙述,截取了一片紧张而封闭的虚构天地——并以此试探性地迈出了我作为作家的最初几步。

梅内加尔多:你试图从儿童的视角和使用儿童话语讲故事,能否请你具体讲讲由此引发的种种问题?例如,我注意到,相较于《最初的爱情,最后的仪式》中的青少年,《家庭制造》中的青少年文化素养高了许多;显然,你在按照不同的社会背景和笔下人物的心理构架,尝试各种不同的青少年语言。

麦克尤恩:是的,我利用这些小说尝试了诸多不同的声音。《最初的爱情,最后的仪式》中的好几篇小说都是同一年写的,当时我还在大学就读。我那时沉湎于战后美国小说,这些小说对我来说无比新鲜。我采用短篇小说的形式,以此试穿各式各样的衣服——写仿作。这一形式对初登文坛的作家格外有用。你可以花上五六个星期假装自己是菲利普·罗斯,而如果搞砸了,可以一走了之,再假装自己是纳博科夫。

所以我的脑子里全都是他人的声音,而我并不觉得这是个问题。仿作是我找到自己声音的特有方式。例如,《家庭制造》是一篇绚丽浮夸的小说,是我读了《南回归线》之后写的。通过描绘一场无比荒谬、痛苦和滑稽的做爱戏,而不是大获全胜的性征服,我既想向米勒表达敬意,又想好好嘲弄他。这篇小说也借鉴了菲利普·罗斯《波特诺伊的怨诉》中的内容。而《化装》曾略微参考了安格斯·威尔逊的《覆盆子果酱》,这是他早期作品中奇特而又颇为恶毒的一篇故事。如今,我已不记得那几篇小说全部的文学出处,但我确实到人家的领地里巡逻了一番,为的是回来时能带点称得上属于自己的东西。

梅内加尔多:与之相关的另一方面就是,这其中的若干篇小说触及特定的情形,描写了遭受社会疏离和拒斥的边缘人物。你试图展现另一类受缚的世界,譬如有的人患有某种心理问题,就像在《蝴蝶》或《与橱中人的对话》里所体现的——换句话说,你表达了他者性这一观点,当然,你常常以不同寻常的方式论述颇具争议的话题(例如,我想到了《蝴蝶》)。对此,你能评论一下吗?

麦克尤恩:嗯,这些叙述者是遭受疏离的人,是局外人,是反社会的人。我不得不承认,他们所有人必然与我自身有某些关系。我认为他们戏剧化地呈现了我的感觉,不仅是被拒斥的感觉,还有愚昧无知的感觉,觉得自己对这世界一无所知。纵观整个英国社会,我并不清楚自己到底置身何处。对于我这局外人的身份,我也没能艺术性地创作出一则传奇故事;事实上,我想融入其中。但我的出身挺落魄的:我的父母都是工薪阶级出身——吃苦耐劳,但非常贫穷。我还很小的时候,父亲被任命为军官,弄得全家流离失所。父亲成了英军的一名军官,但不是中产阶级的军官。他属于所谓的“出身行伍的军官”。我们因此过上了莫名其妙的混乱生活。后来我上了寄宿学校,而这学校本身就是社会流动的一大尝试:大多数孩子都来自工薪家庭,十分聪慧,从伦敦内部被送至郊区,来看看在政府资助的英国公学接受教育能否让他们提升自己。因此,这也是一种真空状态。然后,我直接进了一所新建的大学,独自度过颇为疏离的一年,干种种最辛苦的工作——我大多干的是清洁工的活儿。

所以我真的不知道自己归属何处。就像我之前所说,我在读安格斯·威尔逊、金斯利·艾米斯、约翰·韦恩、艾丽丝·默多克的小说时——他们都是当时英国文坛的重量级人物——我在那里找不到自己进去的路。我的确无法理解他们笔下的中产阶级世界。对于大卫·斯托里或艾伦·西利托所描写的劳工阶层世界,我亦是毫不熟识。我得找到一个脱离社会甚或历史的小说世界。所以,实际上,这些角色带着几分我的孤独,几分我对社会肌理的无知,还有几分我对了解社会结构和建立社会关系的渴望。这就是为何他们都以这种奇怪的方式出现。

与此同时,我希望赋予这些短篇小说出人意料的特质——我的意思是说,这些小说后来结集成册出版时,我常常被指责以文惊世,而虽然我迄今一直加以否认,但我的确想让这些小说鲜明生动。我感觉当时英国文学千篇一律地灰暗无趣。而卡夫卡能让一个人在醒来时发现自己变成了一只大虫子。这个人认为这种变形理所当然,他仅仅担心自己该怎样去上班,担心父母会怎么想,并没有为自己是只大虫子而发愁。我喜欢这种由情感务实调和而成的幻想混合体。这正是那时我所追寻的,也正是那时我想写的。

安妮-洛儿·福廷: 你是否想要读者对你的作品作出道德回应?

麦克尤恩: 哦,这个问题很难回答。我真的不知道该如何开始回答这个问题。

福廷: 在一次采访中,你曾说:"通过克制,人们会在一定程度上同情正面人物。"

麦克尤恩: 一般而言,作家很难回答道德与写作的问题,除非他们写作时带着某种特定的道德使命感,但这样必定转而会引发想象自由方面的种种问题。人们可以认为,写作充满了道德意蕴,语言中储藏了道德价值观,这是无法逃避的。嗯,的确如此,但在我看来,这并非十分重要,也不能说明什么。我渐渐意识到,构成道德基础的正是想象本身。从最基本、网栅密布的神经层面而言,我们生来便是道德生物。我们在社会中进化。我们从黑猩猩中分离出来已过去了七百万年,其间我们的进化历程一直有彼此的陪伴。我们塑造了彼此。我们或许已变得聪明了,因为我们不得不或多或少地设法智胜彼此,或互相合作,或相互诱惑。社会行为是我们与生俱来的本能,当然也会受到当地文化环境的影响。我们的想象力使我们能够理解成为另一个人是怎么回事。我觉得,除非你能够想象,能够设身处地地体会你拿棍子揍人家脑袋会给人家带来怎样的一番滋味,否则连最起码的道德你都不可能有。归根到底,想象力失灵才引发残暴行径。小说是一种深具道德意涵的形式,因为它是进入他人内心的完美载体。我认为正是在同理心这一层面上,才有了小说中的道德问题。

莉莉安·卢维尔:广义而非狭义而言,你的一系列短篇小说和长篇小说都涉及通道和入口的概念。那么你对此有何看法?我们若仔细观察你在作品中对仪式的着重刻画,或许就会发现人物的活动路线与某些反复出现的空间结构——比如矩形迷宫、螺旋形迷宫、隧道,还有《时间中的孩子》中的树木——之间存在一种对应关系。所以你可以谈谈这一点以及空间的运用吗?

麦克尤恩:嗯,时常有人问我怎么看自己作品中的成长仪式,还有螺旋形迷宫、隧道、矩形迷宫。我觉得很难回答。我并不是刻意想书写成长仪式。我也没琢磨过螺旋形迷宫或是隧道可能会有怎样的隐喻。因此,我大概才是我的小说《无辜者》中真正的无辜者吧。

梅内加尔多:你的作品中非常明显的另一点就是角色们充满问题的身份,他们找寻自我,找寻新的、不同的自我。我觉得这是一个经久不衰的话题,不仅是在短篇小说中,在长篇小说中亦如此。同时,你也颇为强调伪装、乔装、身份转变、性身份转变这些概念。也许这同你的小说并行不悖,也大概在某种程度上借鉴了不同的伪装,可以有不同的解读。换言之,正如你在小说中提出了关于身份的问题,其实你也提出了关于自己小说身份和小说类型的问题——有性别问题或身份问题,正如有体裁问题一样。例如,一些评论家提到你作品中的新哥特元素,比如《只爱陌生人》,或你在《无辜者》中用了间谍小说的模式,诸如此类。你就此谈一谈好吗？

麦克尤恩：没错，不同类型的体裁会成为某种资源。我不太喜欢读间谍小说。我也历来对哥特式作品不感兴趣。然而，一直以来，人家都说我借鉴了这些流派，或属于这些流派。近些年来，我也考虑过写科幻小说，只是从未当真。如果我能找对路径，我也会乐意为之。但是，我再次申明，我不读科幻小说。他们说你还没有读过的书可能会对你产生最深远的影响。或许，同样地，那些你没有耐心去读的类型文学也会对你产生影响。

当然，也有值得注意的例外，但类型文学往往行文拙劣。一般说来，侦探小说无需考虑原创性。呃，这不是我感兴趣的那类小说，但侦探小说让我挺好奇的。我并不想读侦探小说。我是想写一本。我对侦探小说好奇，是因为最近我对与神秘主义或宗教世界观截然对立的科学世界观有诸多思考。或者，换句话说，头脑和心灵——西方文学中耳熟能详的一组对立。我想大家都知道，这一对立颇有帮助，但亦是人为的。我们日常的理性浸透在感性中，我们仍感觉到张力的存在。侦探小说的主人公体现了这种种张力。作为解决问题的能手，他是一位超级理性主义者；而作为凭倚直觉、揣度动机的人，他也是有感情的生物。我发觉这点可以为我所用。正因为这样，我也想占一下这体裁的便宜。

卢维尔：你对科学表现出浓厚的兴趣，尤其是在《时间中的孩子》里。我们现在生活在世纪之末，拥有了解世界的新途径、新"知识"、数学和物理学领域的新理论，混沌理论啦，分形啦，诸如此类……科学是你的一大灵感来源吗？你认为它会催生新的文学形式吗？

麦克尤恩：我一直都对科学很感兴趣。我常常后悔自己没拿个理学学位。人们普遍怀疑科学会击碎人类的心灵或想象，而我们的浪漫主义传统一定程度上助长了这一疑虑，文科教育——特别是在英国——则使这种想法留存至今，但我却持不同看法。我认为恰恰相反，科学是通往奇迹的必由之路。相较于那个过去所描绘的世界，比如说是由两头大象撑起的世界,目前由物理学家的宇宙论所构想的世界似乎更为不同凡响,更为振奋人心,对想象而言更具挑战和激励意味。过去二三十年见证了科学的迅猛发展。凭借遗传学和 DNA 结构的发现,人们重新发现了,或者更确切地说,复兴了达尔文学说,这尤其意味深长。在一般生物科学领域,一直都有复兴的迹象。本世纪的头三十年不愧为现代物理学的伟大经典时代;量子力学和相对论所提供的两种认识世界的方法截然不同,甚至相互矛盾。合二为一的宏大工程正在付诸实施。或许,一项更为重要的任务将是从这些新兴的结合体中创生一套道德准则。哲学在神经科学的影响下日益充实。进化心理学在逐渐为生物学和社会科学搭建桥梁。谁知道呢,我们也许会实现人文与科学的彻底结合。

这之中小说处于怎样的位置,我并不清楚,但作家必定会对这些事可能产生的后果感兴趣。这就是为何一直以来我都热衷于阅读科学方面的书,思索我们对科学的疑虑戒备。在《黑犬》中,其实我是同情理性主义者伯纳德这一人物的。但我把最美好的言辞献给了神秘主义者琼。在某一刻,我也很想纠正这种失衡。我想写一部歌颂理性主义的小说——我所理解的理性主义以情感智慧为媒介——此外,我想我们赋予自己最出色和最有效的智力工具大概就是科学方法了,这也是我想歌颂的。对此,文学界隐隐有几分乖僻,因为人们依然普遍认为,数字、科学计量、科学探索都不知怎地冷冰冰的,有损气势昂昂的人类精神。但我就是不信这一套。

卢维尔:所以,或许新模式、新形式会脱颖而出?

麦克尤恩:没错,我认为它们会逐渐发展起来,但不会出自任何一位作家之手。

梅内加尔多:回到你书中反复出现的另一个主题,也就是"失落、丧失和缺乏"的主题,法语中称其为"关于哀痛的作品":多位主人公都失去了父母,往往是没有父亲,例如《黑犬》中的主人公寻找一对可以替代父母的人,而与之相应的是另一个核心主题,即"占用和拥有"。这两个主题似乎在你的所有作品中时时交错。你对此有何看法?就这一层面而言,从你在《只爱陌生人》中所描写的情形到你在《黑犬》中所描写的情形,这中间是否有个演化?

麦克尤恩:嗯,其实我自己当时根本没意识到这一点,但人们倒是多次向我指出来过。我的作品中有许多关于失落的内容,不过我到了三十多岁才开始明白这份丧失感从何而来。在小说《夏日里的最后一天》中,一个十一岁的男孩遭遇一场划船事故,结果一位母亲和一个小婴儿溺水身亡。这是夏日里的"最后一天",因为第二天男孩的船就要收起来了。那是九月份,他即将前往新学校。我到了三十多岁才明白,其实那篇小说讲的是我自己十一岁时被送往寄宿学校的事。船上的那位女子显然是我的母亲,而船上的那个婴儿显然是我自己,那个男孩也是我。他们的溺亡便是我母亲的"死亡"和童年时代的终结。当时的寄宿学校可要比现如今艰苦恶劣得多。小时候被送走使我在心中产生失落感,而这份失落感渐渐渗入我的小说。

另一个问题,拥有和入侵。哦,和许多作家一样,我认为自己拥有一种海绵般的特质,即在情感上保持中立。我从他人那里吸收营养,但全然没意识到这件事。对作家而言,这有不言而喻的好处,但我如果不小心谨慎,人们便可轻而易举地侵入我的空间。我得学着设置屏障。《只爱陌生人》表露了几分这种焦虑——如果你太过敞开心扉,你就会被取而代之。总有人想要取代你。我认为人的自我当中有一颗小小的难以防御的核心,你得不惜一切代价牢牢把握才行。

梅内加尔多:还有一个方面可能跟前面讲到的有点儿关系,那就是你很注重种种家庭关系以及不同层次的家庭关系的冲突。比如,在你的某些作品中,存在与父亲角色或者父亲替代角色之间复杂而矛盾的关系;比如《立体几何》中颇具讽刺意味的父亲形象、《只爱陌生人》中的施虐狂父亲,以及偶尔与此相反,有对父子关系相当积极的观点,就像在《时间中的孩子》里;再比如,在某种程度上还有《黑犬》中的叙述者与角色伯纳德之间的替代关系。为什么会一而再地对父亲形象抱持矛盾态度呢?

麦克尤恩:哦,我觉得一个作家只能从自身经历而不是从主题出发来回答这样一个问题。你提到的一个个父亲角色都是不请自来,推门而入,这意味着我不得不谈一谈我自己的父亲。他现在疾病缠身,十分虚弱,但他曾一度很强壮、专横,还稍有些恃强凌弱。他非常爱我,但爱得既贴心又强势。我承继了母亲害羞腼腆的性格。他正是我小说中某个似乎想将我取而代之的人物。他是军士长,下级既怕他又恨他,因为他力大无比,讲求规则,严明纪律。但你不得不承认他是个很干练的军人。他在家中对我并不那么严厉,但还是挺令人生畏的。他无法——而且我想他自己也赞同——他无法很随和地跟孩子交谈。他心中充满爱意,但就是没办法表达他的爱。我记得有一次他来我家里住,我们聊天时,我七岁的儿子爬上我的大腿,张开双臂搂住我的脖子。我几乎都没注意到;拥有孩子的一大乐趣就是你真的就生活在这片爱的疆域上。我们继续聊着天。过了一会儿,父亲指了指小格雷戈里,说道:"太好了,这种事当初绝不会发生在你我之间。你怕我怕得要命。"我点了点头,心里很难过。

自从我童年时便反复出现一个噩梦般的场景:父亲会闹着玩似的一把抓住我,不顾我的苦苦挣扎,装作我还是个婴儿,把我轻轻抱着,发出嘘的声音。他会当着众人的面这样做。我觉得他是在嘲弄我和母亲的关系。他认为我同母亲太过亲近了。他戴着开玩笑的面具,演了一出情深意切的戏。所以我对他的感情既真挚又惶惑。我爱他,也怕他。我喜欢和他一起做很刺激的事——在军事奇袭训练课里爬绳,跟他一起到北非沙漠拉练。但我也畏惧他的那种洒脱不拘。

也许这就是我对卡夫卡感兴趣的另一原因。他给父亲写了一封长长的信。我呢,用长、短篇小说向我父亲倾诉心声。在《水泥花园》中,我早早地就把他给灭了。他出现在《只爱陌生人》里,他也现身于其他地方。在后来的小说中,我努力挽救他,使他符合父亲的身份,吸取力量,展现出他无比的爱的能力。

梅内加尔多：我想问你一个问题，是关于你不断拓宽的文学视野，关于历史与史实以及对社会现状的反思在你的作品中所发挥的日益增长的作用。例如，你曾在《时间中的孩子》里反思了制度话语和权力，也曾在《黑犬》中更为具体地反思了意识形态和奉献。你从一个某种程度上相当具有局限性的世界转向较为广泛的社会和历史问题。这些问题在你以前的短篇小说中也偶有提及，但在近期的作品中被更为明确地论述，你可以就此谈一谈吗？

麦克尤恩：嗯，在这次访谈开始时我已说过，我的短篇小说之所以具有封闭性这一特质，是因为我对更为广阔的世界一无所知。同时，我的确写了种种人际关系，但往往是从相当怪诞的角度处理的。一对夫妇就构筑了某种社会，有段时间，这对夫妇就成了我的全世界。随着我的了解增多，我开始鼓起勇气，想把自己了解到的融入到作品中。

关键的转折点是为电视编剧。记叙全无的纯对白赋予我一种道德上的自由，我觉得自己在写短篇小说中从未拥有过这种自由。或许，我指的是它赋予了我道德意旨，而我原以为这种意旨会制约小说。我曾写过一部名为"模仿游戏"的影视剧本，讲的是一位年轻女子想在战时寻一份有趣的工作。该剧深受女权主义思想的影响。它无疑创造了一个社会，一个时值 1940 年的英国社会，而尽管这部戏没有大获成功，但我渐渐明白，人们所说的作家扮演的是上帝的角色为何意。

《只爱陌生人》悄然步入一个略大的世界，等我写完一部有关核战威胁的清唱剧，终于开始创作《时间中的孩子》时，我觉得自己可以设法将早先一幅幅刻画极端心理状态的小油画与较为广阔的社会现实相勾连了——说来也奇怪，这是借鉴了育儿手册中的理念。在育儿手册中，人们会不自觉地表达时代精神，表达对自己孩子真正的期望——也就是人们理想自我的投射。

从那时起，除了努力寻找公私之间的种种联系，探究两者如何冲突，有时又如何互为反映，以及政治如何侵扰私人世界，说实在的我绝没有别的兴趣。

福廷：1979年，你曾说："我不知道对英国小说而言，这是不是一个非常美好的时代。"我想知道你当时说这番话的意涵，以及现在你是否已经改变了想法。

麦克尤恩：嗯，我觉得情况已经有了改观。于英国小说而言，八十年代是个相当美好的时代。事物蓬勃发展，我们抛却了偏狭观念。新人选出。我们有来自英联邦或前大英帝国的作家，他们将各式各样的英语带入英国小说。众多优秀女性作家登上文坛。纯文学小说本身似乎也在公众心中占据了更多的空间：新榜单出炉，水石连锁书店大获成功，到八十年代末已开出了将近一百家。布克奖虽然干过一些蠢事，但也的确帮助纯文学小说拥有了更广泛的读者。紧接着，在八十年代中后期，出版界搞了一连串收购，让某些作家收获了巨额报酬，我个人对此并不厌恶。既在形式上大胆试验，又对读者投其所好，这一糅合倒蛮耐人寻味的。有一类读者相当普遍，他们很乐意掏钱买精装本。所以我认为我们有几分白银时代的味道，当然是在数量上，而唯有时间才能判定到底质量如何。

梅内加尔多：你最近出版的小说《梦想家彼得》某种程度上是一本儿童读物，在这部书中你开辟了一条新路。不过，你又回归到了你似乎已经舍弃了的短篇小说形式。在你即将出版的作品中，短篇小说将扮演怎样的角色？问这个问题的另一个原因是，这本书貌似面向不同的读者群。其中的好几篇小说也涉及成人读者，而且人们可以辨认出若干熟悉的母题和意象，它们都曾出现在你其他的短篇和长篇小说中——比如，你曾用于《床笫之间》的玩具娃娃母题，或是你曾用于其他多篇小说和《无辜者》的肢解母题。你为何会选择以不同的方式重写这些母题？而且，你最终似乎与《时间中的孩子》里的虚构作家产生了共鸣，他也创作了儿童读物。

麦克尤恩：呃，《梦想家彼得》是由一个中心人物串联起来的一系列短篇小说。它也自成一格。所以在某种意义上，它是个混合体，由长篇小说和短篇小说集结合而成。书中展现了一定程度的成长：结尾处，作为主人公的小男孩做了最后一个白日梦,其形式是卡夫卡《变形记》的滑稽变体。他有一种强烈的不祥之感,预感自己即将迈入的成人世界无聊透顶。生活中,大人们除了闲聊、打盹、发愁,似乎无所事事。他带着这些想法进入梦乡,次日清晨醒来时发现自己变了——变成一个巨人,一个成年人。可是后来,他领略了成人生活的某些乐趣:他吻了一个女孩,他熬夜晚睡,他找了份有趣的工作,他发明了一台反重力机。未来得以挽救。

在写《梦想家彼得》时,我其实并没在琢磨短篇小说。我是在为孩子们创作,我想写可以独立成篇的睡前故事,需花上二十五分钟去读的那种,要有跌宕起伏的情节,要出人意料,要不含丝毫道德教化。最后就有了这一部短篇小说集,但我觉得自己当时是在做别的事。而这是我目前要创作短篇小说的唯一方式。它们不可能是试验或拼贴的手段。也许,未来我会寻得其他方式(来试着回答你的问题)骗自己再写些短篇小说。

至于某些主题反复出现,我只能说——嗯,它们储存在我的脑海中。我没去选这些主题,它们就在那儿,因为我写这本书的时候与为成年人创作时一样严肃。我写得很认真,历时三年才将这些小说合为一体。我只有在真的有一篇小说可写的时候才会动笔写。写《梦想家彼得》期间,我正忙于创作《黑犬》和《无辜者》的电影剧本。我倒觉得,《梦想家彼得》是一本为成年人写的书,但其所用的语言是孩子们也可理解的。由于这本书的独特呈现方式,意大利读者全都是成年人。由于该书颂扬了白日梦,也就颂扬了想象,所以意大利人认为它因袭了卡尔维诺传统,属于《宇宙连环图》之类的书。

推而广之,一本有关做白日梦的书,必定是一部关于写作的书。我不得不说,在过去二十五年间,我的写作乐趣与日俱增,已达到欢欣的地步。曾经,写作既是快乐之源,也是痛苦之根,是一种情不自禁的自我折磨。但现在我明白了,写作之乐重在制造惊喜。用思想或表述给自己以惊喜。创造出的东西似乎来自一个比你更聪明的头脑。晴朗的日子,写作自告奋勇,不啻是纯粹的精神自由,是人生的一大快事——就在那儿,可与做爱呀,滑雪呀,登山呀媲美。

梅内加尔多:下一份写作乐趣会是什么呢? 你有什么计划吗?

麦克尤恩:通常,有种种迷信说法认为不该谈论下一步的打算,这些说法我全都相信(所以也就不多谈论了),但其实那些打算都已经包含在我们刚才的对话中。

访谈伊恩·麦克尤恩

◎ 乔纳森·诺克斯/2001 年

原载于玛格丽特·雷诺兹和乔纳森·诺克斯主编、Vintage 出版社(伦敦，2002 年)出版的《麦克尤恩：精选指南》：第 10—23 页。经兰登书屋出版集团有限公司许可转载。本访谈 2001 年 9 月 21 日作于牛津。

《时间中的孩子》

乔纳森·诺克斯：你是怎么开始创作《时间中的孩子》的？

伊恩·麦克尤恩：我写《时间中的孩子》的时候其实并没什么完整的思路。最开始是有一些碎片化的素材、灵感以及想法，也有创作的热情。其中有个素材来自我反复做的一个梦。有的梦只有在你第二次梦见时才有印象——于是我把这个梦记了下来。我得说，梦很少成为我的写作灵感，而且我也不太相信梦，尽管这部小说有梦的情节。在我做的这个梦里，在一个下着毛毛细雨的日子，我独自行走在一条乡间小道，走着走着来到一个岔路口，我便停了下来。我有种很强烈的预感：如果我往左走，就会到一个小酒馆或者其他什么聚众场所，我就会发现与我出身有关的重要线索。那真的是个挺吓人的梦，它让我开始思考我该怎样描写一个人物而不是写我自己。他在路上干些什么？他到了这个地方以后又会发生什么？这就是我写这本书的部分渊源。

除此之外，还有一点就是我当时在读克里斯蒂娜·哈迪蒙特写的一本力作，名叫《理想中的婴儿》，我都不知道这些事都是相互关联的。《理想中的婴儿》是一本育儿手册史方面的书——一本非常不可思议的书。只是因为有人在我生日时送了我这本书，所以我才会去读它。我并没有刻意去找这本书看，那完全是意外发现，书的副标题是"从洛克到斯波克的儿童保育"。哈迪蒙特高见迭出，其中之一便是，透过一本本儿童育儿手册，可精准窥觉某一时代精神。维多利亚时代管束严厉，以打压孩童的意志为要旨；爱德华时代则感情用事，以儿童为中心；二十世纪二三十年代占主导地位的则是相当可怕的伪科学儿童保育观，深受行为主义者的影响；后到了 1948 年……斯波克。

到了八十年代早期，执政的政府比较激进，我们这批斯波克的孩子对政府深得人心颇感惊讶——1981 年的时候政府还没有这样受欢迎，但到了 1984 年就变了。于是我想："好吧，或许是时候出一本新的育儿手册了。"其实，当时我真的想写一本充满斯威夫特式嘲讽的育儿手册，但继而一想："不，这本手册恐怕会太长，而这玩笑也就会没完没了。"不过我还是零零碎碎地记下了这件事。

后来我渐渐发现这些事情也许可以合拢在一起。我从小就对科学很感兴趣，我一直后悔上大学时没有读理科，我对量子力学和相对论也兴致盎然，多少有些了解，对牛顿力学和科学史也蛮有兴趣，慢慢地这些事情就凑拢起来了。

当初我写这本书的时候，本来是想写一部社会喜剧。大概写到一半时，我开始改变主意，重新回到开头，去写小女孩走丢的那章，真的可以说是从头再来。到那时候——因为当时我在期待我的第一个孩子的降生——我心里就慢慢清楚我这部小说会以生命的降临收尾，而实际上，小说也确实是以描写两个孩子的出生场景告终的。1986 年这本小说写完时，我已有两个儿子了。

诺克斯：为什么说创伤是你众多作品中的重中之重？与此相关的是，为什么有这样的观点，即安全感是一种抚慰人心的幻觉，仅仅是一种幻觉而已？

麦克尤恩：嗯，归根结底，没人能在这世上感到百分之百安全。世界上总是存在危险，今天是 2001 年 9 月 21 日，那最触目惊心的事件（2001

年 9 月 11 日纽约世贸中心遭恐怖袭击)才仅仅过去十天。我们基本上是在人际关系中找到安全感,但它们并不能保护我们抵御来自外界的威胁。

我觉得我一向更关注个体命运与公共事件是如何冲突的。《时间中的孩子》尝试写某些非常私人的东西,比如儿童保育,还有某些非常公共性的东西,比如儿童护理指南。我之所以对《理想中的婴儿》兴致勃勃,是因为它糅合了个体与公共的关切,给我很大的启示。爱十分脆弱,难以获取,也很难维系,这使得爱格外珍贵。小说——所有小说,并非只是我的小说——在时间的长河中不断扩展,而伴随而来的是改变、艰难以及对冲突的探索。假如我们只是单纯地赞美爱,那么我觉得我们得去写抒情诗才对。毕竟一本四百页的小说要颂扬一出永不出岔的男女情爱,这未免太为难读者了吧。

诺克斯: 这部小说——尤其是在临近结尾处——暗示时间的模构比我们即刻意识到的要更为深刻复杂。你是怎么会有这个想法的?

麦克尤恩: 嗯,我也不确定在《时间中的孩子》中大做文章的很多概念我自己是否真的赞同,不过它们在探究童年方面倒是挺有吸引力,而且也蛮便利的。童年其实贯穿我们人生的始终,而且在某种程度上,当我们考量我们的整体存在时,它似乎永远在场。当然,这是对时间和童年一种非常主观的感觉,而我对某些量子力学版的时间似乎可以完全消解标准时钟时间的方式非常感兴趣。当时我觉得,我可以依靠这主题本身嘎吱嘎吱、勉勉强强地在这一以数学为基础的时间观与各种其他版本的时间观之间构建联系:你不仅永远感觉一整个过去驻扎在你的头脑中,而且身处危机时会感到时间在加速。也请记住,这部小说或多或少是在孕期内展开的。孩子是在第三章中怀上的,整部小说就建构在孩子即将降临的那一感知上。

诺克斯:《时间中的孩子》精雕细琢,结构工整。为了构建这样一个精致的结构,你在写之前做了多少准备工作呀?

麦克尤恩：我刚才说了，像《时间中的孩子》这样的小说，它的诞生纯属偶然。你不知道小说的内容就不可能预先规划好它的结构。所以这类小说的结构都是边写边构思的。这点我心里很清楚。在我看来，某些东西在实实在在地起作用——也就是说，我认为它真的会影响读者的反应。也许读者不会立马领悟小说的结构感，但我觉得它对读者的影响分外清晰。

我认为架构真的有助于条理清晰，而我对句子最关注的也是清晰度——主要倒不是音乐性，而是精准和强烈的视觉清晰度。随着越来越清楚地知道自己要做什么，我对未来之事开始随机应变。当然，会有初稿最终大功告成的美妙时刻，但这个时候你还要再回过头去，确保一切都符合建筑学意义。

诺克斯：一般来说你要拟写多少稿？

麦克尤恩：嗯，自从有了文字处理技术，一切都大大改变了。《时间中的孩子》是我在文字处理器上写的第一本小说。在此之前，我从来都不太修改草稿。《只爱陌生人》是手写的，然后把手稿寄出去让人打出来。我发现结果很不令人满意。《水泥花园》是我手写然后自己打出来的——这样稍微好一些，但我发现一个问题，打字机似乎很影响手写的即时性。

我觉得，是电脑文字处理将我送入一个妙不可言的虚拟空间。已存在电脑但还未打印出来的一章，与已在你脑海但尚未诉诸笔端的想法，具有相同——或相当的——虚拟性。自从在文字处理器上写作后，我想写多少稿就可以写多少稿。所以我一直在修改，我经常会翻到前面去修改。很难说我在写《时间中的孩子》的时候总共写了多少稿。早上第一件事就是修改前一天的稿子，这是第一遍梳理。当我写了四五千字的时候，或者写了一章、两章后，我再做第二遍梳理……然后在初稿定下来之前就不再去修改了。我就是一边写新的稿子，一边修改旧的。

《时间中的孩子》我记得总共有三大稿，做了许多许多那种即时的修改。我确实写得很慢。我不是那种在写二稿的时候会把原先写的一百二十页稿子丢进垃圾桶然后重写一百二十页或者二百四十页的作家。不过我的草稿会以两倍行间距打印出来;这是用文字处理器的又一大乐趣。我一般喜欢在晚上改稿……借着一抹灯光,手握一支黑色钢笔,我可以自如地修改润色,因为我知道,我在这里所写的一切也是虚拟的。更酷的是第二天早上,我兴许会说:"哦,我还是保留原稿吧。"或者我就保留修改后的稿子。不过,这倒是个好机会,不仅可以局部处理句子,大声朗读,细细品味,一一检验,而且可以审视你刚才提及的那些更为宏大的东西,譬如形式结构,它就像是建筑学。

小说确确实实像楼房。小说的第一章、第一行就像门厅、门道。得吸引读者入室才行——第一眼所看到的文字至关重要。所以我觉得架构这一术语不仅仅是指一种隐喻,它也是可以操作的,是可起作用的,是可以影响读者的。你是在邀请读者踏入一个有形的精神空间,这就像某人走进一幢现代楼房,进去看看就可确定自己到底喜不喜欢这幢房子。

《爱无可忍》

诺克斯:《爱无可忍》一开头你就把读者吸引住了。除此之外,你在那一开头章节还做了什么?

麦克尤恩:嗯,小说的主人公是一位失败的科学家、成功的科普记者,他具有独特的头脑——高度缜密的心智——当初我想立刻就勾画出这种心智。这一章高度依赖非常严谨的视觉感受和不同人物之间的复杂关系。一个个人物越过田野,汇聚一起……乔从这些人物与他相隔的距离及其所处的方位来描述他们。有许多精准的视觉细节,这些细节揭示某个人自信满满,对世界有相当的把控,这种把控让我联想起某个秉持强烈的实利主义观的人。因此,乔的性格刻画至关重要。

其次,我知道德·克莱伦堡综合征这种奇怪的精神妄想症往往是由某个紧张时刻触发的。我开始写《爱无可忍》的时候,还没有那紧张时刻;人们很喜欢的这第一章我一直都没有写,直到——我不知道——大概是小说写了一半的时候,我才找到我想写的东西。但从杰德·帕里——一个孤独的局外人,深深地活在自己的内心世界——从他的角度来说,是因为突然被抛进这一工作社群中,我认为,才引发了他的妄想:乔钟情于他。

更宽泛地说,我觉得我想要——玩世不恭地,不妨这么说吧——引读者上钩。再次借用那建筑学上的意义,这是我希望读者进入的第一个房间,而且我想等他们一进去就把房门锁上。此外,我想以乔的方式分析和描述事件的发生,从博弈论和进化心理学当中揭示出某些东西,即达尔文看世界的方式。也就是说,来谈论谁首先放手事关道德,事关本能,事关我们何以为人这一适者生存的说法,这与杰德将抱持的自然神论的说法截然不同。

诺克斯: 然后是第三人称视角,那是克拉丽莎采用的视角,你让它与另两种视角并驾齐驱。克拉丽莎是一名大学教师,专攻浪漫主义诗人约翰·济慈。你为何选择这个作为第三对位呢?

麦克尤恩: 她不过是自然生成而已。我的意思是,没有人会事无巨细地筹划这些东西。我想让乔的世界变得完整,充满爱心和同情心,这样一来,杰德进入这世界时,情形就会显得愈发险恶。我想要塑造一个富有同情心的坏人。我想把乔塑造成稍微有点讨人厌的正派人。现实生活中,有时候很清楚,并不是最讨人喜欢的人才是正派的。有时候,某人正派得不得了,但你就是不喜欢他。

我注意到,西方文学中有一种传统,推崇心灵、直觉,信赖人的情感。也许它主要源于我们的浪漫主义传统。科学呀,理性呀,经常被铸入坏人的脑海中。我认为玛丽·雪莱也许要对此负很大一部分责任。不过,那时我很想写一部歌颂理性的小说。倒不见得要让我的理性主人公同情心泛滥,而只是想凸显他的思维过程。因此,我想把克拉丽莎塑造成一个富有同情心的人,她不仅对济慈,而且对寻找和钻研更多济慈与芬妮·勃劳恩的情书怀有持久坚忍的爱——我认为这是文学界最伟大的鸿雁传情之一。

而且我希望读者与克拉丽莎站在一边。《爱无可忍》中有各种各样的虚踪假迹。我想要读者遐想乔可能彻底疯了,或者甚至可能乔就是杰德。

这些都是游戏。就这种小说的创作而言,隐瞒信息至关重要。我希望克拉丽莎出岔儿。我希望警察出岔儿。我很喜欢这些情节。我曾经写过一部由麦考利·考尔金出演的电影。这部影片有类似的情节,但情景完全不同,片中的某个角色对真相知根知底,而其他角色——包括读者,包括观众——都不信他。我肯定会回头再写的。我不知道为何这样,但那是我还没完成的事情。

诺克斯:就像《时间中的孩子》,《爱无可忍》也强调两人之间的交流也许是很难的,哪怕这两人很亲近。为什么会这样呢?

麦克尤恩:我想只能从小说的本质来回答这个问题。显然,我们在生活中时时刻刻都会有误解。不仅在两个生疏的人之间,两个亲近的人之间也会有误解,这只是他们相互不理解所致。这样的误解我们在国家层面可以看到,在宗派争端中可以看到,在婚姻走到尽头或恋爱崩溃时也可看到。我认为,作为一种文学体裁的小说——就此而言,它优于电影,胜过戏剧——其独特之处就在于它能够进入人物的内心,给我们展示误解的机理,因此你能够站在争端的双方看问题。你可以有不可靠叙述者,他们会将读者引入争端错误的一方,然后再将它翻转。你可以干脆隐瞒信息,你也可以无所不知。这两三百年来我们已逐渐演化出了一种文学形式,我认为这种形式能无与伦比地洞悉误解的本质。而误解可以缘起于社交中某件很滑稽的小事情,却最终发展成不共戴天的深仇大恨。不过——而这又回到前面提及的一点,即得用三五百页带领你穿越一段时光——小说它不可能真的停留在某一时刻,因此它还可以从方方面面来考察误解的本质。所以,不可避免地,如果你写小说,你就会发现你是在写——某个层面上——人与人之间的冲突。

《赎罪》

诺克斯:某种程度上《赎罪》的主题是愧疚。你曾经说过,一部小说可以审视某个问题的方方面面，它可以拒绝偏袒任何一方。尽管如此，《赎罪》鼓励我们站队，部分原因在于叙述者参与了故事，因此是有偏见的。这一"赎罪"，这一说法——作为一个不信上帝的人，布里奥妮也可以赎罪——可能是不准确的，那这种可能性有何意义呢？是又一幻想吗？

麦克尤恩：写《赎罪》的初衷之一，是想探究讲故事这件事本身。也想考察想象与真实之间的关系。这是一部充满了其他作家的小说——当然不仅仅有布里奥妮，她还被弗吉尼亚·伍尔夫、伊丽莎白·鲍恩、罗莎蒙德·莱曼的幽灵所困扰和纠缠，罗比也和写作跟讲故事有着深厚的关系。

想象的危险在于看不清真实与虚假的种种界限，这一点也是从简·奥斯汀那儿汲取而来——奥斯汀是对这部小说至关重要的另一位作家——这在布里奥妮的赎罪意识中发挥了很大作用，她认识到自己的赎罪就是用一生来写这部小说。她只好一遍又一遍地写。现如今她已奄奄一息，患有血管性痴呆，头脑在排空，最后写出一份不同于先前的终稿。她明白，自己没有勇气悲观，于是重写了爱情故事，好让有情人生生不息。

那么真相到底是什么呢？嗯，就像她说的，到小说最终出版的时候——那只能在她死后——她自己也会成为书中的一位人物，那时候就没有人会对她是真是假感兴趣了，她会只存在于小说的框架内。所以，当时我想玩，想认认真真地玩一下某种根植于情感而非理智的东西。我想大做文章，宣扬讲故事是一种自我辩护的形式，拷问对自己讲真话需要多大勇气。真实与想象之间有多大距离？简·奥斯汀的《诺桑觉寺》的女主人公凯瑟琳·莫兰小姑娘脑子里装满了哥特式小说的赏心乐事，当她想象一个完全无辜的男人竟然干出最可怕的事情时，她周围的人都遭了殃。多年来，我一直在想如何构思可以与凯瑟琳·莫兰的那一过程遥相呼应的男女主人公，然后再进一步审察——不是审察罪行，而是审察赎罪过程——并通过写作来赎罪——不妨说，通过讲故事来赎罪。

诺克斯：所以说布里奥妮是作家。乔是作家。斯蒂芬是作家。作为一名作家，去描写别的作家，你有何感想？

麦克尤恩：我想，如果一切就这样，可能就太了无新意了吧。小说有两种：一种是对自身创作过程加以反思的小说，另一种是一味向前推动、完全接受小说幻想的既定条件的小说。我觉得自己常常为这两种小说之间的某种平衡所吸引。我向来对得意洋洋地宣称艺术不是生活的那种小说根本不感兴趣。只有小说家才认为艺术就是生活。读者从来就没这个问题。但我确实对过程的自反性很感兴趣。

诺克斯：若干二战刚结束时出生的小说家都写了他们父母这一代人的经历。第二次世界大战的暴力对在其阴影中成长的一代人有什么影响？

麦克尤恩：嗯，我出生于 1948 年，我父亲是一名职业军人。战争深深地影响了我们家的生活。是战争让我的父母走到了一起。是战争夺去了我母亲第一任丈夫的性命。我在世界各地的军营里长大，我们到哪去在某种程度上也是由最近的战争所决定的。不过，更重要的是，我想，是战争让一个个国家结盟，将我们带入了冷战。我的童年就一直生活在战争的阴影下。每天晚上，我父亲和他的朋友们一拿起啤酒就会聊起战争。不论一开始聊什么，最后总是以聊战争结束。战争持续存在，地缘政治上它一直都存在。

所以，临近二十世纪末的时候，我们这一代五十多岁的人开始回望过去。1989 年柏林墙倒塌，随之而来的是对构建新的世界秩序的短暂乐观，这一秩序在上周迅速瓦解了，所以似乎总会很自然地想把注意力重新聚焦在这一决定性的时刻。尤其是当它要我们将父母的人生与我们自己的人生作对比的时候。我父母的人生受到大萧条和二战的影响。我出生于1948 年，是福利国家开端的年份。我可不是来自文学世家，也并非富家子弟，但我得到了三十年前处于我这种社会地位的人所无法获得的最优质的教育。那是一个前所未有的繁荣与相对稳定的时期，几代人之间也存在巨大的差异。我认为，这与弗吉尼亚·伍尔夫和她的同时代人在他们自己与维多利亚时代晚期的父母之间表现出来的戏剧性差异一样大，实际上更大。

诺克斯：你的小说里有一些非常血淋淋的暴力场景。流行文化中的暴力司空见惯。你认为暴力的艺术性再现与渲染式再现有什么不同？

麦克尤恩：如果写暴力只为追求刺激，那它不过是色情而已。我认为，假如你严肃对待暴力——也就是说，无需滥情行事——你总是会给它注入某种探究的成分，因此你不仅仅是在展示暴力，而是在描写和探讨暴力。你所展示的当然是人类天性中共通的东西。你无需偏袒任何一方，也不必总是摆出一副道德姿态。然而，在较大的格局中，你必定会让读者对情势持某种形式的批判态度。这背后总是有更宏大的意旨。

譬如，要是你描写敦刻尔克大撤退，就像我在《赎罪》中所做的那样，你就不能避而不写数以万计的人在那场撤退中丧生这一事实。然而，在民族叙述中我们却对它抱有相当美好的记忆，你悖逆现实，想上演一出滥情的戏码，将普通士兵向海滩进发渲染为敦刻尔克"奇迹"。我在敦刻尔克大撤退中所使用的许多图景都取自波黑战争。我用那场战争中的一幅幅照片提醒自己，士兵和平民混杂在一起，惨不忍睹。

我前面谈到滥情。我觉得那是大众文化在处理暴力时反复出现的大要素。没有任何后果嘛。有人被瓶子击中头部，他们倒下，镜头依然摇着，情节继续往前推动。无论谁被瓶子击中头部都可能受罪一辈子。也许就失明了，因为视觉区域就位于头颅的后部。换句话说，你必须得接受这后果，你必须让你的读者像康拉德在他著名的《水仙的黑鬼》(1897)序言中所做的那样，你必须让你的读者目睹。所以，当人们指责我非常露骨地描写暴力时，我的回答是："好吧，要么你施暴，要么你滥情。"如果你打算写它，那就必须将它的恐怖淋漓尽致地展示出来。如果你只把它作为一点点香料添加进去而已，那就不值一做。那我是一点也不感兴趣的。

诺克斯：你写的时候，心目中有没有读者？

麦克尤恩：这个问题总是很难回答。我觉得我心中的读者是我脾气火暴、满腹疑惑的自我。一个相当难讨好、很吝啬的人。他最常说的话是："别装蒜了!"但它始终是我本人的翻版。我认为随着年龄的增长,作家们面临危险,等他们功成名就的时候,其实也就没有人会跟他们说他们不想听的话了。

诺克斯: 你觉得未来你的创作会如何发展?

麦克尤恩: 我想《爱无可忍》的出版标志着我的一系列小说的收尾,这一系列以《时间中的孩子》打头,包含《黑犬》和《无辜者》。那几部小说戏剧性地抒写或演绎了思想观念。可以说,它们都是观念小说。而《阿姆斯特丹》和《赎罪》这两部小说却转向另一方向发展。我想,对我而言,情感或许会更有意义吧。我可能会郑重其事地回到十九世纪一段时间。这个夏天我在读托尔斯泰和契诃夫。我接下来准备读乔治·艾略特的《米德尔马契》。我认为十九世纪小说也许将这一体裁推向了完美的顶峰——或者说顶峰之一。在人物塑造方面,我认为伟大的十九世纪小说可谓无与伦比,我想也许我可以推进自己的一个个小工程,使我的小说更以人物为主导。

写完《赎罪》时,我觉得布里奥妮是我所构想出的最为完整的一个人,我真想再来一次,更上一层楼。

小说艺术 173:伊恩·麦克尤恩

◎ 亚当·贝格利/2002 年

原载于《巴黎评论》44. 162(2002 年夏季):第 30—60 页。经作者许可转载。

亚当·贝格利: 在你的第三部小说《时间中的孩子》中,我们见到了叙述者的父母,我觉得他们和你的父母很相像。他们的形象有多少忠实于现实生活呢?

伊恩·麦克尤恩: 非常相近,虽然稍微理想化了。我的父母关系很僵,但他们从不承认这点。所以在他们有生之年写这本小说很难。1948 年我出生在奥尔德肖特的边缘,那是一个挺丑陋的维多利亚时代有驻军守备的城镇。那时,我父亲是一位军士长。他是格拉斯哥人,为了躲避克莱德河沿岸的失业潮,他谎报年龄于 1933 年入伍从军。

他在《赎罪》中亮过相。1940 年,他是个摩托车通信员,伤了腿。他与另一位被击中双臂的士兵结队,一同操纵一辆摩托车。去敦刻尔克的路上,他们与罗比擦肩而过。

戴维·麦克尤恩英俊、挺拔,面相凶峻。他酗酒成性,很吓人的。他是一个对传统军营生活锱铢必较的人。同时,我长大一些后,他对我宠爱有加。但在我最初的记忆中,周一到周五,我与母亲岁月静好的生活总会在周末时被他的大声叫嚷打断。那时,我们的预制小平房就会弥漫着他的香烟散发出的云雾。他不太擅长与小孩子相处。他喜欢的是酒吧和军官食堂。我和母亲都挺怕他的。我母亲在奥尔德肖特附近的一个小村庄长大,十四岁时就辍学成了一名旅馆服务员,之后在一家百货商店打工。

但她这辈子大部分时间都是个家庭主妇,她像她那代人一样将小家料理得井井有条、熠熠生辉,并以此为豪。

贝格利:《时间中的孩子》中有个场景:母亲在哭。我们不知道她为什么哭——我们只是模模糊糊地感觉有什么事情不对头。

麦克尤恩:有时候我父亲的酗酒是个大问题。好多事情都默默不说。他对感情不是特别敏锐,也不善表达。但他对我很好。每当我考试及格时,他都非常自豪。我是我们家族第一个接受高等教育的人。

贝格利:你小时候怎么样?

麦克尤恩:我小时候皮肤白皙,性格安静害羞,很黏我妈妈,脑中会有不切实际的幻想,学习成绩中等。《梦想家彼得》中的彼得就有我的影子。我是个比较内向的孩子,不太会在人群中发言。我更喜欢与亲近的朋友交往。

贝格利:你很小的时候就爱读书吗?

麦克尤恩:我父母非常希望我可以接受他们自己从未得到的教育。他们不能指导我具体看哪些书,但他们鼓励我读书,于是我就强迫性地随便读了一些。十来岁到了寄宿学校后,读书这方面有了更多的方向。十三岁时,开始读艾丽丝·默多克、约翰·马斯特斯、尼古拉斯·蒙萨拉特和约翰·斯坦贝克的书。L. P. 哈特利的《送信人》给我留下了极其深刻的印象。我也开始读一些大众科学方面的书,例如,《阿西莫夫论血液》、"企鹅的人脑专题丛书"等。我曾认真考虑过学理科。十六岁时,我受到一位很威武的英语老师尼尔·克莱顿的影响,他鼓励大家博览群书,并且本领超强,能让赫伯特、斯威夫特还有柯勒律治这样的经典作家栩栩如生。我把艾略特的《荒原》视为一首爵士时代很容易读懂的韵律诗。克莱顿颇有利维斯的风范。我渐渐将文学视为某种神坛,将来有一天我一定要登堂入室。

我进了萨塞克斯大学,一所新办的大学。它让你体验到一个受过教育的人应该有的那种鲜活、不同凡响的感觉。在那历史背景下,学校鼓励学生进行跨学科阅读。大四那年,我读了卡夫卡和弗洛伊德,他们都给我留下了很深的印象。

贝格利: 你上大学是为了什么呢? 你觉得自己在上了大学后有什么变化?

麦克尤恩: 读了一年后我就不再认为文学是座神坛了。我只是觉得我在接受教育。但我开始对写作很来劲。我先是想当个作家,然后才明确知道自己要写什么题材,这是常有的情况。毕业后,我发现东英吉利大学有一门新课程,它可以让我在进修的同时写小说。我给那个大学打了电话,令人惊讶的是我直接联系上了马尔科姆・布雷德伯里。他说:"哦,这个有关小说的项目由于没人申请已中止。"这是那个项目开办的第一年。于是我说:"呃,如果我申请呢?"他说:"你过来吧,和我们聊聊后再作决定。"

真是鸿运高照啊。那一年——1970 年——改变了我的人生。每三四周我就写一个短篇小说,并在诺维奇的一家酒吧与马尔科姆会面,待上半小时。后来,我认识了安格斯・威尔逊。总的来说,他们都很鼓励我,但绝不插手我的创作,也没给我具体建议。我求之不得呀。与此同时,我还要写有关巴勒斯、梅勒、卡波特、厄普代克、罗斯、贝娄的论文——他们对我都很有启发。与同期的英国小说相比,美国小说显得何等地生机盎然。如此雄心勃勃,如此威猛,毫不掩饰其疯狂。我试图以我自己的绵薄之力回应这一狂癫,与当时盛行的晦涩英国文风和题材背道而驰。我寻找极端情形、精神错乱的叙述者、海淫和惊悚——并精心谋篇布局,将这些元素融入行文。那一年,我写了《最初的爱情,最后的仪式》的大部分内容。

贝格利: 这些短篇小说是怎样从酒吧走向出版社的呢?

麦克尤恩：1971 年的某个时候《跨大西洋评论》发表了我的第一个短篇小说。不过，我创作生涯之初最重要的一位编辑，第一个把我认真当回事的人，是在《新美国评论》供职的特德·索罗塔洛夫。1972 年他开始发表我的短篇小说，对我帮助非常大，并且很有眼光。他编辑的《新美国评论》是一本季刊，以平装书的形式出版，每一期都刊载我从没听说过的作家的精品。我认为他是美国文学界的一位关键人物。我很感激他。一个作家早早就发表作品，说实的，这其中的快乐无以比拟，是不可复制的。索罗塔洛夫曾将我的名字与君特·格拉斯、苏珊·桑塔格和菲利普·罗斯一起印在《新美国评论》封面上。那时我只有二十三岁，我觉得自己不配出现在上面，但我真的很兴奋。大约在这时候，我与两个美国朋友开始了我们的嬉皮士之旅。我们在阿姆斯特丹买了一辆大众巴士，开着它去了喀布尔和巴基斯坦。路上，我时常梦到自己回到那片从来都是灰蒙蒙的天空下，写我的小说。六个月后，我迫不及待地想工作。我回去后不久，乔纳森·凯普出版社的汤姆·马施勒表示可出版我的短篇小说集。1974 年冬天，我从诺里奇搬到伦敦。那大概是伊恩·汉密尔顿的《新评论》起步之时。他于 2001 年 12 月去世，我们这些所有认识他的人现在仍为他深感悲痛。这本杂志也代表了当时的一种创作环境——它的临时编辑部就设在希腊街上的赫拉克勒斯之墩酒吧里。那场景欢快、哄乱，人们推杯换盏，伊恩坐镇其中。我在那里见到了很多作家，他们成了我的终身挚友，一直以来我都很关注他们的作品，例如詹姆斯·芬顿、克雷格·雷恩和克里斯多弗·里德。大约在那时我还见到了马丁·艾米斯和朱利安·巴恩斯，巴恩斯当时以爱德华·派格的笔名在《新评论》上写专栏文章。我们都即将在那时出版我们的第一本书。这对我来说是一个愉快的开端，一个来自乡村的文学小咖进入到文学大都市，而且这个世界的大门仿佛对初来乍到者格外开放。

贝格利：《家庭制造》是你第一部作品集里的第一个小说——这篇小说的叙述者是个青少年，他引诱还是孩子的妹妹，与其发生乱伦。

麦克尤恩：这是想要戏仿亨利·米勒的某位叙述者，用大段大段的一个个单句吹捧描写性爱。这也是对罗斯的波特诺伊的致敬。

贝格利：《家庭制造》引入了某些敏感话题，性交、乱伦、自慰，还有劫夺处女。你后悔一开始就写如此爆烈的内容吗？

麦克尤恩：当时觉得有趣。现在来看偶有不利之处，这种"恐怖伊恩"的东西。有时，我觉得自己永远也摆脱不了我早年给大家留下的印象了。就连厄普代克对《赎罪》所作的一篇省思性的书评也被《纽约客》耸人听闻地称为"淫逸恶心"。

贝格利：你在发表自己的早期短篇小说时，有没有觉得自己标新立异？

麦克尤恩：与其说标新立异，不如说心浮气躁。朋友之间，我们常常满嘴粗话。我们大家都读巴勒斯、罗斯、热内和乔伊斯，啥事都可以说，而且也都已说了。我不认为自己是个反传统者。事实上，我觉得我是在写蛮文雅、保守的散文。我确实认为英国小说有点束手束脚，沉闷乏味，内容关涉日常生活的点点滴滴，事无巨细地描写人物的着装、口音、阶级，还有社交规范啦，你可以操纵规范或者被规范击垮啦。当然，这领域内容很丰富，但我却一无所知，也不想与之有任何瓜葛。

贝格利：是因为你的出身背景吗？

麦克尤恩：很奇怪，某些东西与我的出身背景毫无关系。我父亲当上军官后，我们家进入了阶级的无人地带，不再与普通士兵或正式军官阶层成员为伍。而我上的寄宿学校是一所国营实验学校，它旨在助推伦敦市中心的工人阶级子弟进入有教养的中产阶级行列。后来我上了两所新大学，那两所大学，至少按照英国人的说法，是极其落魄的。我在那些错综复杂的层阶中既毫无地位又没有归属。在我的早期小说中，我对此完全采取冷漠的态度。我沉迷于卡夫卡，心想在最有趣的小说中，人物可以游离于历史背景。但是，当然没人能够游离。英国书评家们很快就认定我小说中的人物来自"中下阶级"。就像拉金也许会说的那样，认识到这点很有用。

贝格利：那孩子们呢？他们可以游离于历史吧。在《最初的爱情，最后的仪式》中有很多孩子。

麦克尤恩：是的，没错，你不必描写他们的工作、婚姻或者离婚什么的。

贝格利：是否还有其他原因促使你描写孩子？

麦克尤恩：一个年方二十一岁的作家很容易因为缺乏有用的经验而束手束脚。童年和青少年是我熟知的。很多作家在写作生涯刚开始时只会概括地写一些幻想的内容。童年给我留下的印象太缤纷了，让我难以忘怀。如果你能完全放松你的意识，这些印象就会悄悄钻进你的脑海中，根本不用你费力去回想；它们就存在于你的脑中。

贝格利：《赎罪》的一大亮点是，布里奥妮在最初几章中的叙述视角，那时她还是个早熟的小女孩，对写作蠢蠢欲动，偏爱冒险，追求戏剧性。这种再次从小孩的视角来想象世界，像不像是一种回归？

麦克尤恩：这好像是一种更为深沉的浸入。心理上不想骇人或醉心于光怪陆离的世界，就可以拥有更大的自由。在小说创作中，描写孩子始终是个难题——受限的视角会令人窒息。我想借助复杂的成人语言的一切资源来描绘孩子的思想，就像亨利·詹姆斯在《梅茜所知道的》中所做的那样。我不想受制于孩童的语汇。乔伊斯在《一个青年艺术家的画像》的开篇中也这么做过。我们都想要模仿。他将你置于一个小男孩的感官和语言体系中，这是个会闪光的魔法，一闪完就消失了，就像童年一样。乔伊斯继续他的故事，语言铺展开来。我的应对之道是让布里奥妮成为我的"作者"，让她从内心世界描述自己的童年，但用的是成熟小说家的语言。

贝格利：你在出版《水泥花园》这本书之前多有名了？

麦克尤恩：名声大噪。七十年代中期，当我和艾米斯出第一本书时，市面上没有很多年轻的小说家。我们受到各方关注。

贝格利：那时你就养成了有规律的写作习惯了吗？

麦克尤恩：每天上午，我会在九点半前开始工作。我继承了父亲的工作操守——不管前一天晚上多晚睡，他第二天都会七点起床。在他四十九年的军旅生涯中，他从未错过一天的工作。

七十年代，我习惯在我平房的卧室里写作，那里有一张小桌子。我用钢笔手写。之后我会将草稿打出来，给打印稿标上页码，然后再打一遍。有一次，我雇了一个专业人士来打我的终稿，后来我觉得自己错过了一些东西的修改，如果是我自己打字，我肯定会把这些东西改掉。八十年代中期，我谢天谢地改用了电脑。电脑文字处理更贴心体己，更像思维本身。回过头来看，打字机简直是机械障碍。我喜欢未印出来的材料临时存储在电脑的记忆中——就像未说出口的想法一样。我喜欢句子或篇章可以无限次地加以修改，喜欢这忠实的机器能将你的便条摘记呀，信息呀，全都记下来。当然，除非它闹小脾气卡壳或摔坏了。

贝格利：状态好的话，你一天能写多少？

麦克尤恩：我的目标是六百个字一天，运气好的话有望写至少一千字。

贝格利：在《移居国外》①的引言中，你写道："在想象性写作中有自娱自乐的成分，这一点甚至远未被文学理论所吸纳。"你能举个例子吗？

麦克尤恩：这是一份惊喜。这惊喜可以是小到一组名词和形容词的

---

① 一本合集，收录《或者，我们去死？》和《犁田者的午餐》，1988 年出版。——译注

糅合。抑或是一整个新的场景，或者是一个不在计划中的人物在某个句子中突然出现。文学批评是以追寻意义为己任的，所以它其实是绝不可能将某些因为作者高兴而出现在纸上的内容考虑在内的。拥有一个美好早晨，遣词造句十分顺利，这对作家而言，是在独自享受一份宁静的愉悦。这份愉悦会让人才思泉涌，会带来一个个新的惊喜。作家无不渴望这样的瞬间，渴望这样的时光。我不妨举《赎罪》第二页为例，那是创作的至高实践。至于别的什么——开心的新书发布会、人头攒动的作品朗诵会、叫好的书评——根本无法给人类似的满足。

贝格利：在《模仿游戏》的序言中，你提到自己很嫉妒忙忙碌碌的电影导演，他们开紧急会议，总是坐着出租车到处奔波。

麦克尤恩：如果一连几周你什么都不做，只是和鬼影交流，每天从书桌到床上再从床上到书桌上，你就会渴望与他人共事。但是，等我年长一些后，我变得能与鬼影和谐共处，与他人一道工作的兴趣就没那么高了。

贝格利：你写过令自己满意的电影剧本吗？

麦克尤恩：我很开心自己创作了一些。那是一种事后让人痛心的东西。我很享受自己的第一次电影经历，这部电影是《犁田者的午餐》，整个过程顺利完成。之后我和理查德·艾尔决定制作一部顺应国情的电影。我花了几个月的时间收集了素材——这期间我在英国广播公司的新闻室外徘徊，阅读有关苏伊士运河危机的书籍，参加各种政党政治会议，并且观摩了一些电视广告的制作。之后我在团结工会时期去了波兰，并且开始思考一个国家是如何构想自己的。

格雷厄姆·格林是这种创作过程的典型：过程中有很多灵感的瞬间，他称之为"深潭"。创作小说就是在这些深潭间挖渠。我的深潭没有出色到可以称为灵感——它们只是我想要的场景设定。当我想方设法将它们一一串连起来后，就用几页纸写了电影的大纲，并在午餐时间时拿给理查德看了，当时他在国家剧院上班。他看了之后立马说，这就是他想做的东西。

我在六周内写出了电影剧本。理查德提出一些有用的建议,例如,"如果主角回家的话会更好,这样我们就可以看出他的背景是怎样的"。马岛战争的爆发提供了一些与苏伊士运河危机相似的地方。但事实上,我最初拿给理查德看的这两页纸就差不多是我们的电影最后拍出来的样子了。整个过程既甜蜜又简单。没出任何差错。我那时不知道这有多么与众不同。

贝格利:那你与电影《无辜者》又有什么故事呢?

麦克尤恩:长时间的煎熬、混乱以及痛苦。我知道将我自己的小说改编成电影并不可取,但人家一怂恿,我就同意了。我被有机会将柏林墙的倒塌这件事整合进电影所吸引。我在 1989 年的 6 月写完小说,而这件事就发生在我写完小说几个月之后。分别来看,一切都很好——棒棒的演员阵容,有伊莎贝拉·罗西里尼、安东尼·霍普金斯、坎贝尔·斯科特,导演是约翰·施莱辛格。但就像他们说的,合起来却并不情投意合。不是个融洽的阵容。只有工作样片看上去蛮好的,当然,它们历来如此。

贝格利:《水泥花园》的灵感来自哪里呢? 我一直认为这本书讲的是"无边无际的都市的凄凉"——借用你《两断片》中的措辞。

麦克尤恩:写小说这件事我隔延了几年。1976 年我首度游历美国,那是一次激动人心的出行,回来后,我就开始思考孩子们在大人缺席的情况下如何求生——这是儿童书籍的标配设定,当然,也是《蝇王》的核心。我当时在考虑让这个故事发生在城市中,但我并没明晰的思路。那时我住在伦敦南边的斯托克韦尔。那里高楼林立,荒草遍野,满目凄凉。一天下午我坐在书桌旁,这四个个性鲜明的小孩,突然就出现在了我的脑海里。我无需创造他们——我信手拈来,他们呼之欲出。我匆匆做了些笔记,然后就沉沉地睡了过去。我一醒来,就知道我终于有了自己想写的小说。我着魔似的整整写了一年,不断删减材料,因为我想把小说写得既简洁又紧凑。

贝格利:这可以看作是一种驱魔仪式吗?

麦克尤恩:嗯,不如说是一种总结概要吧。这部以及我的下一部小说《只爱陌生人》结束了我跨度长达十年的写作——形式简单的线性精短小说:它引发幽闭恐怖、与世隔绝、性行为怪异、幽暗阴黑。后来,我感觉这样写啊写把自己都写得走投无路了。于是有一段时间我抛下了小说创作,转而写了一部以战时布莱切利园破译密码行动为背景的电视电影。随后写了《犁田者的午餐》以及为迈克尔·伯克利而作的清唱剧。到了1983年我着手写一部新小说《时间中的孩子》时,我就在考虑用精准的地点和时代——甚至时间本身——以及社会结构,而且某种程度上想在形式上有所追求,有所突破。

贝格利:《时间中的孩子》是以绑架孩子开头的——改变人生的戏剧性一刻,那成了某种标志。

麦克尤恩:是的。我对描写人的极端体验仍旧很感兴趣。不过那时我开始比较严肃地对待我笔下的人物了。这些危机时刻势必成为探索与考察人物的方式。我们会如何抵抗或无以抵抗极端体验,会造就怎样的道德素质,招致怎样的道德问题,我们该如何承担自己的决定所带来的种种后果;记忆是如何折磨人的;时间有何作为;我们可以依赖怎样的资源。当时,这一切几乎都不是刻意的选择,也没有系统的计划,只不过是在一部部小说中写了出来而已,这部小说率先而为。当然,这些场景——偷窃孩子、两条黑狗、从氢气球上坠落,等等——本身就提供了极具吸引力的虚构可能性。它们提出了一系列挑战,如速度、描述、某种铿锵的句子,还有你只能从动作场景中获得的抑扬顿挫。它们也提供了攫住读者的途径。这样我就可以既有动作又有思想。经过一段时间,我对这些不同的元素就都有了体会。

1986 年,我参加了阿德莱德文学节,朗读了《时间中的孩子》中小女孩从超市被偷走的那一幕。我一周前刚完成初稿,很想给大家看一下。我一读完,罗伯特·斯通立马起身,发表了一番激情澎湃的演说,看上去确实发自他的肺腑。他说:"我们为什么要这么做? 作家为什么要这样? 读者为什么想看这个? 我们为什么深挖自己,找出自己能想到的最不堪的东西? 文学,尤其是当代文学,始终在接近最坏的可能。"

至今我仍旧没有明确的答案。我诉诸考验或探究性格和我们的道德品性这一想法。恰如詹姆斯的著名问题:倘若事件不是性格的图解又是什么呢? 或许我们是在用这些最不堪的情况来衡量我们自己的道德深度。又或许我们需要将我们的恐惧在想象的安全界限中演绎出来,作为一种充满希冀的驱魔仪式。

贝格利:你曾谈及自己在创作《无辜者》过程中的快乐。某些读者可能会觉得很难理解,概因这部小说也以血腥出名——细致入微地描写一具尸体被一一肢解,塞入行李箱里。

麦克尤恩:这出名的场景只出现了几页。至于其他部分,在我看来,《无辜者》是一个新起点,进入了历史小说的新征程。世界大权由英国旁落到美国手里是一个很长且缓慢的过程,这一过程到了二十世纪五十年代大致完成,以羞耻的苏伊士运河危机宣告终结,英国人深感痛苦。大事件影响私人生活,这样的情景一直深得我心。一个窘迫的英国小伙,他是一位电子工程师,在五十年代中期柏林的冷战时期长大成年,意识到美元与信心的威力,发现了美国军队的所向披靡,领略了美国食物、音乐和电影的种种诱惑;一座城市从废墟中崛起,最近常有食尸鬼出没——这一切都深深地吸引了我。我沉醉于旧地图和老照片。我成了一名电子工程师。

我在写这部小说时远离柏林,小说情节大多发生在 1955 年。然而,最后一章却设在 1987 年。日渐年迈的主人公伦纳德决定重访这一城市。我觉得我会与他同行。抵达柏林时我患了重感冒。这个俗艳、华丽的城市西部已不是我原先所熟知的那个破败的地方了。我漫步四周,感觉自己老了，心中一片迷惘。我参访了伦纳德和他的情人曾经居住的公寓，为一个并不存在的女孩经历可笑的失恋之苦。我又去了柏林的西南角，来到间谍隧道遗迹。我翻过栅栏，走进一片废弃的空地。东柏林边境瞭望塔上的守卫用双筒望远镜看着我。我在土堆和沟壕里探寻，找到几截旧电话线，数片产于芝加哥的粗麻布，还有一个破旧的齿轮。我的心中再次涌起从未有过的对往昔的怀恋。我已尽可能地远离了我曾写下的那些短篇小说和两部小长篇，在那些作品里我以为时空是无关紧要的小事。此时此刻，我身处异国城市，深感岁月消逝，自欺欺人，恍惚觉得自己成了笔下的人物。

贝格利：你自欺欺人，就像你希望戏弄读者。

麦克尤恩：通常，人们想避免自欺欺人。

贝格利：为了写《无辜者》，你做过医学调研吗？

麦克尤恩：我跟迈克尔·达尼尔共进了晚餐，他是默顿学院的病理学讲师。我告诉他我在设计一幕情景，讲的是一个很不专业、诚惶诚恐的人切开一具尸体——

贝格利：于是他说："哦，你一定是伊恩·麦克尤恩吧。"

麦克尤恩：他说了一些甚至更恐怖的话。当我问他锯下一个人的手臂要用多久的时候，他邀请了我去看他周一清晨的常规验尸。"你一起来吧，"他说，"我们切下一条手臂，然后看看要多久。"我说："那他的家属怎么办？"他回答道："哦，我的助手之后会缝上去的，而且一点都看不出来。"

我开始严重怀疑这个周一早上的约定。我觉得写作进行得不错，不想要偏离正道。同时，我又觉得和他去是我作为小说家的职责。之后，我非常幸运地和理查德·艾尔共进了晚餐，他觉得我去的话太疯狂了。他说："你创作出来的情景会比你仅仅描述现场好得多。"他刚一讲完，我就觉得他说得很有道理。后来，我把我写的那一幕给迈克尔·达尼尔看了，他也给通过了。我如果去观看了验尸，那么我的角色就势必成了记者，我觉得我不是一个好记者。我可以对我想象出来的东西进行精确的描述，比我描述记忆中的东西好得多。

贝格利： 有的作家说，他们思维的基本单位是段落。还有的作家说，他们思维的基本单位是句子。还有的是以情景为单位创作的。

麦克尤恩： 当然，这很难区分开，但我想我会选择句子。任何时候，作品都得从句子出发。我觉得，如果我在初稿的时候没把这些句子写好的话，那么之后就很难改好了。当然也不是不可能，但是很难。所以我写得很慢，把初稿当成终稿来写。我会朗读已完成的段落——这同样是一个很重要的环节，而且我喜欢听句子与句子紧挨在一起时的音响效果。一章章完整的初稿我会朗读给我的妻子安娜丽娜听。或者把其中的两三章攒到假日时再念给她听。我喜欢把章节当作完整独立的存在，有属于它自己的显著特质，像是一种短篇小说吧——所以这也是一个重要的构件。也有些时候，所有特质都不复存在，留下的只有情景，我会一口气干十个小时或者十二个小时来搞定它。这些通常就是我们之前谈到的固定套路。完成时相对较快，但需要很多细致的打磨。

贝格利： 温迪·莱瑟有一次在评论你作品的时候说，格雷厄姆·格林是"影影绰绰的庞然大物，给《黑犬》的情节绘色抹彩"。

麦克尤恩： 每当一位作家试图将戏剧性的异国风情与一定程度的道德或宗教反思相糅合时，格林的大名就会被提起。慵懒的热带，枪，威士忌酒瓶，无解的困境……他将这个完完全全变成了自己的领地，这是对格林的赞颂。我饶有兴致地阅读他的作品，我也喜欢他对小说的本质所下的断论，但我并不对他崇拜得五体投地。他的行文有点太平淡了，不合我口味。

贝格利： 我想再次引用温迪·莱瑟："伟大的小说家（并非机灵狡猾的

小说家……)不会在每次写小说的时候构造一个全新的虚构世界。他不可能像比他差劲的小说家那样行事,因为他在小说中光顾的那个世界对他来说是有现实成分的,而不是他自己随意创造的。"

麦克尤恩:伟大的小说家居然比所谓的差劲的小说家更没有自由,这在我听来简直是奇谈怪论。但我明白她的意思。我想将伟大驱除出这一等式。也许,除了类型作家之外,所有小说家在题材面前,多多少少都是力不从心的。是题材选择了你,这是老生常谈了。但小说家的个性会留下无法磨灭的痕迹。我相信,雕塑、音乐或其他艺术形式也是如此。但小说是个特例。作为一种形式,它富有明确的含义,密切关注别的思想,关注种种人际关系和人性,而且宽宏辽阔——数以万计的词语呢——因此,作家必然在文中留下自己的禀性。这是没办法的事儿。这一形式包罗万象。我想把我的每一部新书都当作全新的启程,希望《赎罪》和《阿姆斯特丹》是两个全然不同的世界。但我知道,无论你写什么,读者都会毫不费力地将它纳入到你之前的作品中。

贝格利:《黑犬》中有一个段落描述的是琼和伯纳德这对年轻情侣的一幅相片。看着这一快照,叙述者明白"是照相术本身才制造了纯真的假象。它那对凝固叙事的嘲讽显然令其主体没有察觉到:他们将会改变或者死去"。

麦克尤恩:当过去经由摄影表现出来后,它就获得了一种虚假的纯真。小说在这一点上胜过摄影:它不屈尊,它没有这种与生俱来、死后伴随的嘲讽——这是苏珊·桑塔格说的。小说帮助我们拒绝诱惑,不去通过考虑过去一切的不足来了解目前的情况。读《傲慢与偏见》或《米德尔马契》时,我们往往不会觉得因为小说人物头戴滑稽帽子、骑马去各处或者隐晦地谈论性,他们就是纯真的了。这是因为我们可以完全知道——或者通过作家的细致安排部分知道——他们的所感所想、他们的进退维谷。假如我们被叙述深深吸引,那么这些人物,就会作为同时代人出现在我们面前,完整无缺、丝毫未受无意嘲讽的伤害。

贝格利：不带嘲讽地写小说需要勇气。比如说，在写邪恶（Evil）的时候，将邪恶这个词的首字母大写。

麦克尤恩：你不信邪恶的话更是如此。在没有上帝的地方，要想把邪恶作为人类活动的组织原则以及懵懵懂懂的超自然力量，写得令人信服是很困难的。在《黑犬》中，琼是相信邪恶的，但她丈夫伯纳德不信。但他知道那是个很强大的想法。它对讨论人性阴暗面是很有作用的，而且邪恶的比喻意象丰富，我们在生活中很难不用它来作比喻。我们在生活中对邪恶的依赖程度甚至高于上帝。

贝格利：在《爱无可忍》中，邪恶化身为精神病。这部小说的哪一部分最先完成？是发生在餐馆的那场蓄意刺杀，即刊登在《纽约客》的那一选段吗？

麦克尤恩：头几章是写一个男人翻看自己的通讯簿，想从自己认识的人中找一个有犯罪前科的人，再出门从那种上了年纪的嬉皮士那里买把枪。那个时候我还不知道他为什么想要买把枪，我也不知道他是谁。但我知道我想要写这一情景。这是一个格雷厄姆·格林式的深潭。最初挖下的这道渠把我引入了一个餐馆里蓄意杀人的场景。《爱无可忍》就是这样开场的，寥寥数笔，场景信手拈来，在黑暗中呼啸。我想用我的笔来讴歌理性。自布莱克、济慈、玛丽·雪莱以降，理性冲动就与冷漠缺爱，与残酷毁灭性挂钩。在我们的文学中，总是那些不信任自己内心的人物才一败涂地。然而，我们的理性思维能力是我们本性的美好一面，而且往往是我们抵御社会混乱、不公与过度的宗教信念的全部武器。我写《爱无可忍》是在回应一位我的老友，他曾对我说，他认为《黑犬》中的理性主义者伯纳德从未得到合宜的机会。确实，琼对自己的经历所作的脱俗诠释规定了该小说的核心寓意。

贝格利：在《无辜者》和《黑犬》中，历史扮演了重要角色。那么，在《爱无可忍》中，科学是否也扮演了同样重要的角色？

麦克尤恩：并不见得。近几十年来，科学的界定范围延展了，这挺耐人寻味的。情感、意识、人性本身都成了生物科学的合法话题。而这些话题当然也是小说家所十分关心的。也许，对我们领域的这一僭越还成果累累呢。比起《时间中的孩子》，这部小说可能更成功地融合了科学。

《爱无可忍》中有个时刻，乔回忆自己和克拉丽莎谈论婴孩的微笑。乔引用 E. O. 威尔逊的话，后者把微笑视为"社会行为释放器"，它是人类行为的一大要素，遴选出来为那孩子获得更多父母的爱。对乔而言，某种程度上，这一切合情合理。这显然不是后天习得的行为——哪怕盲孩也会微笑。人们说，那是天生的。但克拉丽莎觉得这并不能确切形容婴孩的微笑。而乔——这是他的性格缺陷——乔固执己见，不依不饶，一味地消磨克拉丽莎，因为连他也清楚，他们在谈论的实际上是自己一生中没有孩子。

我想做的不仅仅是为了有趣的比喻而突袭科学。生物学思想已经使情感与科学的摩擦成为可能，比如上述那小小的情景。这比将量子力学观或宇宙时间观纳入小说有趣多了。这更加成熟；是很人性化的。

贝格利：《爱无可忍》中所附录的临床病例史蒙诓了某些美国批评家。

麦克尤恩：我写那个附录时很开心。一位批评家痛诋这部小说过度拘泥于病例研究。

贝格利：乔显然很赞同进化生物学。这在多大程度上反映了你自己的想法？

麦克尤恩：只有宗教狂热者才想否认我们是生物进化的产物。问题是，我们的进化进程在多大程度上可阐明我们自己。我的猜测是，比我们过去愿意承认的要多，但比那些进化心理学"仅此而已"的故事倡导者所期待的要稍微少一些。我们不妨对人性，对跨越种种文化的一系列秉性加以描述，也可以对引发它们的适应性压力做出明智的推测。但我不确定这样做能够多么深远地让我们窥探个人行为的细枝末节。文化，即社会环境,它自身有助于塑造我们的基因,会发出动人心魄的强烈信号。是很难区分的。显然,不言而喻,我们的人生造就了我们。但我们并非天生的白板,我们也不可能有任何形状。我们的不同并非发生在一个无限的区域内,而且人们的相似方式至少与他们的迥异方式同样耐人寻味。在这个领域,小说家和生物学家应该有许多交流之处,而那也是我写《爱无可忍》的原因之一。

贝格利:那《阿姆斯特丹》的源起呢?

麦克尤恩:它源于我和老朋友兼徒步伙伴雷·多兰之间一个讲了很久的笑话。我们曾商定:假如我们俩有人得了像阿尔兹海默病这样的疾病,另一人绝不会让他的朋友蒙羞沦落,而会把他带到阿姆斯特丹,合法地将他了断。所以,一旦我们有人忘了带某件重要的徒步装备,或者乘飞机弄错了日子——你知道,到了四十五六岁你就会开始犯这样的错——对方就会说:"唉,看来你得去阿姆斯特丹了!"当时,我们在湖区散步——实际上就沿着克莱夫·林利这个人物所走的线路——我突然想到有两个人物可能也会有这样的商定,然后闹翻了,而为了谋害对方而不约而同地引诱彼此去阿姆斯特丹。很荒诞、滑稽的情节。那时《爱无可忍》已写到半中间。当晚我就草草勾勒出这一想法,然后把它放在一边,以备今后用得到。直到我正式开始写了,一个个人物才出现,才好像鲜活了起来。

贝格利:《阿姆斯特丹》和你之前的小说有很大不同。

麦克尤恩:之前的四部小说——《时间中的孩子》《无辜者》《黑犬》和《爱无可忍》——都源于我想探究某些特定的观念。比较而言,感觉《阿姆斯特丹》无拘无束,自由奔放。我只是有个单纯的计划,然后顺着它走,看它会引我到何处。有的读者把这部小说视为轻松愉悦的消遣,但对我来说,即使是在那时,《阿姆斯特丹》也是个转折点,就像是曾经的《时间中的孩子》。我觉得我在给书中的人物更多空间。我想要摒弃某些智力奢望。

如果不是先写了《阿姆斯特丹》，我无法写出《赎罪》。

贝格利：咱们回头来聊聊格雷厄姆·格林——他曾对自己的严肃小说与"娱乐"小说做了区分。你会把《阿姆斯特丹》归入哪一类，严肃的还是"娱乐"的？

麦克尤恩：我认为格林最终摒弃了自己的划分，我们明白他这样做的理由。不过我懂你的意思。写《阿姆斯特丹》的时候我无比快乐，迄今也是。它出版时反响不错，但它的不幸（恰是我的幸运）在于它得了布克奖，哇，它一得奖有些人就开始对它不屑一顾。仅仅出于这个原因，我更希望它被当做一部严肃之作，就像我写的别的东西一样。我当然不想把它归为消遣之作，并期待人们更为仁慈地对待它。

贝格利：《赎罪》是怎么诞生的？布里奥妮是始作俑者吗？

麦克尤恩：先有塞西莉亚。和《爱无可忍》一样，这本书也是经过多月的涂涂写写才问世的。某个早上，我写了六百字左右，写的是一个年轻女人走进一间会客厅的场景，她手捧野花，在寻找花瓶。她知道此时一位年轻男子正在屋外的花园里干活，她既想见他又怕见他。莫名其妙地，我知道自己终于开写一部小说了。

贝格利：灵光乍现，爱情故事开始了？

麦克尤恩：当时我一无所知。但慢慢地我拼凑出了一章——塞西莉亚和罗比走向喷泉，花瓶打碎，她脱掉衣服，跳入水中去取回碎片，然后一语不发地离他而去。写到这儿，我就住笔了，大概花了六周左右时间，我细细思索。这是哪里？是什么时候发生的？这些人是谁？有什么是我知道的？然后我重新开始，写了一章，讲的是布里奥妮想和她的表姐妹上演一出戏。写完这章的时候，小说已渐渐聚焦。一整个家庭呼之欲出，我脑海中只有迷迷糊糊的想法，敦刻尔克和圣托马斯医院将在故事的未来隐隐现出现。至关重要的是，我已意识到布里奥妮是这两章的叙述者，她即将铸下滔天大错,而她的一生中只有通过一稿稿地写书才能得以赎罪。后来,我完成第一部后,将这两章对调了一下,并且重写了很多遍。

贝格利: 当布里奥妮不在写《赎罪》——也就是她没有在赎罪——的时候,你觉得她在写什么类型的小说?

麦克尤恩: 她有些像写《炎日》的伊丽莎白·鲍恩,也有点像写《尘封的答案》的罗莎蒙德·莱曼,而在她的最初几次尝试中,有少许弗吉尼亚·伍尔夫的味道。在初稿中,我在书的末尾加了个作者简介。后来我却打消了这一念头。刚才提到格林(他时常冒将出来),有一点要说的是,他对年轻作家不吝夸赞,尽管言辞寡淡。我是在2001年的7月完成了对校稿的最后一次修改。

关于作者:布里奥妮·塔利斯于1992年生于萨里,是高级公务员的女儿。她曾就读于罗丁女子学校,1940年受训成为一名护士。她在战时的救护经历为她的第一本小说《爱丽丝·赖丁》的创作提供了素材。《爱丽丝·赖丁》于1948年出版,获得当年度费兹罗维亚小说奖。她的第二部小说《索霍至点》被伊丽莎白·鲍恩誉为"一颗细致刻画心理的黑宝石",格雷厄姆·格林也称她为"一位自战后涌现出来的奇才"。五十年代期间,她的其他长篇小说和短篇小说集巩固了她的声誉。1962年她推出《斯蒂文顿的谷仓》,此作探究了简·奥斯丁孩童时期的国内戏剧演出。塔利斯的第六部小说《浸水椅》是1965年的畅销书,被成功地改编成由朱莉·克里斯蒂主演的电影。从那以后,布里奥妮·塔利斯名声日衰,直到七十年代后期年轻一代读者才能读到维拉戈重印版的她的作品。她于2001年7月去世。

贝格利: 你是否觉得你可能太宽待布里奥妮了,因为你既让她长寿,又让她在文学上大功告成?

麦克尤恩: 她从未恶意行事,而且,再说呢,她身处那样的境地,仔细考量的话,长寿对她来讲绝不是什么好事。倒是真正的恶人,保罗和罗拉·马歇尔,却功成名就,幸福长寿。按照心理现实主义,有时候就得是坏人当道发迹。

贝格利:你是不是从小听你父亲讲从敦刻尔克撤退的故事长大的?

麦克尤恩:是的。在他人生的暮年,敦刻尔克大撤退不时盘旋在他的脑海,他反复回忆自己的经历。我很抱歉我从未能向他展示我的版本。我觉得,他的离世不知不觉地反映在这部小说中几位缺席的父亲上。这些掉队的士兵在向敦刻尔克进发时可能也知道,他们的父亲已去世或者也曾在法国北部的这片区域作战过。我父亲是在利物浦的奥德黑医院里去世的,他的父亲也曾在 1918 年在这同一家医院接受治疗。

贝格利:我们还没怎么聊《梦想家彼得》呢。在写了《黑犬》这样的作品后,转轨来给孩子写书是怎样的一种体验?

麦克尤恩:其实也没什么大的差别。

贝格利:你的准则是什么?

麦克尤恩:不提所得税,不写露骨的性爱场景。当然要刻意避开某些素材。但实际上,很少有什么东西是你不能同十岁的孩子谈论的,前提是你可以找到合适的语言。况且我一直都很喜欢明晰、精准且简朴的散文,我认为孩子们能读得懂,并且会很喜欢。我避开浓烈的道德说教——我不喜欢那些给孩子们立规矩的儿童小说。我把每一章都写成二十五分钟长的睡前故事,并且会读给我的儿子们听。我纳入了各种各样很熟悉的家庭细节——我们的猫、厨房里乱糟糟的抽屉,诸如此类。孩子们会给我提意见,后来他们会看到校稿、封面设计,还有书评。他们见证了一本书的诞生。那时,我在写《黑犬》,所以《梦想家彼得》的确是一个非常让人愉悦的消遣。

贝格利:在《时间中的孩子》里,斯蒂芬谈到最好的儿童读物具有隐形的特质。你在坐下来写《梦想家彼得》的时候是否回想起了这一表述?

麦克尤恩:我不记得了,但无疑这的确是我们应该追求的。孩子们不会优哉游哉地赞赏你写的优美而稠密的意象。他们希望语言能够力透纸背,能够带领他们直抵事物本身。他们想知道究竟发生了什么。也许那种隐性的特质属于已失却纯真的年代,因此出现在童书中更为合宜。

贝格利:你们这一代作家中,似乎只有你有志于此。艾米斯玩语言游戏,鲁西迪恣意汪洋,巴恩斯博学睿智。

麦克尤恩:呃,稍等一下,刚才我们是在谈论儿童小说。在现代主义以及它持续了一百年的种种实验与衰落之后,我们所谈论的这种隐性在严肃文学中已不可能。我的理想是在一张淡淡的蛋壳漆画布上添加生动的几笔。这些笔触将带你领略散文,并且以更大的力量促使你去另一面,去体会事物的命名和事物本身。双管齐下……但那只是一种愿望罢了。

贝格利:这和作家的自我意识有多大干系呢?

麦克尤恩:有时我会觉得每一句话都在鬼使神差地评点它自身的生成过程。这并非总是有帮助,但我觉得你就是没法逃避。充其量,你把它视为理所当然,不要受制于自我指涉,也依然信守语言在传情递思时所具有的令人感官愉悦的、心电感应的能力。

贝格利:你觉得你是否还会写更多像《梦想家彼得》这样的书,不仅面向儿童,也面向成人?

麦克尤恩:当人们问我这个,或者问我是否会写舞台剧的时候,我总是不自觉地撒谎,说我会写。

贝格利:为什么?

麦克尤恩:我不想排除那可能性嘛。但同时,我知道我只能在写一本书与另一本书的间隙等待,看看会有什么样的灵感。这是一个你不可能也不希望完完全全在你的刻意掌控下的过程。我当然想写个剧本,或再写一本儿童书,或是写一部惊艳的十四行组诗。但这究竟意味着什么呢?意味着我很希望自己已写了一部这样的书。这让我想起我老是做的一个梦。我置身书房,坐在案前,感觉神清气爽。我打开抽屉,映入眼帘的是一本我在去年夏天完成的小说,但由于我近来忙得不可开交已把它忘了个精光。我拿了出来,立马发现它好得不得了。杰作啊!一切重新浮现在我脑海,当时我是多么用功啊,然后把它放在一边。它棒极了,找到它我太高兴了。

贝格利: 那么,这梦有什么绝妙的结局吗?譬如,最后发现这部小说署名为马丁·艾米斯?

麦克尤恩: 不,不。那是个开心的梦。那本书是属于我的。我啥也不必干,只要把它邮寄出去,然后尽量不要醒来。

扎迪·史密斯对谈伊恩·麦克尤恩

◎ 扎迪·史密斯/2005 年

原载于《信徒书：作家对谈》，温德拉·维达编（旧金山：信徒书局，2005年）：第 207—239 页。经温德拉·维达许可转载。

"英国小说"规避要素：

揭示性格的礼貌对话

四平八稳的线性叙述

略带反讽的伦理探究

连篇累牍的家具描写

我常常以为伊恩·麦克尤恩是一位在各方面与我完全相反的作家。他的行文克制、谨慎且简明有力；他论起性来滔滔不绝；他对科学的种种叙述可能性了如指掌；他的长篇小说篇幅适中，字字珠玑；他的句子绝不会像我这句话一样有这么多分号。读他的作品时，我深深地被各种隐喻、情节和观念所打动，而那一切是我根本从未想到的。我之所以喜欢读他的书，就是出于这些原因，还有一个原因是，像他的数百万读者一样，我觉得读他的书让人安心。拿起一本麦克尤恩的书，你就起码知道，这本书会写得很漂亮，会精雕细琢，无论对你还是对他都不会尴尬。这一点真的很重要啊。麦克尤恩的坏书产出率低于我们其他人。在大学（这所大学因麦克尤恩而闻名）上了马尔科姆·布雷德伯里和安格斯·威尔逊教授的创意写作课程后，麦克尤恩在英国文学界便一直享有盛名。在这里无法写下他所有的荣誉，但你至少要知道在 1976 年，他第一部短篇小说集《最初的爱情,最后的仪式》获毛姆文学奖;《时间中的孩子》分别在 1987 年和 1993 年获惠特布莱德图书奖和费米娜外国小说奖;他曾三次入围布克奖,最终在 1998 年凭借《阿姆斯特丹》折桂。他的小说《赎罪》2002 年获 W. H. 史密斯文学奖和美国国家书评人协会奖,2003 年获洛杉矶时报图书小说奖,并于 2004 年获圣地亚哥欧洲小说奖。他确实写了很多好书。

由于我上的那所大学聚集了许多名流子弟,我在多年前第一次遇见麦克尤恩,当时十九岁的我还没有出版过图书,正准备离开剑桥去度假。我大学时认识的一个女孩准备去参加伊恩·麦克尤恩的婚宴。因为她家庭的关系,这对她来说是一个相当正常的事情,但我自己一辈子从没见过任何作家。她邀请我一起去——她知道这对我意味着什么。那是个难忘的夜晚。我很高兴能赴宴,但又吓坏了,几乎无法享受它。一屋子的人全是从书架上下来的活生生的作家。我记得,有人把我引荐给马丁·艾米斯(那段时间我正在忙不迭地剽窃他的作品呢),还让我看了他刚出生的宝宝。于我而言,十九岁的时候见到马丁·艾米斯,就像遇见上帝一般。我说:"这宝宝不错。"与所有对话一样,这句话没法收回来了。我记得,就像约瑟夫·K 一样,自己感到无地自容。

那天晚上我并没有和麦克尤恩说话——我在聚会的大部分时间里都故意躲着他。我觉得他在自己的婚宴上看到一个不认识的本科生会有点恼怒。但我那时候刚刚读过《黑犬》(1992)这部创意十足、精彩绝伦的小长篇。我对一位英国小说家写这种严肃的、形而上的,几乎是欧洲散文体的想法着迷。他不像艾米斯,不像鲁西迪、巴恩斯、石黑一雄或者库雷西,或者当时我正在阅读的任何其他英国和准英国作家。他是个异类。"听说,"当我们看着麦克尤恩在地砖舞池上与他的新婚妻子翩翩共舞时,我那位朋友头头是道地说,"他每天只写十五个字。"这对一个有抱负的作家来说是一个不幸的讯息。我非常容易受到榜样的影响。如果我听说博尔赫斯每天在开始写作前,会在早上跑三英里,然后在一桶水中做头手倒立,那我觉得我也必定得如法炮制。这十五个字的限制在很长时间里像幽灵一样缠绕着我。三年后我写《白牙》的时候,我认为我遇到的所有问题都源于我每天非得写很多很多的字不可。每天十五个字！为什么你就做不到呢？

十年后，已经是作家的我不再那么容易上当受骗了，我意识到我的朋友她自己可能多少虚构了当时的情境吧。对麦克尤恩本人的采访，就像你即将读到的这篇，自然是解决这一问题的绝佳机会，但直到此时此刻，在事后写这一篇引言时，我才想起这个问题。我不知道伊恩·麦克尤恩是否每天只写十五个字。不过，他坦诚相告了很多其他有趣的事情。麦克尤恩是极少数能够以诚实的洞察力讲述自己创作经历的作家之一；这是他钟爱的生活。和他畅谈时，我感觉就像在与一位身处职业生涯初期——而非巅峰期——的作家交谈。这十五个字的限制也许是随口一说，但我朋友已凭直觉道出一大有关麦克尤恩的真相：他既不是半吊子，甚至也不是天生的写作料子，既不是编故事的高手，也不是个爱炫技的人。他是一位兢兢业业的工匠；精雕细刻，精益求精，对过程的每一步都兴味盎然，就像一位科学家矻矻于科学实验。

我们是在麦克尤恩家，即小说《星期六》(2005)中亨利·贝罗安医生住的房子，做了这次访谈。那是一座可爱的乔治王朝时期风格的排屋，坐落在伦敦电视塔的幽影中。贝罗安从这所房子的阳台看到一架飞机坠毁，机尾着火。这是一桩完美的麦克尤恩式事件。

——扎迪·史密斯(2005 年春)

一、"这是一种恶意干预……"

扎迪·史密斯：我不太擅长干这个。前段时间我采访了埃米纳姆，等我回到家里抄录时，我发现它更像是《扎迪·史密斯的采访秀：埃米纳姆只需偶尔插一句"是的"和"好的"》。没错，我说得太多了。我将直接开始我的第一个问题，我想这也是最重大的问题。我们可以从这个问题开始，然后再问些简单的问题。因为我短时间内读了你所有的书——

伊恩·麦克尤恩：你按什么顺序读的？

史密斯：基本上按时间顺序。

麦克尤恩：好的。

史密斯：除了《床笫之间》，这本书我是几天前刚读。总之，当你在《时间中的孩子》里讨论那桩创伤事件，也就是孩子绑架案时，有一句话："这是一种恶意干预。"你过去的许多小说都讨论过这一观念，即恶意干预。然后，当读到这本最新的影射9·11事件的书《星期六》时，很明显，那天发生的事情，就其本质而言已是麦克尤恩式的，因为将非理性爆发为理性是你独特的手法。所以（对作家本人说这个怪怪的），当你看到一位作家进入他的巅峰时期，并且保持在那里，或者至少没有失去他以前的能力时，我总是认为要么时代已来迎接他，要么他已来迎接时代。我觉得你属于前者。我记得甚至在读《星期六》之前，我就认为，如果有一部完整的关于9·11的严肃小说能很快出炉——因为它确实很快——它极有可能由你而不是别人来写。因为你的小说本来就是有关恶意干预。我想知道你是否意识到了这一点？是否同意这种说法呢？

麦克尤恩：我记得我当时的第一反应是，它（9·11）是新闻业的英勇时刻。那是我的第一感觉。也许这是因为安娜丽娜（安娜丽娜·迈克菲，麦克尤恩的妻子）在报社工作，我对报纸这玩意儿颇感兴趣，但它发生在伦敦时间凌晨两点。因此，头版必须清晰明了，共推出了大概二十五页版面。这个备受憎恨的职业突然享有了高光时刻。

史密斯：但那只是瞬间而已。你在为《卫报》撰写的两篇有关9·11的文章中曾经谈过。那一刻天旋地转，令人沮丧。

麦克尤恩：但那一刻，首先要求的是精准的新闻报道。这是我的第一感觉。关于9·11写得最好的是新闻报道，而不是小说。我读了很多报道，印象挺深刻的。实际上，我认为还有一个例子与此类似，只是规模较小,那就是邓布兰惨案。发布新闻是下午三点半左右。等到伦敦那些晚间报纸出来时已有十到十五页的报道。所以我的下意识第一反应是:当天记者们出了风头。在写那两篇文章时,我就想以公开的方式写作,表达我的直接反应,随大流做同样光荣的事情,而不是写小说。但即使那时候,我也在想文字要更加人性化,光靠新闻可不行,需要更有亲和力。一想到那些(在生命的最后时刻)用手机表达爱意的人……

史密斯:有一小段——我想那是在你写的第二篇文章中——在那一段中,你说如果恐怖分子能够与他人同情共鸣,心中装有他者,就不可能那样干了。呃,我确信这一点,而且我也在我的小说中"推"这一信念——即真正的同情心会让残酷变得不可能。但是,我在读你的小说时,我总是觉得你根本不相信这一点。尤其是在你早期的作品中,恰恰相反,你似乎在揭示更为黑暗的真相:即人们即使在深感同情后,依然会干出十恶不赦的事儿,并且也确实干了。

麦克尤恩:我一直认为残忍是想象力缺失使然。而且我知道我在其中囊括了这样一种可能性,那就是有些人确实会非常同情他们的受害者。事实上,这正是他们伤害他们的缘由——通过伤害自己所爱的人来获取某些快感。但这是一个特例。这仍然是自娱自悦,而没有关注受虐孩童的真正恐惧或别的什么。

至少从八十年代初期开始,我就在小说中运思构想,我觉得某些东西与想象和道德紧紧交织。小说的一大价值正是这一能够进入他人思想的过程。这就是为什么我认为电影是一种非常低端、非常浅薄的媒介。

史密斯:确实如此。因为电影很表面化。

麦克尤恩:对。而有了小说,我们恰巧设计出了这一形式,这一弹力十足、变化多样的形式,它可以让我们真正探究人类。米兰·昆德拉在这方面说过非常睿智的话。他十分注重小说的探究模式。它是一种看待我们自身形象的开放式方法,科学无能为力,宗教不可信赖,而形而上学表面看起来又学究气十足,令人反感——可以说,小说就是我们最好的手段。

史密斯:你使用那一手段的方式与你同行完全不同。你写的英国小说不同于我从小心目中所认知的英国小说。

读了你的过往作品后,我在网上搜索了下你,找到了一个孩童网站——因为很多孩子现在在研读你,你被列在大学入学考试的阅读书单上。我看到的是一个留言板,孩子们因为不知道如何解读你的作品而抓狂。挺有意思的。我觉得他们一直遇到的一个障碍在于,他们心中自有对英国小说、经典英国小说的想法,即人物性格透过书中的大部分对话得以揭示,情节基本按稳固的线性时间观安排,基调略带反讽,而读者的任务就是展开某种伦理探究。他们尤其依赖一位强势的叙述者来助推他们作出正确判断。因此,譬如,奥斯汀从未让我们怀疑贝内特夫人不是一个值得尊重的人。但你写的书打乱了时间线,很少使用对话,而且叙述充满伦理矛盾。对一个十六岁的人来说,那倒真是有点玄乎,况且同时还得应对论文危机。他们可抓狂了。

麦克尤恩:他们为什么抓狂?我搞不懂。难道是由于告诉他们的信息太多了?

史密斯:嗯,我们不妨举某方面为例吧。比如麦克尤恩作品中的时间。你的大多数同时代作家以蛮传统的方式处理时间。要说鲁西迪、艾米斯或者巴恩斯对这方面感兴趣的话,通常他们感兴趣的是历史时期。鲁西迪关注的是部分政治化的历史时间,而艾米斯则倒述时间,使用闪回和历史跳跃将当下置于新的挑战之中审视。但是,置身时间之中,存在于时间之中,其真正的感受如何——这可不是英国的高考生得经常面对的问题。

麦克尤恩:呃,我没有刻意设计时间,我觉得没有——除非我把它当作小说的一个特定元素,就像《时间中的孩子》一样。但除此之外,如果在我的小说中牵涉到时间,那其实是某个别的问题的派生物而已,是与意识本身的细枝末节相关的东西。我是说,我感兴趣的是如何以一种显然非常风格化的方式呈现思考的样子。或者,呈现有意识的或有知觉的或不可抗拒地只有半知觉的样子。要明白正在发生的一切事物,并理解一切事物,以及弄懂我们的回忆能在多大程度上融入我们接受的现实——又有多少感知被意志扭曲,这是多么困难。我发觉这挺有趣的。我们使出浑身解数说服自己,要么想稳固我们自己的某种观念,要么想确立知识立场。这就是我一直喜欢心理学演化的原因;他们纵论自我说服……一直以来,在我的小说中,我试图表明,我知道我们在呈现自己和"了解彼此"的方式中存在多么有趣的缺陷。因此,如果时间在途中断裂或发生折射,那只是一种衍生。我并非刻意为之。

史密斯:也许是这"恶意干预"惹扰了时间。就像《时间中的孩子》中的车祸,那四秒钟仿佛成了永恒。我在读《星期六》时想,透过 9·11 事件,现在你的读者已有了集体经验来反映这种时间延长的奇异感觉。双子塔慢慢倒下。时间被这一疯狂事件扭曲了,我们全都共同感受到了。在那之前,我唯一的时间创伤经历是我十五岁时从卧室窗户摔出去——就时间来说,那是一种超现实的经历。我自己心里清楚,但与他人分享就有点——

麦克尤恩:你从卧室窗外摔下去过?

史密斯:是的。

麦克尤恩:是在梦游吗?

史密斯:不,不,不,是想吸烟。

麦克尤恩:哦,我的天。

史密斯:是的,挺搞笑的。我差点死了,但关键是,那个摔呀,慢慢悠悠的，真的，简直像是捱了好几天呢——每次谈论它，听起来都傻乎乎的。可是，在你的小说中有好几次表达了这种感觉，我觉得你表达得很精准。

麦克尤恩：是的，可这不也正与叙事的种种要求有关吗？——所以，让我们假设说有一个十五岁的孩子，在窗沿上挪动臀部想要保持平衡，因为不想把烟吐回到卧室里——

史密斯：是的，就是这样。

麦克尤恩：突然间，你以更大力度开始划分这一时刻。即使在描述它时，你也在放慢动作速度。因为你认为这是价值极高的丰富经历，所以仅仅两秒钟的事情就能写出一千二百字。而且无需任何时间概念，你已经依靠本能为读者传达了这一缓慢过程。也许，我对《时间中的孩子》中的一处错误感到遗憾，我越俎代庖，告诉读者"时间在缓慢流逝"。你不需要这么说。字里行间，时间自然在放慢。

史密斯：但我认为在那起车祸中，描述和感觉这两者衔接得很好，这是一段非常了不起的段落。

麦克尤恩：是的，我唯一需要做的就是把标示"时间在缓慢流逝"的字字句句都砍掉。

史密斯：那么，怎么与以前的作品一刀两断呢？我一直尽量不去读《星期六》的书评，因为我想保留自己的切身感受，不过我推断有人会提及《时间中的孩子》作为参照，还有书中的魔幻现实主义。你对那种写作，以及你早期作品中的魔幻现实主义持讽刺态度。实际上，在读你的过往作品的时候，我意识到这种写法其实挺多的。比我印象中的还要多。

麦克尤恩：是的。我得说，我现在可不会这样做了。虽然我从未真正信赖过魔幻现实主义文学，但我至少能够——你知道的，赋予书中人物你个人不能或不愿宽容的观点。

史密斯：是的，确实如此。这样做蛮好玩的。它让你洋洋自得。

麦克尤恩：是的。不过，我想我确实暗自赞成如下观点，即现实非常严苛又丰满，而魔幻现实主义其实不过是在令人生厌地逃避某种艺术责任。

史密斯：因为魔幻就在现实当中。我试图从《时间中的孩子》中挑几句我最喜欢的话——其中有一句讲的是脖子。你记得这个吗？

麦克尤恩：记不得了。脖子？

史密斯：是的，一位女士的脖子：艾玛·凯茹。

麦克尤恩：哦，对。"艾玛·凯茹是个校长，虽然得了厌食症，但性情开朗，一听到别人大声提起她的名字，脖子上的肌腱便像伞架一样绷得紧紧的。"

史密斯：没错。嗯，对我来说，这已经够神奇的啦，其他就不必多言了。不过，你脑海里是否有过转变，例如，你在某一刻决定停止写关于女性与猿猴谈恋爱的故事？

麦克尤恩：呃，如我所说，我根本没多少时间写这个。

史密斯：不过，短篇小说中有很多。

麦克尤恩：是有一些。

史密斯：有许许多多不同的方法：譬如，超现实主义、寓言、超自然，还有怪诞——有一大堆手法来介绍天下奇闻。

麦克尤恩：是的，但那些都是短篇小说，我认为它们用来尝试挺好的，就像试穿父母的衣服一样。当人们问："你有什么建议可以给到年轻的作家吗？"我就说去写短篇小说吧。短篇小说经得起屡屡失败。可以从模仿作品入手。但对于那种极端的安吉拉·卡特魔幻现实主义的东西，我从来都没有真正喜欢过……虽然我认识她本人，也挺欣赏她，我们在克拉彭算是邻居。

　　史密斯：哇！真的吗？

　　麦克尤恩：我真的很喜欢她在日本写的那些故事。但后来她开始写童话故事，然后就有了《马戏团之夜》——那不是我的菜。

　　在我看来，这似乎大大缩小了一切可能性。现实，实际，它们对作家提出极高的要求——如何虚构它，如何面对它或运用你自己意识的筛子穿过它。所以我从来都不是马尔克斯的粉丝，我钦佩《铁皮鼓》，但从来没有像我对，比如说对昆德拉那样钦佩它。在我看来，这种风格已经变得有点像家具领域的国际风了，这种通用语真的蔑视了小说的核心观念，即小说是本地化的，是区域性的，是一个自下而上的过程。而不知何故，这些国际风格似乎走的是自上而下的路径。它们彼此太相似了。

　　史密斯：它们拥有商标。其中之一便是一种动能，以牺牲其他一切为代价的能量。

　　麦克尤恩：是的。就像在打没网的网球。根本不好玩。

　　史密斯：没有刺激感。

　　麦克尤恩：是的。但后来我想，我是不是也打过这种擦边球（比如在《星期六》中），我最好把自己也算进去！

二、"有人曾问我：'如果你可以活到一百五十岁，而且可以开启另一职业生涯，你会这么做吗？'我说：'不，谢谢，我想我会坚持写作。'"

　　史密斯：我仍然觉得你和你那一代人之间不仅在质量而且在种类上存在技术差异。我发现你的一句引语："促使我前进的是对自己所读的英国小说的不耐烦。它仿佛一个与我无关、客客气气的清谈俱乐部。"而我想从对话角度考量这一点,因为我完全认为你写的对话是不同的,跟艾米斯写的对话用途不同。首先,它数量要少得多。

麦克尤恩:呃,马丁写的东西更多渊源于狄更斯,源于对荒诞和滑稽的喜爱。

史密斯:在艾米斯的作品中,方言发挥了比较重要的作用,这对我来说一样。但跟你不一样。

麦克尤恩:是的。

史密斯:只是最近你方言用得比以前多了。

麦克尤恩:确实是。马丁过去常常和他老爸闲坐在一起,带着某种逗噱的奚落,兴致勃勃地观察人们的谈吐,留意这些表达怎样融入语言之中,而且他会带着一点新鲜玩意儿回来说:"是的,刚才我和金斯利在聊人们的讲话方式呢。"——无论那是什么——而他都能模仿得惟妙惟肖。

史密斯:他现在还这样吗?

麦克尤恩:是的。活灵活现,不过也确实在慢慢减少。

史密斯:好吧,像马丁这样的人在语言上操控自如,他的那种轻率的自由,与你自己可能比较犹犹豫豫的说话方式总是会有一些不同吧。你在《母语》一文中有所触及,而且将其与阶级挂钩。

麦克尤恩:没错。我母亲讲话犹犹豫豫的,这是我的英国阶级地位所带来的一个关键因素。但是,就像一切与英国阶级相关的东西一样,我的确切地位也是很复杂的。我父母是工薪阶层,我十四岁的时候,我的父亲被委任为军官……他是一名从基层部队直接提拔的英国军官,这样的基层军官没上过桑赫斯特皇家军事学院,没大学学位,也不是富家子弟,他的朋友全都是他的同类人。现在回想起来,所有其他军官都有点看不起他们，但同时也尊重他们，因为他们对英军了如指掌。我父亲当上军官后，我们就立即被派驻到了其他地方，于是我们从中士大食堂转到了军官大食堂用膳。这显然是一种无根无属的状态，这在某种程度上事关语言，事关我们的说话和行事方式。

史密斯： 这就像给你强加了一份冷静超脱——当然，很多英国人对这个观念有诸多批评。你越没有固定的社会地位，你就会有越多的概念空间可供书写。

麦克尤恩： 那是阶级的事情，但对我来说，它也是一个居无定所引发的无根无属的问题。我人生的头三年是在奥尔德肖特这一守备部队驻防城市度过的，然后我去了远东和北非。所以我知道，甚至在人们问你从哪里来时，我可以说奥尔德肖特，但我知道自己并没扎根于任何一个特定的地方。然后我去了一所奇特的寄宿学校，一所政府办的寄宿学校，那里的孩子主要出身于伦敦市中心的破碎工薪阶层家庭，学校也招收了几名像我本人这样来自中下阶级家庭的孩子，老爸是个普普通通、没有上过桑赫斯特皇家军事学院的军官。学校的想法是招收来自伦敦市中心的工薪阶层的孩子，给他们提供公学的教育，然后送他们上大学。这就是他们的做法。那是一种老式的改良观，如今早已过时。所以，这是另一种无根无属。我和所有这些男孩在一起，我们共有三百号人，在艾塞克斯-萨福克边境一个美丽的乡村，那曾经是一座豪宅。热热闹闹的，从方方面面来说它都是一所很棒的学校。所有人都上高中课程，我们三分之一的人都被送往牛津和剑桥。

史密斯： 那很不错啊。

麦克尤恩： 是的，每个人都上了大学。我去上了萨塞克斯一所建筑明亮簇新的大学，然后去了东英吉利的另一所大学。

史密斯： 你是否在很早的时候就有意成为一名作家，或者开始认真对待这件事？你最初写的几个短篇小说自信爆满啊。

麦克尤恩：我觉得我是初生牛犊不怕虎。当初我没有任何根基，就好像我得自个发明文学。

史密斯：论及你的短篇小说，还有很惊人的一点是，它们没有——我不知如何措辞——不妨称为"判断意识"吧。当你阅读时，叙述者指引你的判断——这一想法已完全化为乌有。读者处于孤立无援的状态。英国读者，譬如互联网上的那些孩子，已习惯于至少给他们指明方向，告诉他们应该反对啥。而你的短篇小说里就没有。

麦克尤恩：我是想无依无靠地写。引自福楼拜的一句话给我留下深刻印象：

在我看来，美好的东西，我想写的东西，是一本讲述虚无的书，一本不依赖外部的书，它以其风格力量糅合而成，就像悬在空中的地球，并不依赖外部的支撑。

史密斯：天哪。那样的话，你得有雄心壮志才行。

麦克尤恩：不过当时我写的是小小的短篇小说，当然不是长篇。福楼拜那样的评论给我留下深刻印象，我很喜欢，至今余音未了。在《星期六》的开头，主人公裸身下床，站在黑暗中，一动不动。就好像刚刚出生。其中就体现了这一想法。

史密斯：它的确有那样的形式，一整天都没安排什么按部就班的事，没有快速闪回到过去。一砖一石都好像由人工搭建。你与亨利一起经历这一天。我觉得，写这些要下巨大的功夫。

麦克尤恩：是的。不过我们还是回到根基啊短篇小说啊和我不喜欢小说中的什么这件事情上——

史密斯：好，因为我认为你起初是指艾丽丝·默多克和那种攀谈式小说，"喋喋不休族"或汉普斯特德小说或诸如此类的小说。

麦克尤恩：其中很多人还在世，比如玛格丽特·德拉布尔，实际上后来我倾向于改变自己的观点，因为那样的小说也有写得好的……但当时，我无意于描写一个自己一无所知且不感兴趣的世界。我觉得作家应该是嬉皮士才对。我对应然的世界抱有相当浪漫的情怀。对那一套道貌岸然和叠床架屋，我深恶痛绝。

史密斯：遍地都是家具。

麦克尤恩：家具。事无巨细，你知道，全都一一描述。这个名称，那个名称。但事情就是这样：太多东西已被视为理所当然。这是个世界，读者势必已填充了其间的缤纷色彩，预设作者与读者之间有一条纽带——通常是阶级纽带——可我并没分享到它。而罗斯这样的人则行文磅礴。它酣畅淋漓，具有手工制作的水印特质，这便是我喜欢罗斯和厄普代克的原因。他们一直都在影响我的写作生涯，尽管在我的短篇小说中并未显露任何蛛丝马迹。

史密斯：那也挺吸引我的，对你的这些影响不太能被人发觉，或至少无法直接发觉。

麦克尤恩：但这是指你在工作的时候阅读某些东西，你的内心只是在渴望自己的作品，而你知道，广义上而言，正是阅读这本他人写的书所带来的喜悦实际上才让你第二天坐在了书桌前。如果我能带给我的读者同样的感受，就像这位作家带我的感受那样，那我就会觉得自己很成功。这可能就是最大的影响吧。

史密斯：刚才讲了几点你作为作家的发展历程，你怎么看？通常情况是由盛转衰，每况愈下，但你却阔步向前，越来越强。对于个中原因，我在饭局中听到过很多风言风语。但我想知道你自己的看法。我的感觉是，稍稍脱离特权文学界,这往往会让你更加精雕细琢,就像济慈那样,心无旁骛,兢兢业业,直至大功告成。

麦克尤恩:我有一段很长的学徒期。我大约于 1970 年开始写作,1978 年才出版一部小长篇,其实那也不过是个扩展版的短篇小说。我的第二部小说也这样。

史密斯:但你一直都是作家——我的意思是,你的工作一直就是写作。说实在的,这是个我一直关心的话题,因为这就是我的生活,而且真的在很长一段时间内可能都是这样。做一名作家,保持作家这一身份,那挺让人难受的,我可吓坏了。可你似乎并没有这样的感受,或没有我这样强烈的感受。

麦克尤恩:是的,根本没有。有人曾问我:"如果你可以活到一百五十岁,而且可以开启另一职业生涯,你会这么做吗?我说:"不,谢谢,我想我会坚持写作。"我给出的理由则引用了亨利·詹姆斯的小说观。他说小说家的关注点,即素材,无非就是经验,一切经验。做一名作家,你就有不竭的经验。

史密斯:是的。有时你觉得有无尽的经验。但对我来说,在别的时候,我会觉得自己过的是一种腐朽、愚蠢的生活方式,智力平平,没有任何真情实感——我可以感觉到自己在拆用自己的人生,我想:"这样下去还能持续多久呀?"《星期六》里有很多描写你自己生存的细节。

麦克尤恩:这是我迄今第一次真的拆用我的人生。

史密斯:是第一次。我想知道接下来会发生什么。

麦克尤恩:接下来,我几乎肯定会创造出一系列全新的情形。

史密斯:不过,总是有不一样的吧。毫无疑问,我觉得我越在这一行搞下去,就越没时间想象实实在在的细节了。我只是不这么做了。假若我要一张沙发，就往房间对面一瞧，那里就有一张。假若我要一根路灯杆，街上就有一根。我不能凭空想象出路灯杆。也许我十四岁的时候可以。但现在我完全做不到。

麦克尤恩：正是如此。而且，一个人还需要多少家具呢？回答下你的问题，我拆用我的人生来完成这部小说，这也让下一部小说写起来比较容易了。除了这里的东西（指着房间四周），其他一切我都可以写。够多的了。我也不知道下部小说是什么样的。也还有一切我还真的从来没有借用过的过往——我的童年。但我真的不清楚。当人们说"你写得更好了"，我自然会有点儿生气，就问："嗨，其他作品有什么问题吗？我以前有哪儿做得不好吗？"

史密斯：嗯，倒并不是说以前的作品更糟，而是这部作品的写作手法和架构取得了很好的效果，读者对它信心十足。在"制作小说"上，你已经根本没有任何问题了。我想到我的那两部小说，由于基础能力和技术水平有所欠缺，它们的后半部分都很糟糕。年轻的时候，每一页都还写得很费劲。而我在读《星期六》的时候，我只觉得：噢，老兄，"制作小说"对你来说完全是小菜一碟。读罗斯的小说时我也是这么觉得。还有其他一些东西也得到了阐发——思想，主题，创作精品的宏大野心——只是"制作小说"感觉有点儿唾手可得。也许事情压根不是这样。但我想知道，使用自身的素材，是否会让创作过程变得略微舒畅些了。

麦克尤恩：不得不说，我原以为会是这样。我下了决定："好的，在下部小说中，我要肆无忌惮地借用自己的生活经历了，那样我就能省下许多时间。"其实事情并非如此。这同样也是件难事。实际上，即使我在小说场景里用到了这栋房子的内部布局，但我漫步其间时几乎很少想到这栋房子就是我书中描绘的房子。从某种程度上说，它只是描绘了一栋与之相似的房子。

史密斯：谈到相似之处，《星期六》里有一段话表面上是在形容手术，但在我看来似乎是在讲写作。

麦克尤恩：噢，不错。

史密斯：在读那一段的时候，我心想这不可能是在讲其他东西。你知道我说的是哪段话吗？"过去的两小时里，他全神贯注，如坠梦中。"——它恰如其分地描述了写作十分顺畅时的情形。我最喜欢的字句是你谈及他的感觉时所写的"从容，开阔，完全足以生存。这是一种清晰可辨的空虚感，强烈而无声的欢乐感"。作为比较，你接下来写的事情——做爱和聆听西奥歌唱——是人类的两大状态，人们常常吹嘘它们能带来相似的欢愉：大致上是人际关系和艺术。但这本书似乎暗示我们，有一种更深邃的幸福，人们只能在工作中找到，或者至少只能在创造性的工作中找到。我能感受到那喜悦感从这本书中扑面而来。当作家的喜悦感！

麦克尤恩：我很高兴你发现了那一段。我知道我最终想写的是一场大手术，但它其实是关于写作，关于创造艺术的。所以，这段话从他拿起画笔开始。说得更准确些，我在写这场手术时十分确信，外科医生尼尔·普里查德在病人身上画上标记时使用的是两英寸长的画笔。为了最后检查一遍，我把最后一稿给他看，他说："我不使用画笔。"我说："但外科医生肯定是这么做的。"他说："不，不。"我个人非常失望。他将画笔浸在黄色颜料里，随着哥德堡变奏曲的奏响，他落下第一笔，这是艺术发挥的一刻……但我不得不用皮瓣上的海绵来代替，对此我非常、非常不情愿。

史密斯：这一扩喻所带来的喜悦是，它可让你把写作当成一项工作来描写。通常，你在读那些关于小说家的书籍时，你真正得到的只是这个人物吃午餐的样子以及他的出版惯例，而那与写作过程毫不相干。坐下来写出这个过程是十分困难的，但我发觉这本书在隐喻意义上实现了这一点。

麦克尤恩：扎迪，我们一定都梦想写出这么一段美妙的话：它确实在描述某件事物，但与此同时，它又用一种声音在评论它自身的创作，而不必是一则关于作者的故事。

三、"我觉得自己无法容忍宗教,但我并不因此反对宗教,我认为被写入宗教成规的东西证明了它自身的真理。只是既然目前地球上有六千种宗教,它们不可能全都是正确的……"

史密斯:关于《星期六》中的乐观主义,我想问问你。可以看出,这本书里有一种厄普代克式的乐趣,我非常喜欢;你好像蛮享受人间的俗事。你说得对,在英国能搞到一杯新鲜橙汁的确是了不起的事情——这些事一般看来平白无奇,但仅在六十多年前,可是标新立异之事。但取得这些进步的同时,我们确实也遇到了一个问题,即这些进步是以牺牲未参与其中的外国地区和外国人为代价的,而这恰恰就是我们如今置身这一骂战或曰"无尽战争"的噩梦境地的缘由。因此,在知道了亨利·贝罗安是基于什么才获得他的特权后,我就发现自己很难和他额手相庆。

麦克尤恩:是的。嗯,我想,只要我将你的观点视为自由派知识分子焦虑的一大常规,西方享乐生活幽灵式的一大敌手,那就是逆流而写。贝罗安也有这些焦虑。他拥有这一切无与伦比的优势,然而他发现自己陷入了焦虑之中——我们拥有一切乐趣,但我们却在回顾身后。而我之所以想把贝罗安塑造成有钱人,是因为,实际上,第一世界便是如此。

史密斯:但不管怎么看,他都太有钱了。

麦克尤恩:事实上,他要比某些记者富有,但并不是所有记者……

史密斯:你知道你会因此遭到构陷。有些人老是会觉得对贝罗安奢靡生活的种种描述令人反感。

麦克尤恩:是的。那与我并不相干。因为我知道,照任何标准衡量,这些记者都是富有的。正因如此,我让他凝视自己门上的锁,在想那些坏人,那些想要夺门而入的毒贩——有一场鏖战。他们就在另一头。你把这帮人拦截在你的世界图景之外。这是一种框架。你不再看到手术台上的病人,因为你只看到那小小的方块,看到黑痣——

史密斯:一点儿没错。但你之后说,幸福建立在非现实或其泡沫的基础上。

麦克尤恩:这是一种框架,没错。但在那框内可有大乾坤。

史密斯:关于拥抱进步,另外还涉及某种危险,即我们在"颂扬西方一切事物"的道路上走得太远了。我最近在读鲁西迪的几篇文章,这些文章竭力为西方思想辩护,由于我刚重读了《黑犬》(书中的人物伯纳德是"理性"原则的出色捍卫者),我强烈地感觉到,鲁西迪已经成了非凡的伯纳德。眼下,他使出浑身解数在为启蒙运动辩护。我完完全全理解他的心情。但是,回想十五年前,那时候某些较为狂妄的启蒙设想,譬如对理性近乎宗教般的崇拜,受到严重质疑,这就显得挺怪异了。如今,我们所处的历史时刻已经三度为笛卡儿喝彩了,因为我们让这些疯狂的家伙坐上了他们的飞机。我们好像都为此作出激进的回应。

麦克尤恩:当启蒙运动遭到学院派理论家的暗中破坏时,一种普遍的安全感,即相信启蒙价值观最终能取得文化上的胜利,也随之终结。现在我认为这一胜利不太有保障了。

史密斯:那么,如果你曾经有过耐心的话,你会觉得自己现在已对宗教思想失去耐心了吗?

麦克尤恩:没错。对此我赞同萨尔曼。我已全然没了耐心。

史密斯:我想我也有同感,但我觉得这一感觉怪怪的。

麦克尤恩:我觉得自己无法容忍宗教,但我并不因此反对宗教,我认为被写入宗教成规的东西证明了它自身的真理。只是既然目前地球上有六千种宗教,它们不可能全都是正确的。只有世俗精神才能确保这些自由,而它们与之竞争的恰恰是世俗精神。

史密斯:有一次你被问及自己的信仰,即尽管你无法证实但确实相信的事物,你当时说:我绝对相信意识之后别无其他。但是,《星期六》中的某些东西,世间的欢愉,以及厄普代克式的愉悦,都让我心生好奇,你是否曾经想象过自己会转向那不可捉摸的基督信仰……

麦克尤恩:没有。

史密斯:从来没有吗? 随着年龄的增长,也不曾变过,没有陷入恐惧或寻求希望……

麦克尤恩:没有。有了意识这一极其简要的赠礼,便能赞贺一切,我并不觉得其中有什么悖论存在。

史密斯:哈,对很多作家来说,就连"意识这一简要的赠礼"这句话便足以让他们大惊失色,而我也是其中一员。作为生灵,我们往往对死亡怀有非常强烈的恐惧。

麦克尤恩:顺便说一下,赠礼是隐喻,因为——

史密斯:没人赠送。

麦克尤恩:的确,那儿没人。

史密斯:但我觉得,在英国作家中,有这样一种无关死亡的、纯粹的恐惧,十分不同寻常。

麦克尤恩:我绝对惧怕死亡。我也不希望自己停止这一惧怕。(菲利普·)拉金无比绝妙地表达过那种感觉。

史密斯:但我认为拉金是这样一种人,他会信仰任何宗教,哪怕那宗教仅仅是隐约令人信服的,他可不挑剔。他会相信任何事物——但他不相信勇气一说……然而，一切都太过愚蠢，而让他偏偏难以接受。好吧：关于死亡就聊到这里吧。

麦克尤恩：好。

四、"我想说……色情想象并不一定需要什么明断宣言，它也无法以那种方式加以管制。"

史密斯：我想跟你谈谈性和女性。你曾经谈到《被阉割的女性》富有启迪。鉴于过去六个月中发生的这一切，我觉得现在谈论这本书很有意思也很奇怪。（杰梅茵·格里尔在英国的电视节目《老大哥》中以参赛者的身份亮相。）

麦克尤恩：是的。是同一个格里尔吗？

史密斯：这很难想象。不管怎么说，1975 年那时候我还没出生，并未亲眼看到第一本书的出版，但我可以想象"女权主义者"一词在你的短篇小说中并不常用。但是，你的这些小说中的女性，以及贯穿其中的对女性的关注和担忧，真的都非常吸引我。关于男性对女性的强烈厌恶之情，书中也有大量直白的叙写。

麦克尤恩："关于它。"这是关键所在。

史密斯：是的。几乎考察了它所有的维度。沉默的女性，受害的女性，性事不遂的女性，小女孩，不一而足。

麦克尤恩：对此，我作过许多思考。我想写出在我眼中女权主义讨论所涉的方方面面，也想把它们写得有趣些。你读到的第一个故事是，一位男子爱上了商店橱窗的人形模特，然后我让他把自己的所有幻想投射到她身上，就是想看看会发生什么。

史密斯：这些故事中蕴含这样的思想：性即大是，亦即大非。这似乎是一个非常麦克尤恩式的想法。它会拯救你,也会彻底摧毁你。

麦克尤恩:但是,对我来说,那个时候,上世纪七十年代,似乎男女交谈的方式需要做出巨大调整。而且我十分确信,如果你想进入某个时间机器,回到六十年代初,女性屈尊俯就和性别隔离的情形会让你大吃一惊。

史密斯:这就像是我在读金斯利·艾米斯的作品一样。不管对女性的态度如何,都不是真正的有趣之处,有趣之处在于女性被视作"他者"。仿佛她们是从另一个星球上掉落下来似的。根本不存在交流。你想说:"别胡扯,金斯利,用你的手指戳下她,她是真的!"

麦克尤恩:这其中也没什么花招。大家都是这么过日子的。我常常跟马丁·艾米斯说,得将女孩看作是实实在在的人。之后,他娶了安东尼娅,我想他明白了,他突然领悟了一些之前未曾领悟的东西,实际上他的书也发生了变化。与此同时,我正朝着另一个方向前行。我记得自己去参加一场以"色情"为主题的研讨会,我也不知道为何自己获得邀请,那个时候左翼分子非常强悍,有许多分裂主义者。无论如何,我作了一番很不错的发言,我想要传达的是,色情想象并不一定需要什么明断宣言,它也无法以那种方式加以管制。譬如,色情想象可能对残忍的事物抱有浓厚兴趣。对施虐癖兴致盎然。台下一片嘘声。我说,你们的理解永远不会精准,除非你们接受这点。我说,咱们不妨来谈谈受虐狂吧,男性受虐狂和女性受虐狂。

史密斯:那是《只爱陌生人》的基本依据。

麦克尤恩:是的。那是我后来接着写的。我觉得:哦,好吧,在社会学和明断宣言之外,讨论男女之事必定还需要其他术语。比如这一令人兴奋的想法:你可以检测爱情,检测信任,可以体验无法获得自由的感觉。

史密斯:因此,在某种程度上,这些短篇小说都是新闻事件,来自男性意识的新闻。新闻内容是：男性意识并不总是最令人愉悦的事。这一新闻脱离了教条，在 1985 年我会觉得这是件非常出格的事儿。

麦克尤恩： 1981 年。

史密斯： 哎呦。

麦克尤恩： 但是，是的，实际上在其后的一两年内，美国女权主义者书写色情的方式，与我当时想写的方式真的非常相近。英国女权主义深深植根于马克思主义，因此它非常关注工资以及诸多实实在在的事情，但一旦讨论起色情时，英国女权主义者就惴惴不安了。

史密斯： 当然，在过去十年中，女权主义者越来越乐意讲些粗言鄙语。你在女性杂志里可以获得一种廉价的、盲目迷恋的女权主义，这些杂志煽动女性讲出这么一番话："是的，我是一个女权主义者，但我依然乐意被绑在门把手上，绑上三天。"去讽刺那样的东西很容易，不过我觉得你确实相信这么一个基本论点：女权主义没有理由忽视女性的变态天性。然后你会想到这种观点的另一面，我丈夫就是一例代表，他认为受虐狂和施虐狂必定根源于某种情感伤害，此外别无它因。

麦克尤恩： 不，他的想法绝对是错的。麦当娜有句名言，她三岁时，被绑起来会给她带来刺激感，被绑在汽车座位上也会让她很舒适。我想了想，啊！她说得好。

史密斯： 我引用下《只爱陌生人》结尾处的一句话："她想把自己的理论告诉他，在这一阶段当然还只是种假设，它解释了想象，性的想象，男性施加伤害的古老梦想，以及女性遭受伤害的古老梦想，是如何体现并揭示了一条强大的单一的组织原则，这一原则扭曲了所有关系，所有真相。"

我是一位在写作中从来不触及性的作家。它与我自己虚构的世界相去甚远。当你说"强大的单一的组织原则"时，我不知所措。你的意思是说,性是其他一切围绕的轴心——如果是这样,我真的是在错失机会。那好像是你在1981年所说的话。请问你现在是否仍然持有这种想法?

麦克尤恩: 不了。

史密斯: 因为这是个庞大的话题。

麦克尤恩: 确实是个庞大的话题,尤其是出现在一部小长篇中。可是那些刚刚经历过小说人物所遭遇之事的人很可能会有这样一番感受。但是,不,我现在已经到了这样一个阶段,一旦有人说生活围绕一项单一的组织原则运转,我就不再听他们胡说了。我可不觉得生活是围绕某项单一原则来组织的。只抓住一件事物,只作单一解释,那是一种宗教冲动。

史密斯: 我懂了。

麦克尤恩: 这挺有趣的,不过……我不知道有关性的争论现在是何种情形。我刚刚开始读《村落》(约翰·厄普代克的新小说)……里面有很多性描写。

史密斯: 我知道。这太不可思议了。我不知道他是怎么永葆兴趣的。我觉得这很神奇,不纯粹是对于技术,也针对男子气概,这一持久的兴趣。

麦克尤恩: 好一个男子气概!

史密斯: 你知道我的意思。他仍然深受困扰。他喜爱女性,他在书中某处说,他不相信女性"照料我们"或"关心我们"或类似的话语。就仿佛在说:这真是奇迹啊。他似乎一直都无法克服一种想法,那就是女性不在乎跟男性做爱。

麦克尤恩: 我喜欢开头的那个桥段,当男主人公被剃去胡须,好像在说:姑娘们都崇拜我们,但是,当然啰,她们缺乏足够的聪明才智来崇拜我们。但愿她们知道我们的思想是多么广博……可是,说真的,现在依然很难,且比以往更难理解男女之间真正的关系。当时,所有情绪都被撩拨了起来,宛若一场暴风雪,而你不得不卷入这场论战。现在,一切似乎都减缓了,尘埃落定了。弥漫着沉闷的寂静。

史密斯:在许多小妞文学中,描绘的女性略年长于我,达到性成熟的年纪大概是九岁。也许性就是为了让男人留在你家,与你结婚,而不得不进行的一场滑稽可笑的活动。根本没有诚实表达女性性欲的,即使是你在诸如《我们的肉体,我们自己》那种陈旧、做作的女权手册中的那类性欲也没有。我们已经倒退了。我的意思是,如果你有个女儿信他们现在正在印刷的这些东西,你就会很沮丧。

麦克尤恩:我一直在听一首歌,叫《醉酒误事》(*Too Drunk To Make Love*),你听过吗?

史密斯:听过。过去十年事情不妙啊。

麦克尤恩:真可惜。

史密斯:你的两个儿子怎么样?你是否有意识地将他们培养为与我这代人不同的人?

麦克尤恩:是的,我认为是的。他们俩成长得很快。十六七岁的时候,他们都有了第一任女朋友,并且和女朋友维系了两三年的情侣关系。我认为这是非常健康的。之后他们依然保持着朋友关系。现在,威尔已交了第二任女友,格雷格刚刚结束了第一段,但他们还会见面,挺感人的。他们仍然会煲三个小时的电话粥,以前他们好像经常做爱。远远多于我在那个年龄所能想象的。我觉得这挺让人羡慕。

史密斯:我记得,针对你们这一代所有男性作家有一条批评标准,那就是:他写女性刻画得好吗?他能写出一只令人信服的鸟吗?你至今还思考这些吗?你还关注吗?你认为自己有所提高吗?

麦克尤恩:我认为自己在这方面是个性别盲。我记得是菲·韦尔登说过这样的话:"男人永远不可能恰如其分地描绘女性。"我觉得这很荒唐。照这一逻辑,小说家只能写自己;你不能写老人,写年轻人,写你不认识的人。亨利·詹姆斯曾说,在作家与读者之间订立的契约中,我们必须既定接受的一样东西是题材。我完全同意。这是一个极好的契约。你的想象力没有任何禁区,可驰骋四海。

五、"随着年龄的增长,你会觉得需要让自己澄明通透……"

史密斯:哦——我想谈谈你的想象力所及。黑暗之地。我认为,《星期六》中最不同寻常的是最后一幕,尤其是其中的施虐癖。呃,要么我是个白痴,要么——嗯,我只是没有想到,我完全被吸引了。当时我正在与可爱的人在美好的世界享受幸福的时光,我上楼读了最后的一百页内容——尼克(尼克·莱尔德,史密斯的丈夫)与朋友们在楼下看电视——我独自一人坐着看书,感觉自己好像挨了袭击。头皮发麻,浑身冒汗。我一直想向楼下喊叫,可是,如果某人没有在读这本书,你想解释书中发生的事情就毫无意义……我感到身体遭受一击。也许有很多小说都是这样的,只不过我没去读而已。我一直在读这些辞藻华丽、文学色彩浓厚的小说。但我之前从未有这种感觉。我也从未期待过能从读者身上得到这种反应,我从未期待他们有任何生理上的反应。我知道,我无法让他们哭泣,也无法让他们(倒抽一口气)拥有像我昨天从你的书中获得的感受。因此,我想知道,你是否寻求这种反应,你又是如何把控小说的节奏,并预料到这一结果的? 因为,要是没有发生呢? 要是我只是读了这一幕,然后表示"呃,是的",然后就往下读了呢?

麦克尤恩:我知道我想得到什么,但我不知道我该如何得到。我在构思时留下很多空白,有些事情在实现之前你最好不要考虑。我不知道他是否有刀,也不知道他想要什么。我得写啊写,才能发现接下来发生什么。我的意思是,我知道他最终会被抛下楼梯,而且手术也会进行,但我一直在寻找我的……嗯,不妨回到我们开始这场访谈的地方,回到9·11,

还有被入侵感,我们只能在私人层面做到。如果你说这架客机撞击了世贸大厦的一侧,有一千人死亡,你的头皮根本不会有反应。所以某种意义上,我想捕捉那一情感的私人层面。

史密斯:可是,对于作家如何赢得那一刻,你有怎样的建议?因为读完后,我觉得你已完成了自己需要做的事情,即赢得那一时刻。我并没觉得你想轻飘飘地吓唬我,或存心暗地捣鬼。事实上,在那一情景中可能会发生更多的事情。在我的脑海里,我感兴趣的是,在我对你的这番操纵开始生气之前,你在这一叙述上到底可以走多远。你在那样的情景中做的所有叙述决定都是伦理决定,也是审美决定,而你必须做出决定,它们是严肃的。而一个不会写作的人往往会作出非常糟糕的决定。

麦克尤恩:尤其是,如果你打算让一个赤身裸体的年轻女子被人家那样注目。关键是你会在多大程度上详述此事。我觉得我让黛西赤身裸体是要冒风险的。这风险是——好吧,一开始我完全错了,我没有让它足够吓人,而我没有让它足够吓人的原因在于我不想羞辱她。可是,它是很不真实的。所以后来我回过头去,把她塑造成满不在乎。但这没能站住脚。

史密斯:那种情形下,我绝不会满不在乎。

麦克尤恩:有人拿着刀架在你母亲的脖子上,任何人都没法满不在乎。但再说说叙写裸体的时间问题。我想如果我是厄普代克,那么现在贝罗安的视线将是无情的,我们将不得不描述黛西的身体。但是我想:贝罗安可不能去那儿。于是我找到了恐惧,恐惧在我看来是兄弟和父亲在紧急情况下必须做的事情。看向地板,思考攻击的方式。从某种意义上说,我也是如此,我看向了地板。还有她因怀孕而鼓起的腹部。整件事的篇幅共有四页。叙述时间足够长,但不是特别长。

史密斯:过去你较多关注读者与作者关系的共谋性。《床笫之间》这篇讲述父亲和两个小女孩的故事,通过不断地允许出现父亲的描述,而非作者点评,让孩子们听上去比实际年龄要大,来实现与读者的共谋。有好几次,她们被形容为年龄较大,像女人一样说话,像女人一样行走。这使得读者参与了恋童癖者的想法或潜在恋童癖者的想法,即这些女孩可能是他的。而作为读者,这是一场令人难以置信的极不愉快的经历。

麦克尤恩: 是的。当初我一心想让读者感到不适。我认为现在我已失去了这一爱好,对这个已经没有那么兴致盎然了。

史密斯: 那是一种残忍之举。

麦克尤恩: 是的。引导读者站在凶恶的恋童癖或强奸犯一边,这并非那么有趣。

史密斯: 或是向读者提供审察人类本身的一个极端反人文主义的视角。在《家庭制造》这篇小说中,你将一位参加赛跑的男孩描述成"一个细小的阿米巴变形虫一样的白点穿过旷野……摇摇晃晃又坚定不移地抵达彩旗——只是生命,只是面目不详、不断自我更新的生命……"。

麦克尤恩: 是的。我想弄得有趣一点。因为他最后一个跑到终点。

史密斯: 但读者也不得不从这样一种视角看待人物,而长篇小说这一形式通常并不鼓励这样的视角。

麦克尤恩: 所言极是。

史密斯: 你认为自己那方面的喜好有所减弱吗?

麦克尤恩: 稍稍减弱了一点。因为我觉得对死亡的焦虑或生命倒计时的焦虑促使我渴望弄懂人性,而不是扭曲人性。我认为作为一名作家,你在二三十岁的年纪有一份妙不可言的鲁莽,你可以做很糟糕的事情,因为虽然你理智地知道自己的人生会完结,但你还没有切切实实地感受到。这是一种我认为真的应该好好享受的鲁莽,放松心境,舒展身体。随着年龄的增长,你会觉得需要让自己澄明通透。

史密斯：说得对。

麦克尤恩：有几件事要提一下。一个是等你有了孩子，随着年龄的增长，你会越来越希望人类工程取得成功。不能失败。你不再希望好好琢磨一切都大错特错的可能性。你逐渐希望它能走正道。

史密斯：所以，总而言之：你会如何处理你与世界的绝对激进和疯狂之间渐渐成熟的不谋而合？这是一个奇异的融合。《星期六》中便可感受到这种融合。某个人，人生正心满意足，志得意满，不幸的是，这一切都发生在一个突然之间完全失控的星球之上！

麦克尤恩：是的，那是非同寻常的时刻。就像我们参与了一场中世纪争斗。从前我们有狄德罗和伏尔泰之争，现在你希望我们至少可以探索 DNA 结构、宇宙起源，以及用新的形而上学更好理解我们自身的可能性——但这些都不是当下关注的焦点。当下的争斗是中世纪早已有之的信仰之争。

史密斯：是的。一切都错乱了。当初我在美国与这些典型的左翼知识分子在一起时，我深感绝望。他们只是满大街尖叫、奔跑。这是他们对于自己所处的那一时刻的唯一反应，仿佛那一时刻史无前例。但这件事有意思的点就在这里——它远非前所未有。在《星期六》中，你仿佛是在说，小说中充斥着疯狂，而实际上疯狂一直与进步形影相随。

麦克尤恩：你知道，二十五年前或二十年前，我们天天挂在嘴边的就是苏联和美国可能发生全球性冲突，而冲突地点将在欧洲。那才是史无前例的时刻。

史密斯：你当时也写过你自己的末世小说。

麦克尤恩：感觉像是真的有可能。我们一个个都义愤填膺，被夹在两大帝国之间，我们以为大家都会死亡。马丁·艾米斯讲过一句名言："如果战争打响，他就开车回家，先一枪毙了妻子，然后毙了孩子。"

史密斯：他办事从不含糊。

麦克尤恩：那是人道之举。于是，自由主义左翼分子四处说："亲爱的先生，在你的采访中，你说你要毙了自己的妻子和孩子。你真的认为那是合适的反应吗？"但无论如何，这个想法存在于我们的脑海中。疯狂情绪四处蔓延。

史密斯：在《星期六》中，亨利·贝罗安纳闷，9·11 的疯狂和创伤是否需要用一百年时间自行愈合。你相信吗？

麦克尤恩：在《星期六》末尾，我想到了一百年以前，1904 年，一个与贝罗安类似的人物，想到在未来人类会面临怎样的恐怖。我们几乎已忘记了第一次世界大战、第二次世界大战、对犹太民族的大屠杀——假如我们能记得一鳞半爪，我们就非常幸运了。至少我们知道自己的能力。但这一时刻并非前所未有。

史密斯：也许一切需要一百年或更长时间才能了结。看看血腥的《凡尔赛条约》吧。好了，下面问一个完全不相关的问题。

麦克尤恩：好。

史密斯：我在一个多月的时间里读了你过往的作品，而单单"读了麦克尤恩的所有作品"这一点就已经让我感到非常开心。然后我想，哇塞，想象下麦克尤恩写了那所有作品。所以我想问你，当你看着自己的一个个书架，看到这些精妙玲珑的作品时，有什么感受。整整一小列书啊。我不知道那会是什么感受。了不起啊，我会觉得。

麦克尤恩：那没什么了不起的，因为你是慢慢地一本一本写才写了这么多的嘛。如果你想想厄普代克——那才叫了不起呢。迄今，厄普代克的作品列表本身就有好几页长呢。书多得不得了。

史密斯：真的太疯狂了。我想他这是有病，一种让他想停都停不下来的病。

麦克尤恩： 书写狂症啊。嗯，如果写得不那么好，就比较容易歇手。

史密斯： 不过，它会给你带来快乐吗？

麦克尤恩： 这就像是家庭相册，是对你自身过去的回味——嗯，你肯定已经发现了吧。我当然已经发现。人们问某某年你在干什么，我清楚地知道我自己在干什么。我知道我在出一本书，或者书出了一半。这些书是我用来衡量自身存在的量器。

纵谈艺术与自然

◎ 安东尼·戈姆利/2005 年

原载于《凯尼恩评论》28.1(2006 年冬季):第 104—112 页。经出版商许可转载。

我是在 2005 年 3 月结识安东尼·戈姆利的,我们在北极圈腹地共度了一周。我们在一艘改装的荷兰灯塔船上共用一个小型船员舱,船被冻在峡湾中,从那里坐雪地摩托去斯匹次卑尔根岛的朗伊尔城有几个小时的路程。我们轮流驾驶,轮流骑坐在这些不靠谱的机器后座上。我们还曾徒步攀登至峡湾之上的高原。因此,我们有绝佳的机会谈景观论艺术。2005 年 6 月一个温暖的下午,在伦敦北部安东尼的工作室,我们继续侃侃而谈。我们周围,一个个为安东尼工作的人正忙于他各式各样的项目。安东尼正准备安装雕塑《别处》:在默西塞德郡的潮汐海岸上,以他自己的身体为模板铸造的一百个铸铁人像。我这样一位孤寂的小说家必定会对此人深感钦佩,他的艺术为一大批专家——计算机程序设计员、焊工、铸造工,等等——提供了如此报酬丰厚的工作。我们谈了大约九十分钟。我们各自编辑了文字稿,然后合二为一。

——伊恩·麦克尤恩

安东尼·戈姆利:我们进入原始世界去寻求怎样的安慰?我们该如何加以利用?

伊恩·麦克尤恩：我觉得自己更阔宏，更自由了。我提醒自己（没有任何宗教信仰）存在是变幻莫测的，它完全可能是无菌环境中在美丽岩石上偶然发生的奇崛篇章。因此，穿越风景实属必要，而且我在那儿待得越久——假如我可以连续步行数日——那一感觉就会愈发强烈。不落俗套地加以描述是很难的。它激发了我的荷尔蒙，如同青春期的初次萌动。那感受无比强烈，大地、岩石、树木和自然界真的让我在那个年纪很喜悦。没有任何东西，连文学，甚至是性，都无法让我那样陶醉。

戈姆利：有趣的是，你把它与性的萌发挂上了钩。你说它让你感觉自己更阔宏。就我而言，当我们进入北极的时候，那种奇妙的感觉是，人其实是多么渺小，船是多么渺小，北极冰块在有节奏地形成、融化、断裂；我分明感觉到，这一切远在任何错综复杂的演化成为可能之前，早在太古时代，就已经开始发生。可矛盾的是，另一方面，你感到渺小，但同时也感到彻底地自由。如果我们把男性性欲看作是企图回归我们的本源——那么，某种程度上，急切想体验景观是否也与之类似呢？我觉得，人们进入世界的这些未铭刻之地，寻找的不外乎是一种起源感。

麦克尤恩：是的，归根结底，生命由景观组成——岩石，或岩矿物质、水和太阳能。

戈姆利：我第一次接触自然力世界是我北上到约克郡上学的时候。那里与哈姆斯特德花园郊区完全不同，哈姆斯特德花园郊区有很多黄杨树篱，这是一种乡村建筑的郊区景观，它重新描绘了中产阶级安全、狭小、封闭的空间。我想从中逃脱，走入真正的景观，那儿有石墙和令人惊叹的天空和沙砾，可以领略泥炭和底层页岩以及河水的颜色——这启发了我。归根结底实实在在的地方还是存在的。

麦克尤恩：由于我在萨福克郡乡村，所以我最初的经历并不像你那么艰难。但要素一应俱全——奔腾的潮汐河、广阔的天空、泥土、树木、盐溪。不过事实上,萨福克是一个巨大的花园——目之所及全是人类历史。

戈姆利:萨福克非常特殊,特殊到令人惊奇的地步,它那广阔的田野十分适宜耕种,你在高原上根本找不到这样的地方。

麦克尤恩:这类英式景观非同凡响。充足的粮食生产和丰富的生物多样性并存。我们与自然达成协议。我们有小田野、树篱、边界树、藏匿狐狸的难得的灌木丛。似乎一切在不经意间达成了平衡,在种植粮食的地方野生动物数量得以最大化。我们既满足了自己的需要,又维持了大量昆虫、植物、鸟类、哺乳动物和顶端捕食者狐狸的生存。若是看着一方美丽的天地,这样的风景被沙漠化的集约农业所取代,简直是个悲剧。猎狐区往往是最可爱的,因为要养活一只狐狸,你必须维持众多其他生物的生命。狐狸需要吃的所有东西——兔子、田鼠、蛞蝓——还有空间。禁猎这一浪漫的都城情怀为更恶劣的野蛮行径——农企彻头彻尾的庸俗——开辟了种种可能性。是的,人造景观有时候也真的很美。

戈姆利:休·布洛迪在《在伊甸园的另一边》中提及,当骑车穿越西部乡村的时候,他问他第一次邀请来南方的因纽特朋友:"你觉得乡村如何?"这位朋友回答说:"它在哪儿? 我没看见乡村呀,这些都是人造,都是人建的嘛。"很有趣,不是吗? 英国人的情感,我们和乡村的关系,很大程度上是对人类侵占史的回应。

麦克尤恩:围场、空地、公园——我们最壮丽的一些人造景观——是一部饱含磨难的历史。像北极人体验到的空旷寂寥,是我们从未体验过的。

戈姆利:我觉得我们是在描述显而易见的差异。当我想起萨福克的时候,我像你一样想到了灌木树篱、树木、种植园,以及在这叠叠嶂嶂之上无比辽阔的天空；它们都跟某个地方的人类历史息息相关。但是，海洋的奇妙之处在于，它并不是那样的。它永无止境，未经雕琢。我之所以喜欢海滩，是因为它是一个吸引人们，能让人们展开对话的地方。我在多地立了《别处》这一雕塑，最后一地是在比利时的德帕内，一幢幢八层楼高的中产阶级公寓就建在海滩上，透过一块块花边幕帘，一派混沌的水、风、沙与西方舒适的家庭文化之间展开了这一场奇妙的对话：一个真正的边界。

麦克尤恩：白人一心想在沙滩上把皮肤晒成小麦色，这倒也算是个新鲜事。

戈姆利：全都是些退化行为——我们想玩耍——我们大家都在海滨玩耍。这也是我们对先前时候皮肤感受到的阳光和风的深刻记忆。我喜欢我们在沙滩上的退化，我们做非做不可的傻事——我们更了解自己了。

麦克尤恩：对沙滩的这一渴求有一大好处，它能够在你想行走的时候放空你的内心。并不是每个人都想爬山，这很好。当你登上山顶，你可以尝试以前浪漫主义，十八世纪前期的视角来审察一座座大山——丑陋、混乱、险恶，对人类的首次忤逆施与惩罚。这是一个很有趣的实验。直到十八世纪末十九世纪初，英国人开始狂热崇拜登山运动，才有人想到要攀至山顶游玩。当天暗了下来，突然你觉得冷了，心想自己是不是走得太远，没有给自己留下足够时间下山，这时景观就会呈现它的另一面。它的冷漠令人震惊。说不定你就从这里摔了下去，一命呜呼，而它丝毫不在意。它根本不在乎你的所作所为。

戈姆利：那些是最美好的时刻。这二十年来我们常常去湖区，最好的时光莫过于在一个阳光和煦的下午，你突然发现自己置身于维斯拉姆山或者老人岩的边缘。你知道，在石冢的另一边，有一处四十英尺的陡崖。

麦克尤恩：伟大的生物学家 E. O. 威尔森用"热爱生命的天性"这一术语来阐释我们对景观、植物和动物的兴趣与热爱是如何通过演化的过去印刻在我们身上的。他表示，我们理想中的完美景观是一片树木林立的广阔草原，而我们之所以有这样的想法是因为我们祖先生活于无树大草原的环境。这是一个可爱而无法证实的想法。一直以来我们谈论景观的这一呼唤，仿佛它普遍存在。但我们知道这并非历来如此。我有很多朋友，他们从来不觉得在乡村周围溜达有任何意义。他们宁愿待在餐厅或艺术画廊里。

戈姆利：那他们怎么逃逸呢？我认为景观就是让人们参与自然世界，是抵御城市焦虑的良药。你刚才说景观能引起独特的焦虑，不过它们倒是属于不同的种类。人们徒步旅行的一大目的其实是去面对真正的危险，而不是临近最后期限时产生的心理焦虑或被汽车撞压的恐惧，后者更多的是人为选择。

麦克尤恩：我觉得人们通过其他方式发现危险。但当我在刚开始聊的时候说景观会让你觉得自己更宏阔，你认为我说得有道理吗？我不是说更重要。我记得我和父母住在北非的那个时候。我大概八九岁，我母亲在的黎波里的一家商店上班。我们住在城郊，我父亲要干活，所以母亲常常把我一个人丢在海滩，让我自个儿吃盒饭，四个小时之后她再来接我。

戈姆利：沙滩上有其他人吗？

麦克尤恩：空无一人。只有我的书、泳裤、浮潜器和一条毛巾（这是青春期叛逆前的日子，这个年纪的孩子们都自由闲逛）。小型巴士放下我开走了，我走下这些小木台阶，来到沙滩。那里有座沙崖，大概三十英尺高，我在台阶顶驻足——整个沙滩空空荡荡，洁白无瑕，海水清澈晶莹，蔚蓝迷人。我知道它一定很温暖，我仿佛拥有了一切。我欣喜若狂，喜的是：

"我来了,故我在!"身处壮丽的景观中,实现了我们希望艺术做的事情——它使我们的心理竞技场更加广阔。

戈姆利:我想我是在努力创造艺术,而艺术是那一拓宽的一部分。认为你能把一条实实在在的海岸线变成一个充满想象力或梦想的地方,这种想法非常厚颜无耻,但是《别处》的想法是,在生命周期的特定时间里,你正在使用一个特定躯体的一百次记忆,所有雕塑都望向地平线,仿佛成为你思考潜意识的催化剂。人类的感知世界被地平线限制,但人类总需要想象它之外的东西。这就是这部分要表达的东西,这也是它叫做"别处"的原因。这个地方在何处是一个见仁见智的问题——可能是精神上的,也可能是身体的。梅尔斯家族与那些离开英国到美国安顿新家的人有着特殊的联系。我感觉在这个后殖民、全球化的世界,没有一个真正的"别处"了。我们有他者已购买的乌托邦和已出售的梦想,但我们必须处理此时此地的问题,尽管此地已经变成"全球化的此地"——有人称之为"此时此地"。"别处"的想法确切地说给人们提供了遛狗以及丰富海滩经历的机会。他们见证了他们自己是这见证场域的一部分。

麦克尤恩:《别处》似乎揭示了集体梦想的力量。所有人都面向大海。这部作品有巨大的力量,因为他们面向同一方向,思考同样的事情——嗯,我认为他们在思考同样的事情。这不仅仅是一个孤独的思想,而是集体的抱负。

戈姆利:它是一场集会,注意力的交流,但这件作品也必须深植人的内部。

麦克尤恩:一片梦想的田野。

戈姆利:对我来说,遛狗、在沙滩上上下下活动的智慧群体和这些由近及远的静态物体之间互相连接在一起——通过身处于彼此之间——他们参与到这个场域中,成为它的一部分,这是非常重要的。

麦克尤恩:如果是一个个三角形的场域,就一刻也无法奏效。这些都是人类形式,我们自动把铁块人格化了。它们的影响来自形状,这就是我喜欢你作品的地方:它表现了一种新的人文主义形式,着眼于个人或者群体和景观之间的关系,也包括景观中的我们,我们凝视着这些理想化或最小化的形式。

戈姆利:我不认为它们是理想化的。我认为重要的是它们要讲述它们铸造的故事:你仍然可以看到保鲜膜痕迹和模型切割处,因此我会说它们是非常直接的人造工业化石,在特定时刻以特定的生命形式呈现,并以原始的形式记录下来。我认为铁是一种浓缩的土壤物质;它是最有效的元素,它让我们的血液呈红色。就是这一物质维持了整个星球在太空中的时间和空间。这个星球百分之八十五都是铁。如果你掉进岩浆里,那也没关系,因为你就在铁的世界里。因此,这些物体一方面是对一个特定人体的诚实、直接的指标,但另一方面它们也有点像行星物质构成的陨石:一种用来思考人体与太空中更持久的物体之间关系的有用材料。

麦克尤恩:时间在这里是很重要的。我说的是景观中的时间——地质时间、进化时间和人类时间。时间对人类的悲哀有着化腐朽为神奇的作用——时间使悲哀渐渐淡却,就像滴水穿石一样。所以你若是站在苏格兰的一个废弃农场旁,那里曾经可能有一户人家被赶走,景观中仅仅留下人类悲剧的回响,此外别无它物。你的雕塑就有这种沧桑品质。

戈姆利:我认为这与耐受有关,是一切事物都要经历的,也是事物持续的基本条件,其中也有另一种形式的慰藉。我想我们从海啸和伊拉克战争中得到了启发。比起自然灾害以及它所造成的痛苦,人类导致的悲剧也许更能忍受;因为自然灾害无可指摘。这让我想起我之前其实想谈谈焦虑。我知道你已经变得更加宽容,阐明更多的观点和立场,但当我最初读到你的早期作品时,我发现了一个艰涩和"一切充满不确定性"的世界。一种身临他人房子里的领地陌生感,一种不知他人脑海中的活动的不确定感。那么,也许其中也有灵感是来自不适和不确定性?

麦克尤恩:年轻艺术家有时候是黑暗而鲁莽的,他可能沉溺于蛮横的悲观主义。这可刺激啦,就像开车飞速转弯。你恣意狂野,因为你绝对不会死,还有无限的日子堆积在你面前。然后,经历永无止境的转变之后,就在你的躯体里,你完完全全地意识到,你的岁月已屈指可数,生活朝你轻蔑地耸耸肩。没有你,一切都将继续。于是你渐渐爱上人类冒险。冒险形形色色,饱含愤怒、悲惨、欢乐。你希望它一如既往,在逆境中取胜。责任感摇身一变为欢乐和恐惧。我想在《星期六》中着力描绘不断积聚的恐惧下的个人幸福。

戈姆利:快乐非常非常难。你可以把事物描绘得乐观一点,让它们看起来不那么悲观。

麦克尤恩:生物学家彼得·梅达沃说过一句话:放弃一切进步的希望,那是一种精神的卑鄙。我在《星期六》中让主人公援引了此语。人们必须警惕悲观主义带来的美味诱人的乐趣。艺术中,它可以变成一种空洞的行为方式。在大学里,在人文社科中,所有知识分子都必须是实实在在的悲观主义者。你今天必须到科学界才能找到智慧生活的真正的惊奇感,真正的快乐。我认为在某些方面,你是我所认识的最乐观的艺术家之一。你并不是在告诉我们,当你把一百个人物放在景观中,或者让我们思考这些移动小人物可能意味着什么的时候,我们注定会失败。这就是快乐和奇迹。

戈姆利：我认为这个故事还远未结束。确切地说，我们在物质演变这一徐徐展开的故事中可能扮演什么角色，这完全是个仁者见仁、智者见智的问题。我以最粗野和业余的方式进入科学。对我来说，不论是它的语言还是一个事件的宇宙学思想，关于后粒子物理学的庞大资源和一切都异常丰富。我们不得不竭力想象某些语言之外的东西。这是我们需要跨越的另一个想象维度；我很高兴我们获得了这样的机会。当物理学，特别是弦理论用数学术语表达时，它会将我们带至物理宇宙中不可思议之处。那让我着迷。可能性是无法企及的……每个小时我需要醒来……就像这份邀请……依然得做这么多的事情。

麦克尤恩：我正在写一本书的绪论，书中一百四十位思想家，其中大多为科学家，回答了如下问题："你认为什么是你无法证明的?"一个个答案体现了这些科学家的兴奋之情——弦理论是否适应量子力学，或机器和大脑间的交互将如何进行，或在地球之外我们是否能找到生命或智慧生命，或电脑软件将如何改变方方面面。

戈姆利：与过去相比，学科之间是否出现了越来越多交叉，譬如人工智能如今正在影响神经科学，神经科学正在影响进化心理学，而心理学又在影响生化疗法的发展?

麦克尤恩：正是如此。它们似乎正在合力形成一种共同语言。它们需要彼此。生物学家需要数学家，神经科学家也需要数学家，物理学家和生物学家具有强大的交互合力。为了互相理解，他们必须用通用英语交流，这就使得外行人容易理解，也能引发他们的兴趣。统一的知识体系这一曾经的启蒙梦想正在渐渐初露端倪。假如你问文化理论家和文学批评家同样的问题，你会得到更为悲观的观点，却得不到任何解决办法。所以在穿越知识景观时，我宁愿与这样的科学家和你这样的艺术家同行。

与伊恩·麦克尤恩一席谈

◎ 大卫·林恩/2006 年

原载于《肯尼恩评论》29.3(2007 年夏季):第 38—51 页,经出版商许可转载。

伊恩·麦克尤恩荣获 2006 年度肯尼恩文学成就评论奖。他著作颇丰,已出版九部小说,以及诸多短篇小说、戏剧、电影剧本和其他作品,新作也将于 2007 年夏季推出。他还获得了布克奖和许多其他荣誉。2006 年 11 月 9 日,大卫·林恩于纽约彭博新闻社采访了伊恩·麦克尤恩。

大卫·林恩:感谢你拨冗前来畅聊。
伊恩·麦克尤恩:不必客气。

林恩:在你的小说《星期六》中,主人公,一位忙碌的外科医生,满心想要过个休息天,却思考起文学来,特别是小说,以及它从未吸引他的原因。这是原文段落:

他的闲暇时间总是被分割得支离破碎,他不单单得跑各种差事,履行家庭责任和参加体育锻炼,还因每周去放飞自我而搞得惶惶不安。他不想在休息日悠悠地躺着,甚或慵懒地坐着。他其实不想成为他人虚构生活的旁观者,尽管在刚刚过去的几个小时里他久久地站在卧室的窗前眺望。他只是对再创这个世界不太感兴趣罢了。他要的是对这一世界的解释。这时代已够诡异的了,何必再向壁虚构呢?

这个段落很棒——显然,这一情愫让我们确认,贝罗安医生不是伊恩·麦克尤恩。然而,这是否揭示了你对小说在文化中所起作用的矛盾态度?

麦克尤恩:呃,关于这一段落,我想说两点。第一点是这一段为小说奠定了基调。也就是说,这部书是和一个公共的、共同的、可辨认的真实世界密切相关。所有外在的事件——伊拉克入侵和其他种种——在你们报纸上都是可定义的、清晰明确的。另一点就是承认,——亨利·贝罗安并非我的化身,尽管我在他身上添加了我本人生活的部分元素。

林恩:比如你的房子。

麦克尤恩:我给了他自己的房子,给了他部分我的孩子和妻子。我将自己和母亲的关系完完全全地给了他。我的母亲也有神经退化的疾病。但就小说的主旨而言,我觉得,有一个非知识分子也非愚昧的主人公,这十分有意思。在 2001 年 9·11 事件后的几个月中,贝罗安的感受确实和我有部分相同,有一种突如其来的想要了解更多的不安欲望。我觉得整个九十年代,我们都错过了一些事情。我们对一些显然相关的事件漠不关心。和许多人一样,我买了一大堆有关中东历史、伊斯兰本质和伊斯兰教信条的书籍。这些书籍由众多学者、历史学家和殖民史研究者所著,我以前其实从来并不关心这类书。我大量恶补了一通,相信许多人也是如此。在那段时间,我并未阅读许多小说。我捕捉到了对虚构人生的些微不耐烦,以及那几个月感受到的紧迫感,并将其作为一种观念赋予了亨利·贝罗安。

林恩:当然恐怖主义的确在书中有所出现——但它是土生土长的恐怖主义。一群精神失常的年轻人,至少是他们的头儿,正在遭受——就像你所说——神经退化症的折磨。具体而言,这并非恐怖主义入侵,而是土生土长的,迫在眉睫的……

麦克尤恩:这一问题仍然存在。一个理性人或视自身为理性的社会,在非理性行为面前如何反应？激进和非理性行为是极具感染性的。譬如，在第二次世界大战中，同盟国本身不得不参与大屠杀，不得不使用燃烧弹轰击，投放原子武器。屠杀是其对外政策的一方面。从这一意义上说，盟军开始变得和他们决心打败的人一样。如何在自身不变邪恶的情况下打败邪恶的敌人，这永远是一个很有意思的问题。

林恩：那是不可避免的吗？
麦克尤恩：确实如此。

林恩：我始终觉得，小说的作用，在我们生活中的一大作用，就是让人类混乱的体验条理化。我们讲述故事，是为了塑造一个抵制塑造的世界。这一感受与你所说的利用这部小说作为应对非理性的一种方式有关联吗？你是试图在小说框架内遏制非理性吗？

麦克尤恩：从这个意义上讲，我的确把小说视为种种探究、旅程和开放式的追求。读者注定会意识到，当亨利·贝罗安表示他对虚构的想象性存在不感兴趣时，他自己本身就是一个虚构的想象性存在。因此，这里存在一大悖论。我的意思是，也许他不喜欢小说，但他恰恰是一本小说的主人公。也就是说，尽管有种种挣扎，他仍旧是一个虚构出来的头脑。我认为，他属于文学这一工程——向我们展示成为其他人是什么体验，我们和他可能在一些重要方面相似，也可能并不相似。至于遏制非理性，我不清楚——你能做的只是描述非理性，描述这一困境，即作为医生，当你在街上与别人遭遇时，你某种程度上滥用职业权威，以免被人狠狠踢打，事后却又感觉屈辱。你觉得自己撒了谎，但其实你没有。但这困境其实在书中根本没有得到解决，而我也看不到这一问题的解决方法。

林恩：这样你就再次因那一行为而蒙羞。
麦克尤恩：的确如此。如果我们仅谈论小说之外的世界，政治上美国和其盟友在与天性极其邪恶的极权主义敌人的屡屡斗争中，觉得自己受到了玷污。在保持善良的同时参加战斗是非常难的。

林恩：你在描述亨利·贝罗安时带有一定距离感，仿佛在你的笔下他获得了一种独立的地位。你觉得在写作的某个阶段，他自发成为一个独立存在了吗？用你刚才的话说——有自己的头脑……

麦克尤恩：对我来说，在落笔写第一段的时候，他就成了一种独立存在，"亨利·贝罗安，一名神经外科医生"。和约瑟夫一样，他从噩梦中惊醒，从床上起身，一丝不挂地立于黑暗中。对我来说，创造那一刻的喜悦在于，我笔下的人物置身于黑暗中，正等待穿衣着装。那一瞬间，除了其职业外，我并不知道他是谁。

林恩：但他因你而生，他的心因你而跳动。

麦克尤恩：是的，他已然存在，让这个人物赤身裸体立于床边，兴高采烈地走向窗前，是一种相当纯粹的感受。的确，他和我不同，然而，比起我写的其他任何一本小说，我在这本小说中更多地借用可辨的世界来填充一个个细节。当然，作家总是或多或少地在每个人物身上投射自己的影了。可是，正如我们刚才所说，我赋予他的，是我的住址和我的某种……呃，对即将来临的美国入侵所持的痛苦的矛盾心情。就说他对小说魔幻现实主义的完全不耐烦吧，其实并非来自我。但那有时的确是我的短暂感受，与其说那是不理不睬，不如说我真心希望合情合理地重构现实世界。

林恩：这在你的小说中是显而易见的。

麦克尤恩：我能接受大部分魔幻现实主义作品。我读过《铁皮鼓》，喜爱博尔赫斯的作品，目前正在欣然重读加西亚·马尔克斯。

林恩：我本人喜爱晚年时期的马尔克斯——他因《百年孤独》而闻名，但我认为，其随后的作品更为优秀。

麦克尤恩：我同意你的观点。当人物伸展翅膀、飞出窗外时，我有时的确会有些不耐烦。我认为，物理法则错综复杂、奇妙万千，我们置身于其中的世界也已足够奇妙，难以再现。

林恩：《星期六》和你的大部分小说都有一个共同特点，所呈现的都是一个真实、实在的正常世界。小说人物对自己的处境较为满意。然后，在你的作品中，一次次地有奇异的事儿侵入。有来自外界的难以预料之事，有时候是非理性的，有时候仅仅是物理的，出人意料地以某种方式改变真实的世界。我认识的每位作家都有自己的写作方式。我从未听过任何两个人的写作方式如出一辙，但通常来说，他们要不就是一开始就有完备的构思，要不就是在写作过程中形成故事的构思。你的写作方式是怎样的？

麦克尤恩：如果要两选其一的话，我属于后者，在写作中发现故事走向。但有时候，构思不会在写作的早期阶段突然出现，而是要到五千字或一万字时才会出现。有时候，我跌跌撞撞地开始写一部小说，计划写十年前打算写的，结果却写了自己三年前打算写的。有时候，我不得不哄骗自己提笔写作，但我的确认为，写作，也就是实实在在写作这件事，是一种想象行为。明媚的日子，美好的早晨，逼出一个句子来说不定有意外之喜呢。观念的组合，或仅仅是一个名词和形容词的搭配，会突然给我带来惊喜。有时，一个个丰满的人物就从句中脱颖而出。并非出于描述人物的需要，而是需要这样一种模式定格于书页上。然后，我在此基础上继续写作，发现自己再次为出现的事物所欢欣，小小的意外新发现将我引入这一方向。举个具体的例子吧：在写《赎罪》时，我一开始打算从敦刻尔克那部分写起，并且决定主人公罗比要独自一人沿着海岸步行三天。在写第一段的时候，我突然发现自己创造了两个名字和两个其他人物，当然，我认为让主人公有人陪伴会有趣得多。突然间，这件事对我来说一下子变得复杂起来，我不知道这些人是谁。你写啊写，也是在写作过程中情节铺展开来，那是些奇妙的发现——到头来你居然跟吃早饭时完全不了解的两个人共进午餐。这就是我所说的意外之喜，没有过于强制性、过于严格的计划。但另一方面，在写《赎罪》的过程中，我的确有一种强烈的感觉，故事会是怎样展开。我动笔写了三章，才突然意识到自己是在用一位七十七岁女小说家的口吻写作。我甚至想最后将其姓名的缩写放在小说主干部分的末尾处，可能有些许遮掩或别的什么，这些是很显然的。

林恩：谈到语言的惊喜之处，我想到了伟大的美国文体学家约翰·厄普代克。在此前的谈话中，你提到自己尤其喜爱和推崇他的作品。你觉得厄普代克对你的重要性体现在哪里？

麦克尤恩：我不能将其称为一种影响，尽管我很愿意这样做，因为我其实从未像他那样写作。不过呢，有那么一阵小小的悸动或跳跃或"意识的迂回"，我知道这一片语是我在他的某本书中读到的，但厄普代克却坚称不知道它出自哪里，我们找不到它的出处，他认为自己肯定是从纳博科夫那里借鉴来的。

林恩：听上去的确是纳博科夫的风格。

麦克尤恩：我的一位科学家朋友说，二十年代一位著名神经学家实际上用过这一片语。不管怎样，这是需要搜寻查证的。然而，这一片语巧妙地捕捉到了厄普代克句子的轻快步调。有些时候是语词的倒装，稍微偏离标准英语的正常结构。他是天生的隐喻高手、明喻行家，有一双敏锐的眼睛。他真正遵循康拉德的箴言，让你历历在目。我的意思是，他是最了不起的视觉写作大师，这也许是我最钦佩他、最想要在自己的创作中做到的——让读者亲眼目睹，直抵情感交流或洽谈或布景的核心。在我看来，让读者目睹场景至关重要，但这并不是说你要通篇充斥大量描写，而是要有关键、生动的具体细节，就像黑暗中星星点点的亮光，我认为要有感染力。如果你能亲见场景，就能身临其境地感其所感。

你不会想深陷隐喻的泥潭。而厄普代克的高超描述技巧信手拈来。举个例子，当兔子带孙女出海，心脏病发作的时候，这场意外之前的描述恰是光影、水面和声音的生动场景。显然，你可以察觉到，兔子的内心在经受显著的心理变化,你可以从这一间接自由体中得知,这是厄普代克,也是兔子;你也知道,糟糕的事情即将发生。小说世界为什么变得如此生动?在《罗杰教授的版本》中,主人公徒步穿过小镇的破旧荒凉之处占了三十页篇幅,小说还描写了一个漂着浮油的水坑折射出彩虹般的光芒。我认为某些段落非常精彩。

林恩:你觉得这种运用意象的能力,和厄普代克对视觉艺术的着迷及其艺术评论家的工作有关吗?

麦克尤恩:当然——我认为两者肯定是不可分割的。我的意思是,毫无疑问,这是同一枚硬币的两个面。他有非常强的视觉感。一般而论,我喜欢作家,而纳博科夫是又一位在这方面非常高超的作家,他认为,百分之四十的大脑用于处理视觉,视觉领域可以投射到大脑深处的其他部位,投射到语言和情感中。我们都是视觉动物,在我看来,相较于电影,小说归根结底更是一种视觉载体。也许,厄普代克的诗歌也具有高度的描绘性和重要性。但我本人喜欢看到真切的场景。例如,在《爱无可忍》的开场中,最重要的片段元素是渲染感情中的不同细节,人们越过田野,跑向陷入困境的气球,使其清晰,尽可能地清晰……

林恩:我不得不说,在我和别人谈论你的作品时,这是反复出现的意象。人们对《爱无可忍》的开场记忆深刻,甚于你小说中的其他任何时刻。

麦克尤恩:是的,它如何形成这样的冲击力,这的确很有意思。我描绘这一场景时,已经完成了小说的三分之二。我一直在寻求小说的开场。我想要一炮打响,有一种扣人心弦的紧迫感和视觉简洁性,或是让心跳加速,让行文有节奏地跳跃。然而,我没能找到这种效果,我甚至没有寻找,我知道它定会出现;我此前并未找到可以体现这一切的事件。直到我和一个朋友顶着疾风在爱尔兰徒步旅行,他突然记起在报上读到一则关于气球的故事:一对父子系上气球,坠落身亡。直到很久之后,我才找到这则新闻。但他一告诉我,我就想——就是它了。我要的不仅是两个人,而是六至七个人围在气球边上。还有什么能更好地展现道德的呢？若我们都咬牙坚持，就可以撑压住气球；但若有一人拆伙，再坚持行善就没意义了。对我来说，那简直太完美了。所以，这真的是一份馈赠。我迫不及待地要回到书桌前。两天的时间，这部分就成形于纸上了。

林恩：还有哪些当代作家是你喜欢阅读或推崇的？

麦克尤恩：你指的是小说还是非小说？

林恩：两者皆可。

麦克尤恩：非小说中，我目前在阅读和重温的是伟大的美国生物学家E. O. 威尔逊。我认为他是一位顶级作家，也是伟大的科学家。我正在读他的《造物》，他在书中劝勉基要主义者。在每章的开头，威尔逊写道："牧师，我想请您关注……"他的论点是，尽管他知道自己永远不能让创世论信徒和像他自己那样的坚信进化论的世俗学者取得一致，但同时，宗教和科学又是当今世界最强大的两种力量，它们都有意拯救所处的环境，尘世环境。因此，这是一种温雅的劝勉，极有可能毫无希望，因为我难以想象有牧师想读威尔逊的著作，他们只想重温出自旧使徒和先知的熟悉经文。然而，伸出手来，跨越分歧，这本身就是大胆之举。我推崇他的著作已久。我喜欢他行云流水的散文。即便他不是科学家，但仅作为文体学家而言，我认为他也会在文学界产生巨大影响。我也对一些科学家，包括伏尔泰，写作如此之好的原因深感兴趣。当他们被迫，当人们被迫如实概括性地描绘事物时，我认为这对写作来说是相当严格的一项训练。譬如，我十分钦仰伏尔泰在访问英国期间所写的信函。他往法国寄回了一些信，这些信被称为"英伦来函"或"哲学信函"。伏尔泰描述了他所见证的牛顿葬礼的情景，后又写了一些关于光学理论的长信。堪称我所见过的向门外汉阐释科学的绝佳范例。达尔文也有可圈可点之处。因此，我认为，这些隐藏的文学作品真的需要被纳入、塑造为经典之作，和文学经典一起交相辉映。我希望有一天出版商能够打造一个科普文学、科学诗歌的图书馆，因为科学性文学一直都在，是一大宝贵的传统。

林恩：小说和非小说作品的区别特别吸引我，我认为，近几年的几部最有意思的作品刻意在两者的界限间徘徊。W. G. 赛巴尔德，我非常崇拜的一位作家，就一次次地徘徊于小说和非小说之间。美国近期发生了几起近乎丑闻的事件——尽管给我的印象并非如此——某些作家在某种程度上把本质是小说的东西以回忆录或传记的形式呈现，人们深感自己被背弃，真的很恼怒，仿佛这种混淆事关道德，这很奇怪。你如何看待这一现象？我觉得，人们认为真相很容易就可以被述说，如果没这样做，他们就觉得自己遭到伤害，这是近期才有的事。

麦克尤恩：嗯，我感觉五味杂陈。一方面，我认为，有一些是这样，有一些却不是，我并不是很赞成后现代主义批评所持的相对论。我觉得，譬如吧，我们对自然界的了解确实比十年前要多。十八世纪以降，小说就喜欢模糊界限。"在 M 镇，斜杠，在某某年……"他为什么就不直接告诉我们镇名呢？呃，是因为他不想冒犯生活在当地的实实在在的居民。那种老把戏我们都已学会。我总是用真实的事件、真实的人物，或让小说人物和现实人物相遇。在《星期六》中，亨利·贝罗安和托尼·布莱尔握手，那是活生生的托尼·布莱尔，而非想象虚构的人物。当某人说"这发生在我身上过"而实际没有，嗯，我觉得最引人入胜的就是随之而来的愤慨，而非欺骗。我知道，近期的某些例子是另一种情形，剽窃。也就是说，你将他人的经历窃为己用，甚至把想象的经历称为是自己的经历。

林恩：这好像是另一种犯罪。

麦克尤恩：是的，我认为这种行为更像偷窃，违反者应受到谴责，应感到羞愧。但也不尽然，不过这确实显示我们是在意这些界线的。我认为，其实应该画出界线。我确实这么认为。我们不能懵懵懂懂地抱守相对主义的论调腾云驾雾，随风飘荡。有些事情发生在你身上，或没有发生在你身上。当然，我们知道游记已经大大地精炼和小说化了。许多游记作家知道自己在勘校事件、删除大段的无聊描述、移花接木让发生于某地的事情发生于另一处,不过这种做法更符合自身的目的……

林恩: 事实上,这就像将人们的演说抄录为对话。你永远不会模仿人物演说的口吻来写对话,这会很无聊、很难熬。你创造的是现实的错觉。

麦克尤恩: 的确如此。我的意思是,确有这样的情况,去年这儿就轰轰烈烈地发生过;有位瑞士作家声称自己是大屠杀的幸存者,写了一本非常畅销的书。我非常奇怪,那位作家为什么不干脆说那是一部小说,因为我觉得那会是一部非常成功的小说,因为那全是虚构想象而成,无比惊艳。然而无论如何,这一事件的真实存在性对读者来说十分重要。在《赎罪》的末尾,布里奥妮·塔利斯在表明自己的目的后说,总有一些读者会问:"但到底发生了什么?"

林恩: 但当她首次出现在小说末尾时,非常令人震惊。我的大脑很快回过神来。正如你所说,当她拉开幕布时,非常非常有意思。

麦克尤恩: 那本书中有部分内容我从未发表。我想"不,这太周密了",但有时我又后悔……你翻开书,会看到作者简介。上面写道:布里奥妮·塔利斯1922年生于萨里郡。其父亲为高级公务员。她的首部小说1951年问世,我给了她一些头衔,非常应时的头衔。她的首部小说为《索霍至点》,后又发表了多种作品。其职业生涯沉寂了一阵子,然而在六十年代,布里奥妮·塔利斯得到女权主义的维拉戈出版社眷顾,她的小说《浸刑椅》被拍成电影,由朱莉·克里斯蒂主演。她于2001年7月去世——正好是我写完那部小说的时候。随后,我畏缩了。我想,不——把戏到此为止。其实还是应该以对伦敦帝国战争博物馆的致谢收尾,让读者落到坚实的土地。

林恩: 在你写作的时候,考虑过你为之写作的读者吗?你的脑海中有理想的读者,还是你已经到了不太在意的这种阶段,只是写自己需要写的东西？

    麦克尤恩：我的脑海中有一类人，其实并不是读者，而是一种实体，其主要秉性就是彻头彻尾的怀疑。这一类人总是在咆哮，总是在咕哝"别写了，你永远不能摆脱它"，或是"这太无病呻吟了"。我人生中遇到的全是这样的恶评或评论家。这一类人非常有用。但至于读者嘛，读者过于多样化，我们都知道，当代文学根本没有标准；根本没有共同的趣味标准。你可以让两位同样聪慧、广博阅览的人同处一室，阅读同一本书，其中一位觉得这本书从头到尾都很烂，而另一位觉得那是一部杰作。我们甚至对什么构成好的句子都没有共识，这是为什么呢？没有什么，我们不能脚踏实地，试图通过投票的方式——你在报纸上看到的那些榜单——来加以解决，是毫无益处的。

    林恩：哦，可那些榜单非常热门。

    麦克尤恩：或许这些榜单是我们对确定性的迫切渴求，因为我们不知道一本好书是什么，也不能就一本好书是什么达成一致。每当布克奖一启动，我就饱受折磨，哪本书入选了，哪本书落选了，你知道的，有人欢喜有人忧，有人说这是杰作，有人却说是垃圾。我们为何没有在大学课程中教授构成一本好书的要素呢？过去就让它过去吧，我们可以在信中说，数百场葬礼过后，我们可以开始建立共识。但随之而来的则是，在脑海中建构读者成为不可能，除非是一位批判怀疑、不为所动的陌生读者，正如我脑海中的一样，通常而言，他让我发泄情感。他并非让我投入情感，而是让我将其发泄出来。

    林恩：你触及了一个很有意思的困境。厄普代克，举个例子，尽管他获得很高赞誉，却从未因小说而财运亨通。他的销量总是平平。你也深受好评——不，这样说不恰当——却在大西洋两岸售书无数。对此你心怀矛盾吗，还是完全为此感到高兴？

    麦克尤恩：没有，我没有矛盾。我觉得自己代表了一般作家的心声吧,你知道——希望读者越多越好。那是一种类似开疆辟土的本能。我一向认为,小说,不是现代主义小说,而是十九世纪现实主义小说,是热门、通俗的艺术体裁。小说应该抵达众多读者,这没什么可羞愧的……

林恩:讽刺就讽刺在这儿。像狄更斯这样的人既可追求至高的文学品质,又可抵达尽可能多的受众。但在二十世纪,这被视为辱没自己。

麦克尤恩:正是现代主义鼓吹艺术家是某种严苛的大祭司,他属于少数精英群体,不让自己的书页被民众所玷污和翻查。我认为这是谬论。某些作家(如弗吉尼亚·伍尔夫)曾说,"人物已死",他们助推小说走入了无谓的僵局。虽然我认为在美国,文学,尤其是小说,在很大程度上绕过了现代主义对其提出的所有问题,但在欧洲大陆,整个五十、六十和七十年代,依然在孜孜写小说的作家已渐渐凋零,他们的小说从未真正地像索尔·贝娄那样参与这世界。在我为以冷战期间的柏林为背景的《无辜者》做调研时,我在柏林待了很长一段时间,沿着城市周边时而漫步时而骑车,与一位德国好友走了柏林墙的全程。我记得自己问德国朋友:"嗯,写德国墙、柏林墙的杰出当代小说在哪儿呀?"他们回答,有彼得·施奈德的《翻墙者》,但是,不,不存在这样的当代小说,因为这不是小说家而是新闻记者的写作题材。你有一种感觉,他们仍秉持这样的审美观:小说家的职责在于描写在某个不知名的城市,一个遭受疏弃的人物待在旅馆房间内凝视墙壁,等候另一位不知名的人物出现,去完成某个不知名的追求。

林恩:所以你不是贝克特的粉丝?

麦克尤恩:恐怕不是,我不喜爱贝克特的晚期作品,我考虑过若罗斯、厄普代克、贝娄是柏林人,就举这有名的三位吧,他们会做什么?……他们不会对那堵墙置若罔闻吧。

林恩:是的,他们绝对不会。事实上,在你刚才描述时,他们也是我所想到的人物。我刚才在想美国的现实主义小说,甚至还想到了托尼·莫里森,说实在的,她也属那一行列。

麦克尤恩:我认为柏林墙并未找到其文学表现形式,希望它在回溯历史时能找到属于自己的文学。我的意思是,部分问题在于,这堵墙对左翼或苏维埃共产主义的梦想来说,是极为沉重的耻辱柱。这么多人,这么多左翼作家认为,如果他们在一片疯狂的呈两极化的思想情势下谴责这堵墙,人们就会认为他们是右翼分子,为中情局效力,这是非常奇怪的。称柏林墙为畸形残暴的产物,是几任美国总统所做的事,因此那不可能是正确的。正如奥威尔所说,只要是你敌人说的话,就被认定是假的,这是很糟糕的。如果你的敌人指的是事实,你却被迫将其视为虚假,这是一种极其糟糕的思维方式。

林恩:若你并非现代小说或二十世纪现代主义小说的继承者,那么回望过去,你觉得谁是你的文学导师呢?你愿意被视为步谁的后尘呢?

麦克尤恩:恐怕我得修正一下你说的话,因为,假如没有这一切小说的试验和对叙述视角的反思,《赎罪》不可能写就。还有那些套路,以及向现代主义和后现代主义借鉴的其他写作、其他文本和其他作家的灵魂在你的纸上流淌,仿佛它们是如同森林、城市和海洋般的真实世界的一部分。不妨说,我感觉自己绝没有想在施托克豪森的时代写莫扎特的交响曲。然而,我的确认为,十九世纪为我们创造了某些非凡的事物,我们如果将其弃之不顾,那就未免太疯狂了。其中之一就是人物这一概念。我们叙述现实生活中的人物,以他们为原型塑造人物,这是势所必然,因为这有助于我们猜测他们下一步的动向。意图和人物——可能做这事或那事的某类人——在很大程度上是密切相关的。这是我们本能地判断他人行为、通过其视角反思自我方式的一部分。因此,我认为十九世纪为我们形构了这一体系,而人物的塑造、对他人内心世界的描画以及邀请读者踏入这些内心世界,在我看来,这一切很大程度上是探索自身状况的重中之重。所以,这和简·奥斯汀、巴尔扎克、福楼拜和狄更斯的成就息息相关。然而,现在却变得愈发复杂了,我们不能简单地将单一和万能视角视为理所当然,其中有某种天真的丧失。但我依然认为,人们仍然希望完全沉浸于看似真实的小说世界中。这是我们仍然拥有的。

林恩: 我觉得现在是该结束谈话了。非常感谢你今天与我交谈。

麦克尤恩: 别客气,大卫。

名副其实：戴维·雷姆尼克对话伊恩·麦克尤恩

◎ 戴维·雷姆尼克/2007 年

原发表于 2007 年 10 月 6 日纽约客节。经《纽约客》许可转载。

戴维·雷姆尼克：我们非常荣幸能够在最后邀请到伊恩·麦克尤恩，感谢你在百忙之中抽出时间来参加我们的纽约客节。伊恩，我想也许在座不止一两位潜在的作家都想知道你是怎么成为……今天的你的。你并不是出生在文学荟萃的伦敦，也没有接受过顶尖大学的精英教育。你出生于一个军人家庭，来自一个小镇叫做……？

伊恩·麦克尤恩：奥尔德肖特。

雷姆尼克：你很小的时候就去了寄宿学校，那时候你的梦想是什么？

麦克尤恩：那时候我的父母都在北非。就像你说的，我的父亲是一个军人。他们把我送到了一个国营寄宿学校，里面的孩子大多来自伦敦中部破碎的工人阶级家庭，学校也收一些军人家庭的孩子。它看上去像是一所很大的英国私立学校，有一座帕拉第奥式建筑，漂亮的庭院，还有一条蜿蜒远方的宽阔河流。它是旧伦敦县议会老左派的精英教育实验，在那里，我免于为英语课的琐事所困扰。这里几乎都是工人阶级家庭的孩子，大多数后来都上了大学。这在当时不多见。要知道那是六十年代，只有大概百分之七的人可以上大学。1967 年，我去了萨塞克斯大学，这也使得我偏离了寻常英国作家的教育轨迹。这是一所崭新的大学，致力于"重构学术版图"，也因此而出名。

雷姆尼克：所以这是一所"红砖大学"？

麦克尤恩：不是，红砖大学要稍早一些。这是一所所谓的"平板玻璃大学"。

雷姆尼克：那是什么意思？

麦克尤恩：媒体戏称萨塞克斯为"海边的贝利奥尔学院"。这所大学吸收了很多来自牛津的优秀教师，致力于重塑传统学科边界。所以，一进校，所有人文学科的孩子都被要求阅读三大核心课本。第一是 R. H. 托尼的《宗教与资本主义的兴起》，第二是雅各布·布克哈特关于文艺复兴的书，第三是弗雷德里克·J. 特纳关于美国西进运动的论述。学校认为历史编纂学——不仅仅是历史，而是对撰写历史的手段和过程的研究——对探讨人文学科中的文学、历史或其他一切都是不可或缺的。非常激励人心。

雷姆尼克：那时候你想成为一个什么样的人呢？你十六岁的时候是什么样的？

麦克尤恩：十六岁吗？那时候我戴着巴迪·霍利那样的眼镜……我还满脸都是青春痘，像一张玛格丽特披萨。那时候我就挚爱英国文学。我的英文老师是一个利维斯信徒，告诉我研习文学是一种神职，人生最高贵的事情就是在大学里教英国文学。

雷姆尼克：当时是六十年代中期，那个年代对你造成了什么影响？

麦克尤恩：我喜欢蓝调、摇滚乐和爵士。我也听了大量古典音乐。音乐对我产生很大影响。

雷姆尼克：在你看来，什么是文学研究？读者是怎样"生成"的？

麦克尤恩：在我青少年时，我阅读当代文学——艾丽丝·默多克、格雷厄姆·格林、约翰·马斯特斯、约翰·福尔斯。然后,从十六岁起,我开始阅读文学经典……都是当时无可争议的经典。通常都有:伊丽莎白时代诗人、莎士比亚,玄学派诗人,还有约翰·德莱顿和弥尔顿。我在念寄宿学校时,对乔纳森·斯威夫特很着迷。然后是华兹华斯、济慈之类寻常的读物。我也第一次接触了叶芝、艾略特以及奥登。在去萨塞克斯之前,我就已经读了相当多的书。上大学时,我喜欢理查逊、斯特恩、菲尔丁。这些都是白人,男性,但当时我并没注意到。在大学里,没有人谈论当代文学,但我们读了很多。

雷姆尼克:很多年以后,孩子们是不是就不再这样阅读了?

麦克尤恩:到了最近,理论一统天下,文学研究被窒息了。如果你去大学校园里看,就会发现孩子们已不大读原著了。这很不好,毫无趣味可言。正统的说法是,在你学会如何阅读、读完这些理论之前,你是不能读诗歌和小说的。当然,这是一个无解的问题,因为又会涉及用什么语言读理论的问题。不过,感谢上帝,这一切都在逐渐淡去。昨天我在普林斯顿,孩子们似乎对于文学本身比对文学宣言更感兴趣。这股学术文化狂热已经持续了二十五年。不幸中的万幸是,它无法持续下去了。

雷姆尼克:你什么时候开始写作,或者说什么时候开始想到写作? 作为一个在校生,你写作的动力是什么?

麦克尤恩:嗯,由于萨塞克斯大学追求学术图谱的重构,尽管按理我应修读英国和法国文学,但到了二年级,我完全沉浸于卡夫卡、托马斯·曼和罗伯特·穆齐尔之中。我开始有一种想要写作的冲动。我觉得写作是伟大灵魂间的一场对话。我想,抱着一颗谦卑的心,我可以加入其中。任何人都可以。我开始想,我其实并不想在大学里谋一份教职,毕竟我已经知道大学是什么样的了——并不如我想的那样令人振奋。尽管大学可以给我带来莫大的快乐,但它已不是我理想中的样子——它就像一座陡峭山上十八世纪哥特式雕刻而成的修道院。

雷姆尼克：所以，大学的问题在于它太刺激了，而不是不够刺激是吗？

麦克尤恩：不是，大学看上去太乏味了，你知道的——大学里有教授，办公室外有布告板，再外面还有停车场，仅此而已。我想写短篇小说，怪得很，我运气挺不错的。我拿到学士学位时，还没想好自己到底想做什么。我和女朋友搭便车游玩了意大利，回国后发现，政府为我提供了资助，支持我修读硕士学位。不过当时我还没选课程。我在大纲上看到在东英吉利大学可以修读大类文学硕士学位。但在这个项目中，有一部分课程——我记得是十六分之一或者是十二分之一——允许提交虚构文学。于是我就给这个地方打了电话。是马尔科姆·布雷德伯里接的——太巧了，可能那时候地球上还没这么多人。就像雷·库德的歌里唱的："打电话给他告诉他你想要什么……"

我在大学度过了非常富有成效的一年。面见马尔科姆时，他跟我说他们作了很大努力，在与行政部门协商后才做出了这个小小的让步。在当时的英国，创意写作还不被大学所普遍接受。我可以用一部小说来替代一篇论文。就那样。我是唯一一个真的交了小说的人。没有修相关的课程。我从来没有上过创意写作课程。我想，一整年里，我大概只在两三个场合见过马尔科姆几分钟。

雷姆尼克：所以不是那种美国式的写作工作坊？

麦克尤恩：不是。我们写有关《安娜·卡列尼娜》和《米德尔马契》的论文，探讨其理论。那时候的理论主要探讨柏格森的著作以及阅读亨利·詹姆斯的小说艺术。我们也阅读大量当代美国小说。我第一次接触到了梅勒、贝娄、罗斯以及厄普代克。

雷姆尼克：嗯，你以前也谈过这种景象，但我想进一步澄清——当代英国文学图景，以及当时出版的书籍对你来说都很无趣吗？

麦克尤恩：非常无聊。

雷姆尼克：你怎样描述当时的情景？

麦克尤恩：嗯，拉拉杂杂地说吧，那简直就是汉普斯特德附近的一场正在慢慢走向解体的婚姻⋯⋯

雷姆尼克：（笑）某个人待在卧室兼起居室里，伤心欲绝⋯⋯

麦克尤恩：没错，后来呢，往往是那家伙得到了卧室兼起居室。

雷姆尼克：是的。

麦克尤恩：这种写作毫无实质企图，如同社会纪录片，是一种不加反思的写实风格。

雷姆尼克：怎么会这样？我们所熟知的英国文学，到了五十、六十和七十年代早期何以沦落成这样呢？

麦克尤恩：我不知道。已尽显疲态，真的。不过也有一些显著例外。别忘了威廉·戈尔丁那时在写作呢，他很特立独行。

雷姆尼克：那时候你对金斯利·艾米斯感兴趣吗？

麦克尤恩：不，说实在的，那时候不大感兴趣。我没领会他的那些笑话。后来我倒是真的喜欢他，但当时我很不耐烦。一切都显得那么⋯⋯浮华，完全沉浸在作家个人的好恶中——十分令人压抑。

雷姆尼克：你没有从当时社会背景的角度来理解吗？

麦克尤恩：没有。就像我之前说的，我的社会背景使得我对阶级的嬉笑怒骂无动于衷。我比较喜欢卡夫卡式无关社会背景的小说。一个人物在房间里醒来，读者不知道其年代、城市、语言以及文化，我觉得这太不同凡响了。当时，对我来说，那不啻是一种解放。但现在我持完全相反的观点。事实上，我觉得一部小说的命脉就在于具体，在于实在，在于名副其实。

那时候的人们偏爱存在主义，我却逆流而行，迷恋上面提到的美国作家，在读他们的作品。这些作家冲破现代主义的禁锢，尽管他们都已吸取了其全部教训。他们雄心勃勃，似乎已与十九世纪小说求和，似乎确信他们可以继承某些核心传统。如果你去过六十、七十或者八十年代的德国和法国，就会发现你找不到一个作家像贝娄写芝加哥、罗斯写新泽西、厄普代克写西北的小镇生活一样来写巴黎和柏林。这些小说内容紧凑而丰富，充盈着性的奔放和欢腾。

雷姆尼克： 你在那些早期短篇小说中有刻意模仿吗？

麦克尤恩： 我认为这正是短篇小说的价值所在。这也是我想给所有年轻作家的建议。别总是闭门造车，坐在桌子前就写九百页的小说，因为你很有可能写得不好，浪费几年时间。不妨浪费个三个星期好好写，向菲利普·罗斯致敬，而万一这篇致敬的作品不好……

雷姆尼克： 只三个星期。你会刻意模仿谁呢？那几位美国作家吗？

麦克尤恩： 是的。在《最初的爱情，最后的仪式》中，我刻意效仿罗斯写了一个名为《家庭制造》的故事。

雷姆尼克： 这个故事里涉及和十岁妹妹乱伦的情节。

麦克尤恩： 嗯，我得另辟蹊径……

雷姆尼克： （笑）马尔科姆·布雷德伯里拿到这个故事时有何反应？这可不寻常。

麦克尤恩： 他说："好，我读了一个讲小男孩诱奸自己妹妹的故事。什么时候我可以读到下一个呢？"诸如此类的话。

雷姆尼克： 挺鼓舞人心的嘛。

麦克尤恩： 是的。他说："继续写。是的，是的。下一个故事讲什么呢?"然后我说:"嗯,是讲一个男孩谋杀了……"他说:"呃,好。我希望你在 11 月 3 日前写出来。"

雷姆尼克:(笑)所以,这么说来,他是个很贴心的老师。

麦克尤恩:是的。

雷姆尼克:你的崛起也得完全归功于他。

麦克尤恩:嗯,现在的一大问题是我被认为是创意写作课程的产物。我认为任何作家——也许美国的情况不同——我认为作家一般不喜欢成为某种课程的产物。

雷姆尼克:《纽约客》一周内会收到几百个短篇小说,其中很多都寄自艾奥瓦大学、哥伦比亚大学之类的地方。它们是短篇小说的产地。较年轻的人写短篇故事,但多数人后来都不写了。你的创作生涯也是这样,是吗? 你以写短篇小说起步,后来就厌倦了。为什么?

麦克尤恩:我觉得给小说起头是挺难的。我真的得以自己的方式写,一路跌跌撞撞地写。一本书,写写停停、修修改改十次,这和只写一次是不一样的。也许你说得很对,年轻人写短篇小说,但它也是老年人的所为。写一部长篇小说需要巨大的毅力——感觉就是一桩体力活。也许只有不得已才会写短篇小说。

雷姆尼克:但是,从你刚才提到的那几位美国作家中可以发现,他们在六七十岁时候写的小说越来越短了。纳吉布·马哈福兹这位伟大的阿拉伯作家曾经写过几部讲述开罗的皇皇小说,但在他的晚年,在八九十岁的时候,他只写一些小小的梦境——它们都还称不上故事,只是段落而已。在脑子里构思长篇故事对年老的他来说太难了。

麦克尤恩:不妨看一下贝娄——《拉维尔斯坦》以及其他小长篇。还有,仅仅是这大量材料的组织就已够繁重的了。

雷姆尼克：有没有什么情感方面的事情促使你成为了一个青年作家？有什么家庭事件、家庭关系或者其他的事情促使你成为一个作家？

麦克尤恩：到了七十年代，狂飙的六十年代已来到我所在的诺里奇的诺福克小镇。我被这股友好和自由的浪潮所裹挟。我一直是一个很传统的男孩——但那时我发现自己阔步穿行在英格兰乡村，满脑子都是奇思妙想。"如果没有神灵，那就真该有一个啊。"后来我遇到两个美国朋友，我们去了阿姆斯特丹，买了一辆小型巴士，驾车到了慕尼黑、伊斯坦布尔、德黑兰，在坎大哈和赫拉特住了很久之后到了喀布尔。

雷姆尼克：这一路你看到了什么？你觉得阿富汗怎么样？

麦克尤恩：灾祸降临之前，阿富汗是受上帝偏爱的一隅。这个极度贫穷的国家有我所见过的最美丽的建筑，清真寺。景色峻美，人民好客。无论多么贫穷，他们都会邀你入屋，拿出最好的食物招待你。沿着开伯尔山口——这真是一个让人心惊胆战的地方——走了一段时间之后，我们最后来到白沙瓦。普什图部落就在此处。他们无畏而自傲——从来不曾也绝不会被任何人所控制——如今依然如此。由于当时印度和巴基斯坦即将开战，我们没法进入印度，只得掉头返回。连续九个月，我一路向西奔波，在沙漠道路上行驶时我就想："我真正想要的是灰蒙蒙的天空下一座安安静静的城市里一个空空的白色小房间……我想回去写作。"

雷姆尼克：那你搞到这样一间房了吗？

麦克尤恩：是的，搞到了。之前我从来没有像那样天马行空，也从未那样说干就干。我回到诺里奇，找到了那样一个房间，立马开始写作，比以前任何时候都要认真。我找到一名赞助者，特德·索罗塔洛夫，一位伟大的美国编辑。他办了份《美国评论》，后更名为《新美国评论》。以刊代书，每三四个月出刊。

雷姆尼克：那也是罗斯经常发表的杂志。

麦克尤恩：在我的写作生涯中，最激动人心的时刻就是我拿到新一期的《新美国评论》——封面是夺目的粉红色，上面用白色字母写了一行字："菲利普·罗斯、苏珊·桑塔格、伊恩·麦克尤恩。"

雷姆尼克：用同样的字体……

麦克尤恩：是的，用同样的字体。那是 1973 年，我二十四岁。那时候我还没有出过一本书。自那以后，再也没有任何东西——包括奖项——让我如此激动不已。

雷姆尼克：在《巴黎评论》中，你把自己前十年的写作风格、写作手法形容为"形式简单的线性短篇小说，幽闭、去社会化、性畸形、黑暗"。这一时期的作品——《水泥花园》《最初的爱情，最后的仪式》《只爱陌生人》——是有意营造一种基调吗？这也使得多年后媒体称你为"恐怖伊恩"？《水泥花园》的情境和《蝇王》有些相似，孩子们生活在残忍、性化、没有父母的世界中，真的很恐怖，令人毛骨悚然。你在追求什么呢？

麦克尤恩：过去有人指责我写作只是为了恐吓读者，我曾极力否认，但现在回头来看，我发现自己当时确实想出风头——也许这是年轻人希望引人注目吧。此前我一直过着非常宁静的生活。我小时候很害羞，青年时期也相当害羞——我在一所男校上学，直到十七八岁才接触到性，人生中还从没有自己做过决定。所以，当我开始写作时，好像我的脑袋都炸了似的。我一味地想追求生动、喧腾、黑暗，你愿叫什么都可以，总之很夸张。不过，当然，这些事儿得有根源才行，而由于实际上我不会让人家在大庭广众之下给我做精神分析，所以，对"思想从哪里来"这样老掉牙的问题，我其实无法给出很全面的答案。这太难回答了。

雷姆尼克：对于现在五十九岁的你，回望过去肯定是很有趣的，因为你往回看到的不仅仅是一个二三十岁的青年人，而是一个年轻的作家。有没有觉得那时候离你很远呀？

麦克尤恩：没有，没有觉得很远。我完全理解。我当然明白那种小小的雄心。我觉得它与我笔下的母亲内心的犹豫相关。过去我觉得我只能写短篇，而不是长篇小说，只能描写非常狭仄的幽闭场景。我是慢慢地才学会向外拓展。直到七十年代后期，我才真正敢写长篇小说。我花了多年时间在跟短篇小说纠缠，甚至我在写头两部长篇时，其结构也更类似于短篇，而不是我所钟爱的其他作家的大部头作品。

雷姆尼克：更像是一个个爆裂的故事。

麦克尤恩：是的，故事从 A 到 B。没有分支情节。完全随着时间线性推进。

雷姆尼克：从《时间中的孩子》讲起吧，我觉得你一定会赞同，这部小说是你创作生涯和创作道路中真正重要的时刻，请你描述这一关键时刻。有些人还没有看过这本书，这部了不起的小说讲述一个成年男人带着自己的孩子走进商店，却独自走了出来——孩子丢了——小说还讲述这件事对于他、他的妻子的人生以及他们的人生道路所造成的影响。

麦克尤恩：嗯，那段时间我没有写小说。写完《只爱陌生人》之后，我觉得写啊写，我已经把自己逼进了一个角落，我必须做点别的事情。就开始写电视剧本，和理查德·艾尔合写了一部。

雷姆尼克：只是为了逃逸吗，还是为了钱？

麦克尤恩：不，只为逃逸。我看不到这种小说的未来所在。我必须停下来，做点完全不一样的事情。我写了一部关于二战早期的剧本，讲述一个年轻女人因布莱奇利密码破译事件而被捕的故事，后来我结识了一位朋友，作曲家迈克尔·伯克利，我们合写了一部清唱剧，由伦敦交响乐团和合唱团演奏。那是个很令人激动的过程。这部作品关注核武器，这是八十年代初的一大忧患。两个超级大国也许会把欧洲当作战场，打一场局部战争，这使我们欧洲人非常惶恐。后来我跟理查德·艾尔合写了一部名为《犁田者的午餐》的电影剧本,一部以马尔维纳斯群岛战争为背景的政治片。

完成了这三个项目之后,我又精神抖擞了,也更忙碌了。我不再对这种凌驾时空的存在主义小说感兴趣,而且,我认为,并非毫无缘由地,我写了一部关于时间本身及其全部表现的小说:我们如何主观体验时间,如何与牛顿物理学针锋相对地在量子力学中描述时间,这一切所蕴含的确定性和不确定性如何反映在我们人生的不同时刻。丢失孩子也许是人一生中最悲惨的事情。玛德琳·麦肯,一位葡萄牙小姑娘,生生地从父母身边被劫走,从此失踪了,我不知道这儿的媒体有没有报道这事。我突然想到,对这两位父母来说,这事也许会没完没了,他们会活在让人煎熬的胡思乱想中。

雷姆尼克:还有指控。

麦克尤恩:是的,这些指控毫无根据。所以说那真的是我的一个转折点,停顿了很久又重新投入到写作中。我还写了一些新闻报刊文章,帮助我脱离这些小圈子。

雷姆尼克:你创作小说的过程有没有发生很大的变化?从一开始乱作一团、没有头绪,到找到路子。你的写作已经进入更为成熟的时期,创作小说还跟当初基本一样吗?

麦克尤恩:没什么变化,我很不擅长开头。说实话,我根本不知道我究竟想写什么。我感觉有什么东西隐藏在那,但我看不大清。开始的段落我能写上一年。一些零碎的情节都可集成一本书——里面的情节我大多都没有用过,如果有人想……

雷姆尼克:每个多少钱呢?

麦克尤恩:4.99美元。接着我会突然发现那里面可能有一些我需要的情节,但我甚至不敢跟自己说是什么。

雷姆尼克：比方说《时间中的孩子》——你是怎么灵感乍现的？

麦克尤恩：那可说来话长了……《赎罪》可能更能说明问题。我在各种琐事上忙碌了一年，某天清晨，我写了一段话，讲的是一位年轻女子走进一幢乡间别墅亚当风格的客厅，手里捧着一束刚摘的野花。晨曦洒进客厅，客厅里有一架羽管键琴，从未有人动过。她发现了一个价值不菲的迈森陶瓷花瓶。她没有先接水，而是先把花插了进去，然后才想起弄点水来。这些描述客厅、女子、装在珍贵花瓶中的野花的文字——我知道我终于开始写这部小说了，但我完全不知道这是什么。

雷姆尼克：在此之前的几天，几个月，你还没有想好故事发生的时间和社会背景？昨天你可能在写巴西的热带雨林，而前天可能是越战或者别的什么？

麦克尤恩：是的，我想塑造一个人物犯下错误——这个错误或许会跟犯罪混淆——他为此饱受终生折磨。有一段时间我曾想可能是一个人年轻时从商店里偷东西，这一偷后果严重，从此影响了他一辈子。

雷姆尼克：就像伪造优惠券，或者托尔斯泰作品中的那样吗？

麦克尤恩：对，就像那样。但我当时写的时候没有想到这一点。我就把刚刚提到的那一段——大约六百字——搁置了三个月。我不知道该怎么继续写，我觉得我好像写错了。然后我静下心来继续写，现在成了《赎罪》的第二章。当时，我必须承认，我觉得我磕磕绊绊地写成了一个科幻故事……未来，富人精英们都厌倦了科技，他们更想过十八世纪末乡绅的生活。只有中层管理和蓝领工人还在充分利用科技，还在大脑中嵌入芯片，以便接入网络。所以，当塞西莉亚捧着花走入花园时，她本想跟一个小伙子搭讪，但看见他剃了光头，安了个触角，便欲言又止了。

雷姆尼克：就上面这个情节你想卖 4.99 美元？

麦克尤恩：当然，你也可以只花 3 美元。我发觉这样写的话顶多是个二流短篇小说，我写完那一章的时候，故事定格在 1935 年。我意识到我还需要给这位年轻女子加一个妹妹，于是我写了如今《赎罪》的第一章。我写了布里奥妮有几个北方的堂姐妹以及短剧《阿拉贝拉的磨难》之后，我想："啊！就让她当商店小偷吧，让她犯这个错误吧！"往后的情节突然一下子在我眼前浮现——我看到了敦刻尔克，1940 年的圣托马斯医院，我还看到一位老妇人在弥留之际告诉读者，她用了一生的时间写草稿赎罪，而读者捧在手里读的就是她的终稿。我只写了七千字，但我已经看到了未来发生的所有情节。这一刻就像很多作家一样，我生怕自己写完这部小说之前被车撞了。

雷姆尼克：从那之后进展就很顺利吗？

麦克尤恩：是的，非常顺利。

雷姆尼克：有多顺利？

麦克尤恩：只用了两年。

雷姆尼克：你希望用另一种方式写这部小说吗？

麦克尤恩：当然了，我做梦都想躺在浴缸里就把整部小说构思好。

雷姆尼克：当你把小说的构思过程跟同行朋友分享，他们也跟你有一样的过程吗？

麦克尤恩：不太一样，比如马丁说："我有一个绝妙的想法用来写一部小说。"然后他就把想法告诉了我。

雷姆尼克：在某一时刻，你会在写作中加入历史成分。在小说《无辜者》中，以一种完全不同的方式，还有后面的一些小说，像是反伊拉克战争的示威游行导致了战争这段历史，也闯入了伦敦神经外科医生看似心满意足的家庭生活中。

麦克尤恩：嗯，是的。《无辜者》讲述的就是帝国权力的转移。一位年轻英国电子工程师调去柏林帮助实施一项计划,利用一段已有的两三百码英美秘密通道接入莫斯科和东柏林的电话线。那时离筑起柏林墙还早着呢,后来一位英方间谍乔治·布莱克背叛了组织,向苏联方面泄露了这段通道。这是一系列背叛事件中的一起,美国人因此也越来越不信任英国人。这段背景是讨论政治权力的绝佳案例,英国人还没有在二战的创伤中恢复,却又深深地陷入冷战;美国人开始在全球建立霸权。这些历史元素有些奇怪,因为小说结束于……嗯,我是在 1989 年 6 月写完的,最后几页……

雷姆尼克：那离柏林墙倒塌不远了。

麦克尤恩：对。小说的最后几行描述了主人公晚年想见他年轻时的恋人一面,他们在 1955 年相识。他想在柏林再见到她,他想再看看柏林墙,因为这面墙很快就要推倒了。说起来真是不可思议,柏林墙几个月后真的倒了,我还和欢庆的人群一道,在波茨坦广场和勃兰登堡门目睹了这一历史时刻。

雷姆尼克：我想你在年轻的时候是很反感小说中带入研究历史的吧。

麦克尤恩：没错。我会沉浸在小说的构思当中浑然不觉。除了卡夫卡,我还对彼得·汉德克的存在主义特性印象深刻。我不太清楚现在还有多少人读他的书,但我很喜欢《守门员面对罚点球时的焦虑》和《穿越康斯坦茨湖》这两部作品。有时候审美是无形的,你甚至不知道它是如何选择、限缩其内涵的。特德·索罗塔洛夫曾写过一篇题为《沉默、放逐和狡诈》的妙文,讲述他使出浑身解数想成为一名作家。在他看来,自己作为一名诗人,基督文明的衰落这一主题或许比较合适,因为他满脑子想的都是艾略特。与此同时,他还在曼哈顿的酒吧打工,暴徒经常光顾那家酒吧。晚上他回到臭气熏天的出租房,耳边萦绕着夫妻间的争吵,时不时有人因想不开而自杀。但对他来说主题只有一个——基督文明的衰落,可他无从下笔。几年后,他给黑手党调玛格丽塔鸡尾酒时无意中听到他们的对话,他想这是多么绝佳的素材啊。

雷姆尼克:有些作家竭力否认他们将自身生活加入到小说中,而你恰恰相反。你在接受采访或者写文章时总是说"嗯,拿我自身来讲……"比如你母亲在临终前饱受痴呆病的折磨,而你在《星期六》中描写医生为主人公的母亲看病时,就使用了当时的场景。换句话说,你爽快地承认了。那在你看来,另一种观点是否大惊小怪或不够实诚?

麦克尤恩:不,不是的。事实上,《星期六》是我唯一这样做的小说。我当时在牛津住了几年后返回伦敦,我决定要写一部发生在当下、讲述当下的小说。我在 2001 年夏天作出这个决定前,从来没有发觉写当下发生的故事是这么有趣。我把我的新房子给了主人公,把我的一个孩子、我的邻居也写进去,他工作的医院我也做过一番调研。创作过程中,我很大程度上融入了我自身的生活。而至于我母亲,我希望这部小说成为一部回忆录,作为这一缓慢消逝过程的佐证。我跟她说过很多次。还有呢? 对了,壁球,还有所有其他的……我把所有东西都写了进去。我也给亨利·贝罗安一些与我截然不同的东西——他厌恶文学……他的政见和我的也不一样——有些是在我基础上的夸张,有些就是完全不同的。

雷姆尼克:所以说,政见是一种适度自由主义和不确定性的体现……
麦克尤恩:是的……

雷姆尼克:在《星期六》里面有一段话……
麦克尤恩:亨利·贝罗安被堵在路上,他在马路对面看到一家卖电视的商店——有五十多台电视,全都在播放同一内容。(从"橱窗陈列着……"读到"在神经外科中他选择了一个相对安全和简单的职业"。)

雷姆尼克:在灾难发生后的几年里你怎么看这段文字?

麦克尤恩：呃，我们做了一个错误的决定。我并不认为世界上有人能……

雷姆尼克：有的……有的。

麦克尤恩：如果你有这般能力，在半夜起床，走进椭圆形办公室，桌上有个时光倒流机，上面有个"倒带"按钮，按下去你就会让时间倒流到，比方说2002年6月，而且不会有人知道，我坚信他会按下去的。

雷姆尼克：你说得没错。伊恩，我想知道，从作家的视角来看，什么是你认为必须做的、不得不做的以及想去做的——或者说，你想少写点吗？现在而言写作是不是意义不大了？你现在还像三十岁时那样对它如此痴迷吗？

麦克尤恩：嗯，看看菲利普·罗斯吧。六十出头的时候他才刚刚创作了一系列杰出的小说。他着着实实提醒了我，总有事情要做，而且这事是完全可以做的。我感觉我还没写出自己真正想写的小说。

雷姆尼克：你在构思这部最想写的小说时，是在构思主题呢还是角度？

麦克尤恩：不，我是在考虑读者，一个理想的、幽灵一般的读者，这位读者无法扭身就走。我不是在讲什么悬念，我是在讲能够清清楚楚、确确切切地把情感的命名或意识的转移写好了，那就太棒了。读者的认知就会强大无比，不可抗拒。

雷姆尼克：譬如，你在哪本书中、哪份职业或者人生的哪一刻获得了这样的幸福？

麦克尤恩：如要让我说一篇给我带来如此感受的文章，我认为是詹姆斯·乔伊斯写的《往生者》。加布里埃尔和格里塔从派对回到宾馆时下起了雪，加布里埃尔想做爱，而格里塔听了派对最后一首歌后情绪低落。

她告诉丈夫,曾经有个小伙子十分爱她,加布里埃尔听了之后醋意连连。但这是很久之前了,那个小伙子叫迈克尔·富里,当时只有十七岁,死于肺结核。她哭诉完后就睡了。加布里埃尔走到窗边,他想起自己的姑姑也将不久于人世,很快,他也将不得不独自西行。雪花飘落在"香农河奔流翻涌的波浪"中,飘落在迈克尔·富里的坟墓上。我认为《往生者》的结尾堪称乔伊斯的写作巅峰,无可超越……

雷姆尼克: 你在《星期六》结尾表达了敬意。

麦克尤恩: 是的。可以说,我不止一次向那结尾发起袭击。但没人能超越它。这里有个大问题,最大的问题——死亡的本质或我们必有一死这一事实——是与一系列体察入微的夫妻间口角、对性的微微失望、对突然招供别有所爱一同上演的。格里塔说:"他因爱我而死……"我能有乔伊斯的三成功力就不错了。

雷姆尼克: 厄普代克很擅长写这一主题,他毫不掩饰自己。有人曾问他,他直言不讳:"你到了某个年纪,回头看,有什么是能永久保留下来的?"尽管这还为时过早,但回顾你写的书,哪些地方让你会心一笑?

麦克尤恩: 书中的一些片段吧。《赎罪》中描述敦刻尔克部分的文字,某种程度上说是对我父亲的悼念,他曾参与此役。《无辜者》中有几段我也挺喜欢的。《阿姆斯特丹》里有我对死亡的某些思考,也许以后我会回头加以扩展,我不知道会不会。但我总有一种感觉——我认为作家必须要有这种感觉——即还没有找到完美之处。它与你如何糅合形而上学有关,但又要将它轻巧地或者贴心温馨地融入个人时刻中。

雷姆尼克: 我还有最后一个问题,然后我就会把提问机会留给听众。我想了解一下你对文学文化的发展持乐观还是悲观态度。我们生活的这个消费时代充斥着三屏而非单屏的电子产品和其他让人分心的东西。你还确信有年轻人会沉下心来,把手机和其他纷扰放在一边,每周花上两三个晚上阅读费解的文本吗?

麦克尤恩:在我看来,科技或者说文字传达的方式是次要的。如果你在平板电脑上下载一本《米德尔马契》供放假时读,那没什么问题,没什么差别。有人依然通过符号影响你的心境——这可谓神经学奇迹,这些符号能在你的脑海中营造那样的场景。这是一种心灵感应,作家借此将他的思想传达给其他人。我们一直希望它会再度上演。人类是很喜欢流言蜚语的;我们对彼此十分好奇,某种意义上说文学是高级的流言蜚语。想想小说的一个方面——对话与人物心理分析交叉进行。除了流言蜚语,生活中还有其他地方会出现这种情况吗?"猜他接下来会说什么?""我想是……"人类作为一种爱吵吵嚷嚷、惹是生非的群居动物,我们需要这样的相互监督。尽管有种种悲观的预测,小说还是延存至今。我想它还会延续下去。我是说,它依然拒绝消亡,因此我是充满希望的。

听众:雷姆尼克先生问你说,回顾你的作品,有没有哪些地方给你的感受就像是《往生者》结尾那样。我很喜欢《星期六》,我觉得里面有一部分你可能也提到了——你在小说接近结尾处写到这位神经外科医生乐在工作。他将工作比作性,比作对孩子的爱,比作孩了的气味,这种全然的快乐正是工作带给他的。你说过你将某些自己的性格赋予了这位神经外科医生,我在读那一部分的时候,情不自禁地想:"那一定是他对写作的痴迷吧。"

麦克尤恩:这一点很有趣,有的时候你遇到某种经历,很难找到合适的词语表达,但你可能在另一种语言中找到合适的词。昨天在普林斯顿大学,一位古典文学教授告诉我——我们也正是在讨论这个——这个词的确存在,叫"energia",形容一个人沉浸在工作中完全忘我的状态。那么现在的问题就是"energy"这个英文单词已经有了明确的含义。心理学家曾建议使用"flow(漂流)"这个词,我觉得不太合适。因为那种状态还包含一种强烈的幸福感,我们当时可能不会感觉到,这来源于我们在困难中迷失自我。你仿佛忘了时间、忘了自我、忘了情感,因为你已经全身心投入到了那项任务中。有时,它会在你做复杂事情诸如写作时发生,在精心烹调一道菜肴时发生,在网球、团队比赛中也会发生——你忘记了自身存在,除了手头的事情,一切都烟消云散。这可谓极乐。我希望自己在写作时更频繁地进入这种状态。我想大概一年中我只能遇上几次。当然,我很高兴那一段对你来说意义非凡。

雷姆尼克: 所以说你大多数时间感觉都像铺管道,你刚才提到的状态只是偶尔出现?

麦克尤恩: 是的,这可是上帝的恩典。那一刻你才思泉涌、信手拈来。你甚至无需搜肠刮肚——它就在那。对我来说,这种状态从没超过半个小时。就像我说的,这种状态不仅仅是写作时才有。它是一种面对困难时的专注,我们沉浸其中,仿佛唯有意识这一天赋才能最终证明我们的存在……就是这个。幸福是无法用言语表达的。它超越了情感,真的。而且,往往只有我们回首往事时才能感知。这可是个好话题。

听众: 在《星期六》中,你深入探访了一位神经外科医生并向他致谢。我想知道你跟他待了多长时间以及你是怎样将自己融入这个职业的?

麦克尤恩: 我跟一位神经外科医生尼尔·基钦相处了两年,他当时是国立医院的神经外科主任。神经学发端于此院,它也是英国主要的神经外科医院之一。首先,我经常去见他,跟他聊,读完了他给我的几部大脑解剖学和各种病理学的书。然后我开始观摩他做手术,我全身消毒,穿戴好全套服装,站在一边——他做手术时经常让我站在他身边。他很大方,丝毫不觉得我碍手碍脚。他允许我进入手术的核心区域,很多手术我都看了不止一遍。我见过大脑中动脉瘤许多次,甚至觉得自己都能做一台这样的手术……事实上,一次他正夹动脉瘤时我就穿着白大褂站在他旁边——顺便一提,在场的所有外科医生都穿着V字领,如果你想显得十分专业,你得把你的胸毛卷到上面——我当时有一根胸毛随意卷着,进入手术室有两名大五的学生——他们是来观摩的。他们悄悄地走过来,满怀敬意地低声问我："不好意思,医生,您能跟我们解释一下这是在做什么手术吗?"我把他们带到灯箱前说:"嗯,我们正在这里做一个幕下通道……动脉瘤,你们可以看到,在 CT 扫描上。我们准备做一条经典通道……"

雷姆尼克:这案例真是绝了!

麦克尤恩:他们还谢谢我,看了一会后走了。我一直在想他们最后考得怎么样。

听众:我一直对你对错综复杂的关系的描述印象深刻。我的问题有关《时间中的孩子》,因为我觉得你能一针见血地写出女性的观点。我想知道你对此有什么见解?

麦克尤恩:嗯,我认识一些女性……我们曾在英格兰有过这样的辩论——我希望你们别在这争得面红耳赤——在上世纪八十年代,一些女权主义者称男性不应或不能写女性,而我注意到她们从没说过女性不准写男性。所幸的是,这种声音很快就消失了。我想说,男女之间的共同点太多了,谁想写或者读一部里面只有男性的小说呢? 我猜你也许会去读海明威。难道小说家不都想引起读者共鸣的吗? 归根结底,这一切都是源自观察,是吧? 男女之间的误解可能导致种种悲欢离合。《赎罪》中年轻的布里奥妮写了很多童话故事后发现,即使你笔下的每个人都很善良,坏事还是会发生的。《在切瑟尔海滩上》某种程度上讲述了一对善良、懵懂的恋人让彼此受尽煎熬,但书中同样也有诙谐。在我看来,做小说家的一大乐趣便是充当上帝,冷眼旁观。掌控全局,冷眼旁观。

听众:我想知道你在《在切瑟尔海滩上》中怎么想起来写这个主题的。我觉得这个主题对你来说相对有点小,但很精致,有点契诃夫风格。

麦克尤恩:我很惊讶你竟然会提到契诃夫,因为我最近也在重读他的短篇小说。蜜月之夜的不快,在我看来显然是中篇小说很常见的主题。

写这部小说的时候我也问过身边的人。在我行李箱里有一本乔伊斯·卡罗尔·欧茨的《大瀑布》，写的是一个男人在度蜜月时失足掉进瀑布里。还有一本莫泊桑的小说《一生》，我没有读过，看来我要把它加到书单里了。背景的设定很常见——蜜月看似是新人的私密世界，但其实和整个社会也是密切相关的。

从何而起呢？就像我跟戴维说的，我也不知道我在做什么。我只能摸索着前进。突然间，我发现我写下了第一句话，跟最后出版的差不多："他们年纪轻，有教养，在这个属于他们的新婚夜，都是处子身，而且，他们生活在一个根本不可能对性事困扰说长道短的年代。话说回来，这个坎儿向来都不好过。"在我看来，这几行字提供了整个故事，等着我去一一展开。写了一两页后，我做了些批注。这些批注不是关于小说接下来的进展，而是关于隐含的叙述者，关于故事基调。我用了诸如"挖苦""容忍""宽容"和"全知全能"等字眼。起初的两三个月，我不停地推敲第一章，想找到那种基调。定好基调后，接下来就相对顺畅多了。

雷姆尼克：最后一个问题……

听众：接着前面那个问题。我听了你朗读《在切瑟尔海滩上》的 CD，我早晨五点躺在那听你朗读，突然意识到我可以通过这种方式理解我自己的生活，借此我得以理解在 1963 年我当时无法理解的对话。它将我的生活击了个粉碎，自那以后，一切都变了。我从没有想过其他人也会对这种事有所了解。所以我想知道别人是否跟你讲过类似的经历，还有是否你也亲身经历过？

麦克尤恩：你指的经历是说自己糟糕的蜜月还是说小说中的具体内容？

听众：你生活在一个找不到语言与爱人谈论关键问题的时代。

麦克尤恩：这的确很奇怪，对不对？精神上的痛苦会让你受尽折磨，如果你找不到途径、权利或者，就像你说的，言语来塑造它、描述它，你就只能自己默默忍受折磨——而且通常你并没有充分意识到你是在受苦。尤其是儿童，他们更有可能默默承受痛苦。所以语言是一种珍贵的工具。而这也其实就是那部中篇小说想要表达的。

雷姆尼克：伊恩，十分感谢你的光临。也谢谢大家。

双重目的

◎ 阿舒托什·汉德卡/2008 年

原载于《BBC 音乐杂志》16.9(2008 年 5 月)：第 38—41 页。经出版商许可转载。

迈克尔·伯克利和伊恩·麦克尤恩结识已近三十年。虽然皆为颇负盛名的艺术创作者，但两位在二十六年前才首次联袂创作了清唱剧《或者，我们去死？》。这部剧将于今年 5 月在卡迪夫上演，以庆祝作曲家六十岁生日。两位的新歌剧《为了你》将在海伊文学节期间由威尔士音乐剧院歌剧团作全球首演。这将是伯克利继《咩，咩，小黑羊》后的第三部歌剧，此剧由鲁德亚德·吉卜林的一部中篇小说和《简爱》改编而成。与此同时，麦克尤恩也首次涉足歌剧，尽管《为了你》融合了多个主题——秘密、谎言、性爱和痴爱，这些主题在他诸如《爱无可忍》《赎罪》以及新近的《在切瑟尔海滩上》等深受欢迎的小说中已司空见惯。

《为了你》的情节苦乐参半。故事围绕年长的作曲家、指挥家查尔斯和他的妻子安东尼亚的婚姻生活中的一系列出轨展开。这对夫妇卷入了一场要命的六角恋中，另四人为一名性感的小号手、一名医生、一名波兰女仆和一名男同性恋秘书。这部歌剧的标题极具反讽意味，因为剧中所有角色皆自私自利，毫无慷慨之举。整部作品不仅有"卧室闹剧"的诙谐时刻，也弥漫着幽暗、哀怨的情绪。歌剧在查尔斯敞开心扉、指挥最新一曲交响乐中收尾，那是他创作生涯的巅峰。

阿舒托什·汉德卡：这部歌剧的主角查尔斯是一名作曲家，好像这注定会是迈克尔的自我指涉。给一个作曲家的角色作曲，这是不是很难呀？

迈克尔·伯克利：你听到音乐的时候，我并不认为你会觉得这是在讲我自己。我一直都将我本人的音乐声音与查尔斯的区隔开来，虽然偶尔二者不可避免地纠缠在一起。比如，有一幕是查尔斯听着他年轻时创作的音乐，惆怅万分，而我就选用了我自己年轻时创作的双簧管协奏曲。关键还是在于我必须为查尔斯创造具有人物性格的音乐声音，并且要让这音乐声音成为整部歌剧的有机组成部分。

伊恩·麦克尤恩：对于我而言，写一个有关作曲家的故事是极具吸引力的，因为我发现作曲本身便是一个蛮有趣的隐喻，喻指最纯粹的创造性。就像刚才说的，主角一点也不像迈克尔，我其实也没问过迈克尔作曲家的形象该是怎样子的。我想要探究创作狂的世界以及人们被那种天才魅力搞得神魂颠倒的样子。

汉德卡：这部歌剧歌词的语言很简洁，很现代，但在主仆互动、情节跌宕、玩世不恭却温润地探究爱情方面显然参考了莫扎特/达·彭特歌剧。

伯克利：是的，是有很多莫扎特的影子，不过我不愿提及这部作品借鉴了这样崇高的东西。我们希望这部作品探讨人类行为、人性缺陷、欺骗以及由此可能造成的种种结果。这部歌剧几乎有个像唐璜式的结局。

麦克尤恩：我从经典作品中借鉴了一样东西，那就是重奏。写六重奏很带劲。我很喜欢《塞维利亚的理发师》。我们非常想创作情节复杂的重奏，里面所有角色最后都一起表达自己的思想。歌剧大有可为，我常常惊讶不已——这方面它独一无二，不过在当代歌剧中我倒是没怎么听到。

伯克利：我来告诉你原因，那是因为这样做实在太难！

汉德卡：好吧，那就回到歌剧的基础吧。你认为台词与音乐，何者为先？《或者，我们去死？》是个原创故事，所以可想而知，一切都得先装在伊恩的脑子里，然后迈克尔才能开始谱曲……

麦克尤恩：其实并不尽然，我们早早就开始合作了。我们合作的起点就是想要探究性迷恋这一观念。我们一起散步了好多次，边走边聊歌剧的情节，总是不知不觉就走了很远。我们给对方阅读一些也许蕴含人物内核的材料。我听他讲，他听我说。就这么简单！

伯克利：我根本没有觉得是人家给了我一份死死板板的台词让我拿去谱曲。与一位作家联袂创作一部清唱剧最过瘾的一点是，你一步步地干，剧本一点点地展开。伊恩写好台词就会发给我，我呢，谱完曲后就让他听。他以此作为参考继续创作。所以，从这一意义上来说，这音乐本身就与叙事融为了一体。

汉德卡：那么，两位在创作过程中就从来没有发过脾气、没有过冲突？

伯克利：我们俩都不是天生闹架的人——你不妨回想一下，毕竟我和他首度合作的作品讲述的就是争斗的种种罪恶。我们是互相谅解，合作共事。有些鸡毛蒜皮的小事情，聊聊就解决了嘛。

汉德卡：露骨的性爱场景搬上舞台会非常棘手吧。歌剧中的性爱往往会让人尴尬得想找个地缝钻进去。

麦克尤恩：说实在的，此剧虽然有种种男女私通，但性爱场面本身其实是一出情景喜剧。当所有角色鱼贯而出，一一登上舞台，歌剧的高潮戛然中断——又一我爱写的罗西尼式时刻。迈克尔，就查尔斯的男性气概表现而言，这是不是歌剧头一遭出现"虚晃一枪"？

伯克利：这我还需要考虑考虑！不过说真的，我觉得许许多多当代歌剧并没有充分探索喜悲剧之间的张力。闪光之后，才能有真正的黑暗，而当音乐与歌词相融合，便可完美传达这一强烈反差。伊恩素来措辞精准，我谱曲时也同样需要亦步亦趋，精准地将乐调由喜转悲。这真的是一种磨练。在此莫扎特再次给了我些许灵感。

汉德卡：伊恩的长篇小说常有神来之笔，令人赞叹，譬如《赎罪》中对戎马生活的描绘。然而，清唱剧是以人物的内心独白和对话为基础的。

那么,删减描写以突出内心独白和对话对你来说是不是很困难?

麦克尤恩:恰恰相反,我乐在其中。刚才迈克尔提到莫扎特给他的灵感,而对我来说,写这部清唱剧让我无比崇拜莎士比亚。它让我明白抑扬格五音步的威力。有时候我发现自己竟然不知不觉地接连写了五个!清唱剧并不是诗歌。但我非常清楚自己有一双"内耳",可以捕捉到所谓的"跳跃韵"。它基本上就是韵文。我并没有刻意去想迈克尔会怎么谱曲,但我确实会想象这些词语如何被表达出来。

伯克利:我觉得伊恩的文字很具感染力。字里行间,内涵深邃,即便是最短的词语也意蕴丰富。清唱剧跟伊恩的长篇小说不同。就歌剧而言,一切表达都有一定程度的夸张。人物情感大大增强。很多戏剧性的事情在短小的时空中发生。

汉德卡:你们二位,尤其是伊恩,极力推动上演带有英语字幕的歌剧。这是否确认歌剧以牺牲音乐为代价来凸显对话,或者只是演唱者未能很好地演绎台词呢?

麦克尤恩:这既是心理剧也是音乐剧。我认为如今观众已习惯于通过字幕来理解歌剧,因此字幕已成为音乐与台词之间互动的　部分。

伯克利:另外需要记住的一点是,威尔士音乐剧院歌剧团是一家在全国各地巡演的先锋公司,将新作推向往往较少上演歌剧的地方。只要能够给观众提供接触新作品、新歌剧和心理活动丰富的作品的机会,都必须认真加以考虑。

汉德卡:你对这部作品有什么希冀吗?新上演的歌剧往往很难成为保留剧目。

伯克利:我一直都很幸运——在英国首演之后,《简爱》相继又在澳大利亚和美国上演,现已被列入保留剧目;《为了你》即将改编扩展,现正在德国和瑞士演出。我想我们现在正处于英国新歌剧的黄金时期。巴比肯艺术中心刚刚隆重上演了朱迪斯·威尔的作品,而且哈利(哈里森·伯特威斯尔)有一部新歌剧《牛头人》正在皇家歌剧院首演。乔治·本杰明、詹姆斯·麦克米伦和乔纳森·多夫最近都有重要的世界首演。所以歌剧的状况并没有悲观无望,完全不是这样。

汉德卡:在不远的将来你们二位还会有别的合作吗,还是我们得再等上二十五年?

麦克尤恩:当然有各种各样的可能性。我不可能一直都写清唱剧,尽管在艺术上我已报酬丰厚,这次合作也令我十分愉悦。我已编了几部电影电视剧本,如以等级而论,我得说编剧之于歌剧作词,就像下士之于将军了。

伯克利:……那么作家呢?

麦克尤恩:哦,作家是上帝!

若隐若现

◎ 史蒂芬·平克/2008 年

《美国笔会》9(2008 年)：第 131—138 页。经出版商许可转载。

伊恩·麦克尤恩：我们不妨聊聊人们交谈时的实际情形。

史蒂芬·平克：嗯，若翻看某一谈话的文字稿，有一点挺耐人寻味：谈话中交流信息寥寥无几，而旁敲侧击、委婉表达却比比皆是，我们有赖听者来填补空白。例如，如果翻阅水门事件的文字稿，你会发现它很让人摸不着头脑。水门事件的文字稿极有可能是第一批公开的书面谈话。有语境时，说话人知道听者会体会言外之意，自己说得极少也无妨。而文字稿中语境是缺失的。也许，简单的礼节便是最明晰的证明。餐桌上可能有人会说："如您能把盐递给我，那就太好了。"干吗在餐桌上用虚拟语气构建虚拟世界呢？

麦克尤恩：赤裸裸的虚伪。好什么呀。

平克：是的，没什么好的。人们在谈论令人不安的话题——如性行为——时，很少说出心中的意思。有个老桥段："你想上来看看我的蚀刻画吗？"这本意是色诱。詹姆斯·瑟伯曾画过一幅漫画，漫画中公寓大楼的大厅里，男子对约会对象说："稍等片刻，我去把蚀刻画拿下来。"我们领会这一笑点，因为我们知道那个问题不应直白地问。暗含的恫吓也是一例。看黑手党电影的人都知道,当黑手党成员说:"你这店不错。发生点意外的话,就太可惜了。"听者明白话中隐藏的威胁。这在譬如性骚扰、敲诈、行贿的控告中成为很切实的问题。该如何解读克拉伦斯·托马斯对安妮塔·希尔说的话:"谁把阴毛放在了我的可乐罐上"? 这句话是单纯的说辞还是色诱呢? 设计计算机程序时也有这个问题。例如,如果通过编程,电脑内置地图,懂得英语语法,然后你问电脑:"你能告诉我去明尼阿波利斯市的最佳路线吗?"它答道:"能。"当然,你在这样表达自己的问题时,你脑中的问题并不是这样的。实际上,你脑中并没有问题——有的其实是命令。所以,怎么了? 为什么我们不直接说出我们的想法? 答案是,对话同时在做两件事。对话的确传递信息——你的确想要那该死的盐——但同时,你所说的是以你和对方的关系为前提的。发出命令或提出动议会让二人的关系发生双方都不想要的改变。当我说"如您能把盐递给我,那就太好了"时,我可以请求你帮我递盐,而并未把你当走卒,颐指气使。但我仍然传达出了命令。

麦克尤恩:这些事情在不同国家和不同文化中大相径庭。我第一次到美国时就注意到,美国人更直率些。最近再版了一本 1943 年或 1944 年的手册,手册为驻英美军指点迷津,比如如何点啤酒。对于大多数美国人来说,不加修饰地说"来杯啤酒"并不粗鲁。但在英格兰的酒吧里,这听上去就十分无礼了——尤其在 1943 年。你须得加上些修饰,如"您介意吗"或者"打扰您了"。

平克:还有"如果这不会太麻烦您的话……"很多取决于特定的双方在某个文化中是如何被归类的。比如,你会把销售员当低级工人吗? 而且这些习俗会因时而变。

麦克尤恩:作为读者,我们所有人必须做的一件事情就是翻开书,阅读文学作品中人为的谈话记录——即对话。这和读水门事件的文字稿截然不同,不是吗? 小说家的首要责任是让读者知道说话人是谁,作者可以用状语结构(如,她高兴地说)来传达这一信息,或者,甚至可以通过段落描写来展现说话人的心态。作为认知心理学家的你,是否觉得那是个很糟糕的弊病? 这些互动方式会让你恼火吗?

平克:我从没想过。我觉得,如果将小说中的几页对话和谈话记录中的几页对话做个比较,结果会截然不同。作者除了对角色意图和心理状态详细的具象描写之外,我敢说,对对话内容本身也会精心雕琢,使其自然而又隐晦,好让读者即使并不了解角色的全部生平,也能理解。但这对话却和真实对话完全不同。受邀做演讲并需要上交书面文件时,我说:"演讲我十分乐意,但我没空写文稿。"对方说:"啊,没关系。我们会把你所说的录下来,雇个人转录,然后你只需要把标点符号整理好,就能得到自动生成的文稿了。"我经常中了这诡计。这样行不通! 无论当时我觉得自己多么口齿伶俐,能言善辩,当看到书面转录时,我还是大吃一惊,觉得自己简直是个语无伦次、结结巴巴的白痴。

麦克尤恩:纳博科夫曾自谦道:"我像天才一样思考,如名家一样写作,似孩童一样讲话。"

平克:即使提笔润色时,你也不想把它搞得很晦涩,而想让它娓娓道来,但你得运用手段,想象自然且清晰的语言听起来会如何。我想,有说服力的虚构对话和真实的人际谈话之间也存在类似的关系。

麦克尤恩:人们还会有一种迫切的冲动,想把自己变得比实际上更聪明。最终呢,还是坠入同一个陷阱,不得不把转录当底本,写起讲稿。引诱的本质呀,我们无法一一说出自己的思想呀,这些你都写得妙趣横生。下面这件尴尬至极的事我从没提起过:十七岁时,我在男生寄宿学校已经待了七年,对于女孩子了解甚少。后来上了大学,有一场大型迎新摇滚音乐会,我想:"唉,我必须成功搭讪到女生。"我看到一位非常漂亮的姑娘孤零零地站着——或者在我看来她是独自一人——于是我想:"我有主意了,废话全省,单刀直入。"我对她说:"嘿,你想去我房间啪啪吗?"让我目瞪口呆的是,她说:"啪个屁。"于是我学到了早该在简·奥斯汀那里学到的教训。当然,我们知道,在文学中,就像在生活中一样,每个阶段都必须对勾引这档子事以合情合理的拒绝加以限制。我的意思是说"来看看我的蚀刻画"。她可以拒绝,我们两个都保全了面子。她可以断然拒绝,说"不,我不想看你的蚀刻画",而不是说"我不喜欢你的身材"。

平克:我想,我们为什么不能像你一样,干脆利落地将自己的所思所想脱口而出,这真是大伤脑筋。那个女的为什么感到冒犯?她完全可以说"不"嘛。为什么要怒气冲冲地回绝?电影《窈窕淑男》中有几句对话,将这种虚伪表现得淋漓尽致。达斯汀·霍夫曼乔装成女性,和杰西卡·兰格参加了深夜姊妹悄悄话。杰西卡·兰格说:"你知道吗,我希望有一位男生,足够坦诚,走到我面前说:'我可以对你说中听的话,我们可以玩很多角色扮演,但事实就是,我觉得你很迷人,我真的想和你做爱。'这样不是很轻松?"当然,之后的情节里,达斯汀·霍夫曼卸掉伪装,没给杰西卡·兰格认出来。他在聚会上走向她,说:"你很迷人,我真的想和你做爱。"杰西卡往他脸上泼了杯酒。所以这虚伪是为哪般?我认为答案是经济学家和逻辑学家所称的"共有知识"这一概念。也就是,两人知道某事不同于一方知道另一方知道他们双方知道另一方知道的无限循环,继而影响逻辑和心理状态。所以,如果哈里对萨莉说"你应该上来看看我的蚀刻画",萨莉说"不",于是他就知道她已拒绝了他的性暗示,而她也知道自己已拒绝了他的性暗示,但她知道他知道她知道吗?他知道她知道他知道吗?没有这种高阶知识,即缺少共有知识的情形下,双方仍可以维持一份虚构的柏拉图式友谊。但显性语言就没给想象力留下用武之地了。我认为个体知识和共有知识的区别就是"皇帝的新衣"这一内核。当小男孩说"皇帝什么也没穿啊",他所说的并非他们肉眼看不到的,但他的确传达了信息——因为现在大家知道了别人都知道他们知道。这使关系发生了改变。个体知识不允许他们挑战皇帝的权威，但现在他们可以了。所以脱口而出，创造了共有知识，迫使旁敲侧击时改变不了的关系发生改变，像小男孩那样，像你不幸做的那样。

麦克尤恩：当然，在小说中展现这一点可谓趣味无穷。詹姆斯·乔伊斯的短篇故事《往生者》中，加布里埃尔的两位姨妈每年会在圣诞节左右举办聚会，他和妻子格里塔一同从聚会中离开。格里塔停下脚步，站在楼梯平台聆听客厅里传出的歌声和钢琴声，但加布里埃尔听不见。格里塔走下楼梯，两人和那位著名歌手一同走上街上。夜晚寒冷，融雪覆盖，加布里埃尔突然对格里塔涌起一股炽烈的欲望。他想一步跨过两人照看孩子、操心家务的年月，抛下一切悲伤，重返两人初遇的时光。他们颇费周折才找到一辆马拉出租车，他迫切渴望两人回到酒店的时刻。但之后一个个误解接踵而至。他以为她知道他心中的欲望。她轻柔地吻他，但她心头有事，他怒火中烧，两人中间横亘着什么。然后她脱口道出了那段著名的坦白：她之前听到的那支歌，《奥赫里姆的少女》，让她想起了曾经与她相爱的十七岁少年迈克尔·富里。加布里埃尔突然对情敌既嫉妒又愤怒，仿佛这种混淆刻薄地说："也许这就是你想和那个伊沃尔女孩去戈尔韦的原因？"这对夫妻已经四五十岁。她说："他已死了……我觉得他是为我而死的。"她接着讲起了悲惨故事，讲起这个男孩是怎样在快要死于肺炎时，冲进大雨，站在她窗下，唱起那首歌的。她那时不得不回到都柏林的女修道院，而她一到目的地就获悉他已经死了。以上内容完美地展现了交谈双方的思路完全背道而驰。他认为自己正要开始引诱，而她却沉浸在悲伤中，随后他也开始悲伤起来。加布里埃尔思索往生者，这时乔伊斯开始妙笔生花：外面的雪花落在中央平原，融进咆哮的香农河浪，飘到迈克尔·富里的坟茔，洒在秃山上。我认为加布里埃尔和格里塔的那场深夜谈话也许是乔伊斯最精彩的华章。甚为遗憾的是，他迷醉于文艺和美学思想，误入了《芬尼根守灵》这一巨大的死胡同，再也没能给我们提供那篇短篇小说所展现的如此令人动容、彰显人性的时刻。

　　平克：那段情节捕捉到的心理现象无比丰富。小说在处理交流片段固有的含糊其辞时可以在不同视角之间来回转换，进入到不同角色的思维中，当我们不能从字面上理解话语时，这让我们能够解读他人的真实意图。你在开头问我们怎样做，他们说的大多是含糊其辞，怎样在他含糊其辞时摸清他到底在说什么。答案是运用直觉心理。进入说话人的头脑中，思考："他所说的从字面来理解讲不通，他到底想说什么？他是怎样思考的？他有什么目的？我们俩是什么关系，以至于他的话如此奇怪？"从"如果您能把盐递给我，那就太好了"到更加让人不安得多的话题，都能运用直觉心理。小说使我们更深层次地运用心理直觉，因为作者能够控制当角色说话模棱两可时，我们有了了解他的心理状态。我们可以在说话人、听者以及全知叙事者的视角之间转换，锻炼并活跃我们的直觉心理。

　　麦克尤恩：乔伊斯并未提供信息，这很关键。他的叙述围绕着加布里埃尔的思维展开，他本可以直接告诉我们格里塔站在楼梯上时的心理活动。但他使我们和加布里埃尔一同陷入了误解。

　　平克：这让我想起了你的小说《在切瑟尔海滩上》，这部小说以一次性事不遂为切入口。这本书的揪心之处在于，这对1961年刚刚完婚的夫妻无法用言语沟通，甚至不能说出最简单的性欲，引发了许多误解，造成了诸多不良后果。在亲密关系中——如挚友、同盟、知音、爱人、性伴侣——我们心中的某一部分强烈抗拒用显式语言表达这段关系应该说出的话语。在这方面，比起其他方面，当我们想要表达赤胆忠诚和心意相通时，我们更倾向于用行动来表达——我们一起吃饭、相互拥抱、交换体液、如影随形。而就语言表达来看，不过是程式套话。"我承诺效忠于你"：这是表达你与部落或民族同心同德。"我对信条忠诚不移"：这是表达你对宗教的信奉。"我爱你"是想邀请另一方回复"我爱你"。你不是在表达观点,而是在完成仪规。你不会说"让我们彼此相爱。你病痛时我照料你,我病痛时你扶持我。以后的家务我来承担,钱我来赚,每周我们做很多次爱"。我们认为,如此说话的人根本不懂得亲密关系应该说出怎样的话语,想必是因为显性语言系统控制着谈话,与大脑的理性、审慎、意识部分相关联。

但如果你表达出这是由某些深层、原始的情感所控制,你就有理由让对方相信这个承诺由心而发,相信你不会为了自己的利益转眼就跑到门外。《在切瑟尔海滩上》之所以奏效是因为人们在六十年代初痛苦地受到病态的抑制,不能谈性,如今程度没那么重了。我记得,第一个句子"这个坎儿向来都不好过"闪烁其词地表现出六十年代初的禁忌。可问题是,既然我们已经经历了性革命和几代人,那么人们谈性色变的前提是否已经过时了呢?很多人告诉我说,"蚀刻画"、旁敲侧击、"来我的公寓看看"云云,年轻人已不再谈起。而是讲求效率、实事求是,勾搭上了,丝毫不掺杂情感。我持怀疑态度。所以我问过班里的本科生:"我听说你们这个年代的人提起性来不再旁敲侧击。而是单刀直入。"教室里哄堂大笑。有位同学说:"老一辈人不是总是这样谈论年轻人吗?"他们明确告诉我,没人会走上前去,跟魅力非凡的陌生人说:"想做爱吗?"说的还是:"想上来吗?我房间风景不错。"

麦克尤恩:很明显,大众文化里性关系的陈述和实际情况区别极大。我收到很多很多《在切瑟尔海滩上》读者的来信,有些读者六七十岁,但也有些十七八岁。人们使用的确切语言可能发生变化,但潜在的事实是,对于大多数人来说,第一次性交等同于跨线——用约瑟夫·康拉德的话来说,一条阴影线——它让人忧心忡忡,让人啼笑皆非,也能让人黯然销魂。对了,书中两位恋人一同饱餐了一顿,但没对他们起到丁点作用。

平克:我们两代人对于即时通讯有种病态的狂热。我们生得太晚,无法把这整个媒介融入我们的生活。学生们告诉我,即时通讯的问题是太多的含糊其辞,因为带宽如此之慢,语境就变得尤为重要。所以,有位同学说,在即时通讯中,即使说话挑明一些,你也可以免受责备,因为当你发出了提议——比如,"你想做爱吗?"——如果好像要遭到拒绝,你可以用她的话说,"哈哈而过"。因此,拒绝方式发生了改变。

麦克尤恩:这就是"哈哈了之"……我之前便想问你关于《录事巴托比》的事,因为巴托比似乎打破了所有人际交往的准则。他并不遵守规则,他让梅尔维尔这篇小说中的叙述者抓狂。在某一时刻,叙述者意识到他的命运便是如此,上帝给他派来了巴托比,他生命的职能便是在自己办公室的屏风后给他寻一方停留的小天地。书的下一页里,叙述者只想除去这个难以忍受的沉重负担。他心绪万千。在某种程度这是《往生者》的平行故事,因为巴托比之死也唤起了极其震撼的人性。叙述者在他所能搜集到的巴托比生平中发现的一件小事——巴托比在一家办公室的工作是拆封无处寄送的死信——触发了小说结尾为世人所知的呼号:"啊,巴托比! 啊,人!"但我想知道,从认知角度来看,巴托比怎么了? 我之前总觉得他患了自闭症。

平克;有可能。直觉心理用于体会言外之意,理解他人,明白他人意图,但自闭症患者最明显的认知缺陷便是直觉心理失效。通常来说,自闭症患者会错失交谈中的细微之处,至少他们理解不了。我有一位朋友的儿子是自闭儿童,有一天他往家里打电话,是儿子接的。他问:"妈妈在家吗?"儿子答:"在。"对话到此结束。母亲的确在家。但儿子并没意识到爸爸实际上是需要跟妈妈通话。

麦克尤恩:巴托比缺少这种意识。巴托比拒绝抄写文件,但仍坚持到办公室来,实际上,他在办公室里过活,甚至不肯下楼去邮局寄信。巴托比开始抄写东西,但他所做的工作越来越少,越来越少,越来越少。而他并没意识到这种行为引发了周围人的狂怒。

平克：可能是由于语言学家所称的"合作原则"没有奏效——"合作原则"指如果交谈双方敌对的话，所有善意解读对话的一般规则都会失灵。或者可能是阿斯伯格综合征或自闭症作祟，他并非不愿而是不能持善意态度。持善意态度在一定程度上需要能够填补对话空白。

"无奈之举":访谈伊恩·麦克尤恩

◎ 莱恩·罗伯茨/2008 年

此访谈 2008 年 6 月 12 日作于伦敦,专为此书而作。经作者许可刊载,特别鸣谢伊恩·麦克尤恩。

莱恩·罗伯茨:在你的所有作品中,你论及了情感关系的方方面面,常常将这些关系与外力或个体相对立。然而,《在切瑟尔海滩上》还探索了一对新婚夫妇的亲密关系。到底是什么促使你关注这样的关系呢?

伊恩·麦克尤恩:我第一反应是想说,唔,只有精神变态或患自闭症的人才会对情感关系不感兴趣。我们是社会性生物,生活在关系中,除非我们孤苦伶仃,形只影单。其实,过去四五百年间的近现代文学就生活其间。尤其是小说,它已成了探究人际关系的一种形式。所以我的兴趣挺合乎常规。

任何性关系都是权力的缩影,当初我挺赞同这一观点,但现在这种想法没那么强烈了。如今,关系所吸引我的不那么是权力方面,更多的是其中纷杂的误解、自我认知的突破、能让关系分崩离析的方式以及让关系延续下去的原因。我觉得《在切瑟尔海滩上》是对于那些元素的一次小型探索,尤其探索了种种误解:当人们不仅不能向对方描述自己的情感,而且甚至无法向自己描述自己的感情时,误解就产生了。

罗伯茨:《无辜者》也有点那么回事:伦纳德和玛丽亚谋杀奥托之后,两人无法从中摆脱,找不到重新交流的方式。

麦克尤恩:所有事情都有回头路,但通常很少有人会走。情感在作崇,骄傲、自我说服之类的感情在作祟。那一方面也很吸引我。这一概念和进化心理学家鲍勃·特里夫斯的理论有关。谈及欺骗,我认为是特里夫斯首先提出欺骗他人的最好的方式是自欺欺人。如果你想欺骗别人,更为有效的方式是劝服自己,因为这时你已无所隐瞒。可以说,你是在讲真话。我不清楚在进化论中这一概念有多适用,但这似乎很能说明人们是如何身处冲突或困境的,个人困境。这一点也体现在更为宏广的政治方面。对记忆和证据,人们要么扭曲它们,要么持选择性态度。现在,在我看来,情感关系的这一因素内涵十分丰富,值得探究。

罗伯茨:既然我们有这一说服自己的能力,那你如何理解实实在在的"真相"这一概念呢?比如,假如你只与受害方交谈,我想那只不过是他们眼中的某种更大的真相吧?

麦克尤恩:我并不赞同后现代主义相对论,即个人主张的真理才是唯一的真理。我确信某些现实的确还有待探索。就此而言,我是一个客观主义者。我接受生物学的观点,认为通过感知,通过认知,我们必须构建世界……我是说,比如,视觉神经科学取得的非凡成就表明,实际上把世界详尽地展现给我们的只是视网膜中的极小一部分,而其余都是由此展开的建构。然而,有些事情就实实在在地在那儿,始终如一,我们可以在其中演化、运作,可以不断改进我们对它的描述。我们在感知真理时,自我说服的确发挥作用。我们都站在光谱的某一点上。有些人冷静客观,可以对自己心目中情感的真正属地了然于胸。而另有一些人其实只能看到他们情感中和投射下的世界。我们所有人必须站在这光谱的某处。

当然,创作小说的乐趣和兴致就是可以发号施令。不妨说,你可以调设叙述表盘,使得你唯一可知的真相是透过某一人物的眼睛看到的,或者相反,你也可以随机应变或者选择某种上帝般的全知视角。

人们谈论"我的真相"时,我会耿耿于怀。你在大学工作,肯定比我更熟悉这一情况,尤其是在文学理论界。有一种强烈的反理性主义味道,理智上让我十分排斥。我完全不能苟同。我发现这是我宁愿读认知心理学家、进化心理学家或人类行为神经科学家，而不愿读如雅克·德里达、拉康或鲍德里亚的又一原因。

罗伯茨：假如学术界试图擅用理论，或从上述角度阐释你的作品，你怎样看待这类行为？

麦克尤恩：唔，批评性著作千差万别。有些人的写法我还是可以认同的，如：高端文学新闻写作。我很喜欢读弗兰克·克莫德所著的莎士比亚评论。我甚至不知道称之为什么——也许是道德批评吧——它使用的是日常话语。这对作家来说是一件乐事，能够得到一位博览群书、勤于思考的英才的注视是一件乐事。

显然，声势浩大的后现代主义由于失去了广大读者，现已偃旗息鼓，无法与文化群落打交道。这么多年来，我头一次发现自己在读一本有关文学理论的书——作者为爱德华·森舸澜——这本书讲的是理科给人文学科的启示。说实在的，这是一本超级好书。不过说这有点离题了。

罗伯茨：你曾在一篇文章中记述了你与气候环境组织"送别角"去往北极的探险之旅，这和人性问题相关（哈，这听上去好像你的新作也会聚焦人性的方方面面）。这篇文章围绕"靴橱"展开，人们在这里穿鞋，脱鞋，其他探险队员有需要时便把鞋子穿走。文章中有一个关键段落讨论了人性、艺术以及我们的促变能力："即使我们承认自己其实本性难移，但是，只有对我们自身再多加些了解时，我们才能将地球从我们的蹂躏中拯救出来。"你还讨论了我们需要规则——靴橱规则。我们怎样才能下定决心，参与到这种全球性问题的解决中去呢？（问题比比皆是，不光有气候问题，还有艾滋病、暴政、贫穷等问题。当我们管理自我都笨手笨脚的，我们怎样参与到那些问题的解决中去呢？对于应对这些更加重大的问题，你抱有希望吗？

麦克尤恩：我当然抱有希望。我们在孤立无援、举步维艰时肯定束手无策，但我们创立社会，我们在城市里谋生，大体上社会啊城市啊都在发挥作用,因为我们制定了规则,订立了社会契约,让我们及时享乐的私人需求退居最后——追求不属于自己的东西是需要付出代价的。大多数在气候变化方面真正具有见地的作家都认为,问题必须在全球贫困这一背景下加以解决。化石燃料驱动了我们的文明,使数百万、数千万人口脱贫。但抛开道义考量,贫困对气候危害极大。

气候问题挑战我们的本性。个体彼此竞争,国家相互博弈。但在这个问题上,个人也好,国家也罢,都需要协作,只有诉诸理性,商定一套规则,在规则中竞争,问题才能得到解决。美国称只有中、印参与它才会参与;而中、印称它们不会参与,既因为它们还要使数百万人口脱贫,也因为症结不在它们,而在美国。我们陷入了僵局。我们需要合理的规则来解决这些周而复始的问题。

近来,我们没多少理由持乐观态度。二氧化碳每年都上升 2 至 3ppm。如今已接近 400ppm。这个世纪尝试将二氧化碳浓度稳定在 560ppm 的说辞越发站不住脚了。但我们掌握充分的科技知识以及谈判技巧。大家知道该做什么。最终,理想主义退位,利己主义成为我们考量的焦点。甚至贪婪都可以得到制约,这对我们颇为有利——有效的碳交易体制助推二氧化碳的减排。就像我在那篇文章中所说,我们习惯于为那些会礼尚往来的人行善。经过微调,我们已适应那一过程。现在,我们得跳出个体寿命的框架加以思考,该开始为未出世的后代做善事了。

人性演化的时间尚短,解决问题所需的期限要长得多。我们真正着眼的是下一两个世纪。在你我入土之后,这一严峻形势将会对本世纪的后代们产生危害。所以,这是一个挑战,而我自始至终一直都在撰文论述。我目前在写一部小说,小说的主人公有太多的弱点和缺点。他决心为气候变化出点力,但他的种种缺点一直在阻碍进程。基本前提就是这样。

罗伯茨:刚才提及的文章中还有一句话是这样的:"放下理想主义,放下愤慨情绪,甚至放下优秀艺术——我们心底明白,最好的艺术纵使精美,也毫无用处。"眼下,我们需要制定规则来管控我们,助力我们前行,请你阐明一下这一观点好吗?你认为创作一部以气候变化为中心主题的小说会引发讨论吗?艺术能做什么呢?

麦克尤恩:我认为艺术起不了什么作用。我也认为艺术对气候变化作用甚微。我觉得它可以反映问题,把问题摆出来,这也许会有助于人们吧。我想我们的确面临本性的考验,而且,我们越了解自己的本性,就越能更好地面对考验。这就是为什么我们要基于经验看待自己,看待我们的认知能力怎样塑造我们跟世界的互动、我们跟彼此的交流。但艺术起不了什么作用。可以肯定的是,我在写这本小说时,并不认为自己要拯救世界。

罗伯茨:书评出来时,大标题肯定会提及气候变化问题。如今,绿色"风靡一时"——"走向绿色"的观念很入时啊。你觉得"走向绿色"不过是夸饰吗?你认为这种行销其实没什么影响力吧?

麦克尤恩:真正重要的是,美国这样的国家开始建设大型太阳能设施,同时淘汰向大气排放二氧化氮的设施。减少某样东西的使用的确有助于延缓问题的产生,但并不能根本解决问题。开小型车,调低恒温器温度,也许确实会让我们好过一些。但归根结底,我们得转向清洁能源。

看待这个问题有很多方式。著名气候变化方面的作家华莱士·布勒克曾将气候变化与污水作了类比。十九世纪时,很多西方大城市开始解决污水治理的问题。当时,有人写文章称污水不过是我们生存的一部分,是我们享受城市生活待遇必须付出的一份代价。据估计,解决污水需花费一千亿美元左右,西方国家经过一两代人的时间才大功告成。他们花费巨额费用建造了庞大的地下网络。现在,我们得把二氧化碳当作我们的新污水。

我不管这问题有多时兴,反正它很重要。一场工业革命正在悄然上演。美国西海岸那帮新潮的家伙曾经改进了因特网,现在想开发清洁能源技术来重新焕发青春。太阳能领域的革新方兴未艾。然后有了这无聊的经济账。德国人允许人们把自己屋顶上发的电以高补贴价卖回给公共事业公司。它为太阳能和风能产业创造了二十五万个工作岗位。这同样也是靴橱规则的产物……据此，消费主义仍可大行其道。人们依旧可以贪婪且好胜，说："我的太阳能房顶比你的好。"好啊。人性可以在那一范围内大放异彩。

罗伯茨：考虑那些比较重大的问题时，需要处理的事情太多太多，不同层面交织在一起——大众、流行运动怎样影响政治，政客又受到这些流行运动多少影响——处理起来很是棘手。

麦克尤恩：的确，民主社会中有流行风尚，而想再度当选的政客必须加以迎合，这很重要。但同时，这也说明大众易于接受任何有足够远见的人来领导。单从这点来看，乔治·布什当选真是白费了机会，是一出惨痛的悲剧！我们只能希望，下一任不论是谁（我希望是奥巴马）能够一马当先。

罗伯茨：同样，环境问题还事关接受改变，接受周围的现实。我们看到，美国的汽油上涨了一半，然后翻了一番，而到现在，一看周围的价格，你会说："噢，这汽油真便宜。才不到 4 美元！"

麦克尤恩：是的，我们觉得你们的汽油是免费的。大家都习惯了，不可思议啊。我是说，我想我们的汽油一加仑相当于 8 美元左右了。但这阻止不了人们加满汽车油箱……

罗伯茨：谈及政治问题，我想到了国家为自己的过去，为自己的所作所为赎罪的问题。你认为，有国家层面赎罪这一说吗？那和个人层面的赎罪有什么不同？

麦克尤恩：我觉得，要追究往事是挺难的。不过有些事情还是能够有所作为的。今年，澳大利亚总理向原住民致歉那天，我恰逢在澳大利亚。即使在澳大利亚愤世嫉俗的报刊看来，这件事虽然主要是象征性的，但仍然意义重大。我看到最近加拿大也有这种情况。面对自己的过去，有些国家处理得比较得力。简而言之，赎罪就是洞悉过去，而不是压制或扭曲过去。所以，一方面，种族隔离政权垮台后，南非设立的委员会出于民族良知公开展示种族隔离政权犯下的种种暴行。我认为德国在处理过去这一问题上胜于多数国家。而土耳其还在否认亚美尼亚人大屠杀，并且依然在迫害揭露此事的作家。日本人也以自己的方式否认历史。国家层面的赎罪就是疏污浚泥，而不是遮掩埋藏。不会有任何能宽恕于你的超自然实体出现来完成赎罪。其实，所谓赎罪，就是如何把过往融进国家叙述中。

罗伯茨：你觉得作家在政治话语或这样的社会议题中扮演什么角色？作家在此类问题上能发出什么声音，产生什么影响？

麦克尤恩：嗯，作家可得小心，不要陷入指点江山般的"名人舆论"文化中。不过，另一方面，如果某些公共议题恰好与你的关切相关，那么有时候你可真的该大胆发声。当今的媒体冷酷无情，如饥似渴，为所欲为，且不依不饶。它们白天黑夜滚滚而来。饥不择食的它们无止无休、无止无休地炮制舆论。舆论太廉价，我觉得——你根本不必派任何人到任何地方去——有时很难严肃对待它。

所以，实际上，它是个平衡问题。另外，写小说是一件私人化、让人着迷的事情，而你一旦初露锋芒……如果你在公众场合说了什么，那就永远没完没了了。你可能会被误引，会因为你从没说过的话而遭受攻击。就像在壶罐里掀起一场小小的风暴——上百万条博客翻腾涌现。辩论水平低下，充斥着愤怒和恶意。不过，偶有明智之论，但很难找寻。然而，尽管噪音纷杂，言辞不得要领，但你有感还是值得一发的嘛。

罗伯茨：你说写作是非常私人化和让人着迷的，需要宁静和内省。那你的职业生涯因此发生了怎样的改变呢？

麦克尤恩：世界更喧嚣了。互联网使世界喧嚣，滚滚的新闻使它喧器。英国本土来说,使它更为喧嚣的还有转变的国民性格,狂热得多了,更情绪化、乖僻且易变了。国民情绪不断波动。首相可以这一周是上帝,下一周是撒旦魔鬼。一句闲言碎语都能让那帮专业韵文解读者日复一日地无聊沉思。我并不是说如今人们无法独处,但差别在于,七八十年代时独处唾手可得,而现今大家得努力争取。那时候,独处如同你呼吸的空气,而如果想进入公众视野,那得努力才行。现在完全掉了个个儿。

　　罗伯茨：让我们聊聊音乐吧。你的几部作品都提到了音乐,你最近在《每日电讯报》中对伊万·休伊特说:"音乐能以特殊方式与记忆联结。"①除用做作品主题之外,音乐或其他艺术形式在多大程度上影响你的写作?

　　麦克尤恩：很简单:我享受其中。我敬仰音乐家、作曲家。也许,与其他任何艺术形式相比,音乐始终传达心理满足和形式完美,这种完美只有在最精彩的诗篇中才可以找到。小说,即使是最为伟大的小说,自始至终从不完美——《安娜·卡列尼娜》或者《包法利夫人》,当然还有《尤利西斯》,都有冗长乏味的情节。但《哥德堡变奏曲》并非如此。此外,音乐不含任何涵义使得它具有无限魅力。当然,我们都会赋予它涵义,但它实际传达的内容我们却理解不了,无以言表。昨晚,我和安娜丽娜与朱利安(·巴恩斯)和他妻子帕特(·卡瓦纳)在威哥摩尔音乐厅听保罗·路易斯演奏舒伯特和莫扎特。我想,在任何领域,无论是精神、智力还是感官上,无论是听别人朗读他们的最新小说还是听我自己朗读,我都得不到这种快乐,而这不是我第一次有这种想法。

　　《在切瑟尔海滩上》是我第一次尝试用音乐作为人物标志以及误解的载体。爱德华喜欢摇滚,而弗洛伦斯喜欢古典乐曲,这是他们两人互不理解的部分原因。我在歌剧中也使用过音乐,在《阿姆斯特丹》中用音乐来

---

　　① Hewett, lan. "lan McEwan: Opera? Great Music, Terrible Plots." The Guardian, 26 May 2008. http://www. telegraph. co. uk/arts/main. jhtmL? xmL = /arts/2008/05/26/bomcewan/26. xml。

讨论自负的野心,来实现真正创造完美之物的想法。

罗伯茨: 这和写作有什么相似之处吗,特别是把作曲家视为作家? 在你的清唱剧《为了你》中,作曲家查尔斯·弗里斯曾说:"无宗教,无目的,只为此:/死前创造完美/人生短暂,艺术永存——/。"你在纽约客节上与戴维·雷姆尼克的对谈中讨论说想要在写作中获得某些成果,产生和音乐类似的效果。请问在音乐中更容易获得完美吗? 在获取完美的过程中,文字是拦路虎吗?

麦克尤恩: 嗯,当然啰,因为文字对不同的人来说含有不同的意义。但我依然相信,我能超越以往的成就,争取一些新的东西。所有作家都需要这份"非非之想"。不过,即使你在提这个问题的时候,我就在想:"是的,不管是什么东西,篇幅一定要短。"——篇幅过长是不可能完美的。也许我不是个够好的作家,但长篇小说洋洋洒洒、繁言蔓词的传统似乎阻碍了完美的实现,而中篇小说可能恰到好处。当然,诗歌最为理想。有很多诗作,我想说:"我真希望一字不动。"

罗伯茨: 我刚重读了《在切瑟尔海滩上》,它的形式或结构非常平衡,简直叹为观止。作为读者我觉得,就这部小说的内容、它描绘的人际关系以及探讨的议题而言,篇幅不长不短,十分适中。你在写它的时候,想起过音乐或想要努力接近完美吗? 我记得我们上次谈话时,你提到你的脑海中大致上已有小说的特定形式或特定长度。

麦克尤恩: 我记得我以前的确跟你说过我在写这本书时首先想到的一件事就是篇幅和结构。我在笔记本上写了"五乘八"原则——一共五章,每章大约八千字。实际上,最终有三万九千字。共五章,每章篇幅相当。

在《阿姆斯特丹》中,我着力想象创作乐曲的情景。我将它视觉化,它半遮半掩,有外观轮廓,是一组石阶,一片平原。

所有音乐中,持续让我着迷的是巴赫。有几首曲子我十六岁第一次听到时便很喜欢,至今它们魅力未减。同一时期我也为《橡胶灵魂》所陶醉,但我不会走到房间的另一头去放唱片。可当我听巴赫键盘四重奏或某些康塔塔时,我还是像 1965 年时那样很喜爱它们。

罗伯茨:创作《为了你》的时候,你是怎样准备的?可能除了语言内在的韵律之外,你脑海中有潜在的音乐吗?比如,你研究过其他唱词吗?

麦克尤恩:没有,我刻意避开了。我没做任何准备,只是和作曲家迈克尔·伯克利在林中散了散步,给他讲了讲故事的大概轮廓。其时我们一致认为性强迫是不错的主题。我对音乐很感兴趣,于是就想让一位作曲家做故事的主人公。这位作曲家会在起始和最后一场指挥乐团。作为讨论话题,音乐贯穿始终。这部剧是和《在切瑟尔海滩上》同时创作的。同样,这本书的算术方法是"十乘十"原则——共十场,每场十分钟。结果稍长一些。但那已尽力克制了。写完一场,我就寄给迈克尔,然后接着写小说。觉得他的进度快要赶上我时,我便在小说中找个节点搁笔,又继续写歌剧。

罗伯茨:再回头谈谈形式。刚才你说诗歌有可能达至完美。在早先的几次访谈中你提及你曾写过诗,跟伊恩·汉密尔顿说你早期的一些创作是十四行诗。那么为什么是"小说家伊恩·麦克尤恩",而不是"小说家兼诗人伊恩·麦克尤恩"呢?你常常用诗歌创作吗?

麦克尤恩:不,我不太写诗。我的观点比较苛刻:如果二十岁出头时你还没立志成为诗人,训练自己的手和耳朵,那么实际上你将来就成不了一位严肃诗人。我不认为人人都能写诗。我的意思是,谁都能舞文弄墨,但可能写得一塌糊涂。写诗需要一辈子的投入,而不是浅尝辄止的事情。这和小说家偶尔写首诗是两码事。

我写过两首诗——一首维拉内拉诗几年前发表在《观察家报》上。还有一首有意而为的无韵流行歌曲。但那是暗地里写的,图点乐子罢了。

罗伯茨:我想这问题同样也适用短篇小说。我知道你时常有要不要重回短篇小说这一问题。你对短篇故事的看法跟诗一样吗,认为创作短篇故事也需要持之以恒?

麦克尤恩:我喜欢多写短篇小说,不过中篇小说——两万到四万字的小长篇——更加吸引我。在文学疆域,人们强烈推崇阳刚雄浑。如果你出版的是一部小长篇,人家会认为你还不够牛。我怀疑大多数的大部头当代小说只有四分之一的内容被读过,至少如果参照我的床头桌来判断的话。很多十五万字的小说如果长度缩减到三分之一效果更佳。作家要量中保质是无比困难的。只有极少数作家做得到。亨利·詹姆斯在《小说的艺术》中写道,小说家的第一要务是要写得有趣。这条建议很中肯,但不容易遵循,恐怕连詹姆斯自己也不一定一直做得到吧。

罗伯茨:的确如此。我们再谈谈别的吧。我很想知道你在创作初期的美国之行。你在为皮卡多出版社写的一篇题为《1976 年》的文章中作了记述。我好奇的不仅是你看待美国的视角或你对美国的看法——怕被"某些持枪、疯癫、粗粝的美国人"抢劫或跟踪——还有你与菲利普·罗斯的纽约会面。那是怎么回事?

麦克尤恩:这让我想起了罗斯在八十年代初期曾来伦敦居住,我那时常常去见他。没错,他很慈祥,对我的写作很感兴趣,和蔼亲切,给我很多鼓励。我把我第一本小说《水泥花园》的初稿给了他,我还记得他来我伦敦南部的公寓找我,把一章章铺在地上,说:"到这为止都很棒……孩子们……父母都已去世……现在,你得让一切闹翻天。"也许他说得很对,天晓得,说不定那样写那本小说会更好呢,但它或许就成了罗斯式的小说。当时我没听从他的建议,但承蒙他关注,我受宠若惊。总而言之,他是一位卓越的批评家。

1970 年我开始写作时,罗斯的作品想象诡谲,天马行空,嬉笑怒骂,力压当代英国小说。它俨然是一种解放。那圣像三联——罗斯,贝娄,厄普代克——一直对现代主义了然于胸,却躲开了它的阴影。他们博十九世纪小说之众长,将其融入到现代自觉意识中。工具和手段一应俱全:各色人物、洋洋洒洒的东拉西扯、强烈的地理或地方感。贝娄笔下的芝加哥，罗斯的新泽西、厄普代克的新英格兰就像书中人物一般。它们仿佛完全能够融入当下美国的生活状态，无论是都市还是乡镇，它们欣然接受社会小说是一种可行的形式，富有道德意涵，认同社会小说有大众化特质，有无阶级或多元品性。

而在二战后的欧洲，小说已然萎缩，尽管篇幅越来越长——萎缩到一味追求稀罕、完美、晦涩和颓丧。它已不太介入现实世界。英国小说却不然。它有其他问题。它似乎已萎缩成了只关注鸡毛蒜皮的资产阶级小世界。所以，虽然我以前经常说卡夫卡这位作家对我十分重要，但那三位作家更为重要，即使我自己的创作与他们的大相径庭。

罗伯茨：你曾经提到在创作《星期六》时某种程度上受到厄普代克"兔子四部曲"的影响，想将当代融入其中。这让我想起厄普代克不断使用媒体——从收音机、广告、电视中都能听到——正是我们日常接触的媒体。《星期六》中有所体现，将新闻报道融进小说，让外部世界进入亨利的世界。

麦克尤恩：你可得谨慎。没人想让小说充斥着新闻报道。我们的生活忙忙碌碌，对于新闻心不在焉，把它当做我们身边展开的平行故事。多少人在炸弹中丧生？戈登·布朗会获得额外选票吗？多少移民越过边境？如果你亲身参与其中，那是另一回事，但对我们大多数人来说，新闻不过是背景音乐，是我们日常生活的配乐。

罗伯茨：仍然谈厄普代克吧。他往往大幅度重写，譬如，他将"兔子四部曲"合而为一，改写段落，这样独立一本本读与读合集稍有不同——他删去冗余内容，使行文流畅，宛如整体。你是怎样处理编辑过程的呢？我很感兴趣。

麦克尤恩：作品一旦出版，我就不再更改，除非可能偶有事实需要更正。大体上，我认为自己过去所写的内容都是故事的一部分，不能更改。

翻开自己早期的短篇故事,指到那个地方,更改标点符号的时候手指都在抽动。我曾经试验过一段时间,用逗号代替句号。现在看起来太做作了。那时受贝克特影响太深。而且,段落划分……在我看来,段落篇幅太长,太难精简。但我没做更改。我觉得动不动就开始胡改一通,是对过去的自己的背叛。

罗伯茨:你参与过其他方面的图书制作吗?

麦克尤恩:是的,我参与过封面设计。

罗伯茨:只是英国版,还是也有其他版?

麦克尤恩:大多是英国版。我的英国出版商问我对《在切瑟尔海滩上》的封面设计有什么想法,我说:"唔,我想要一个身影,沿着海岸渐渐走远。"于是他们就派了支团队去了多塞特,带回了那张照片。棒极了。我想要让读者身临其境,感受地质的构造样貌——一条二十七八英里的狭长地带,两面环水,一面是潟湖,一面是大海。

罗伯茨:我们正在讨论的这种种决定(如编辑手稿、封面设计等)经常反映在作家的文稿或档案中。你怎样看待安德鲁·莫森等人不时呼吁英国政府支持将手稿留在国内?曾有人与你接洽,想要获取你的文稿吗?

麦克尤恩:有过,有时候有中间人与我商洽,说他们能和某家图书馆达成协议什么的。我要么不予回复,要么说我眼下没有计划处理我的文稿。不过我得马上采取措施。在同等情形下,我倒愿将自己的文稿留在英国。可如果有人给我一大笔钱,我想,那我得是腰缠万贯才会拒绝吧。总有一天我会停止写作。年过八十时我靠什么赚钱?不过我认为安德鲁把这件事提出来太对了。

可是,没错,我逛了一圈亨廷顿图书馆的一个个拱顶室,看了看金斯利·艾米斯的文稿,一生的零零碎碎、点点滴滴,书桌抽屉被倒翻过来,里面的物品被分门别类，午餐请柬、被遗忘的公开朗诵会、火车票根……人的一生可以被如此分类归档，令人毛骨悚然。

罗伯茨：作为图书管理员，我发现这个问题很有意思，我在想，要把自己的文稿留在英国这一念头，这一吸引力是否和自认为是英国作家有关呢？你是这么看待自己的吗？

麦克尤恩：是的，我觉得是。我的长篇小说大多是以英国为背景。我认为自己受到英国教育的影响、英国文学的塑造，而且不可置否，我几乎一生都在这里生活。我觉得自己不属于任何文学运动或流派——英国作家属于哪类？——但我确定自己不是美国作家，也不是法国作家。

罗伯茨：给你自己的文稿安个窝，这一想法对未来调研你的作品会发挥作用。我知道朱利安·巴恩斯最近写了一本论死亡的书。你作为一名作家，对死亡或者所谓的你的遗产有什么想法？当你开始听到有人兴致勃勃地要"保存"你，保存你人生中的一张张火车票根……

麦克尤恩：嗯，我觉得待在某个图书馆的拱顶室里不算是很理想的来世吧，但这很可能是我唯一的来世，而且我会比大多数人都幸运。我没什么道理可以相信，当我的大脑和身体消亡的时候，还有什么能存活下来。你迈入六十岁后，一种较为强烈的生命有涯的意识会不可避免地潜入你的作品中。真的，这几乎就像是一条铁律。哪怕从细枝末节的层面来说，我想，当余生只剩下一二十载时，能再过上个潮湿、多云的夏天是多么难能可贵啊。所以才会感喟时光短暂。

就这一话题我曾问过约翰·厄普代克。他说他在考虑处理掉一大批书，因为他觉得自己可能会搬到小一点的房子去，我说："嗯，那肯定让你很伤心。""唔，五十五六岁时，也许我也会这样想，但天有不测风云。你开始不太操心了。显然，"他说，"现在，想到自己的死，你就不会像三十多岁时那样悲伤或害怕了。"对此，我觉得自己有了些许领悟。所以，也许，不用信教，你自然会心甘妥协。你少操心就行了。

罗伯茨：你认为有了子女之后会影响你的看法吗？

麦克尤恩：肯定会有。虽说不能了解子女的人生故事是件伤心事，但对于孩子们来说，这会比不知晓你的人生故事要好得多得多。换句话说，你必须比子女先过世，否则你就要面临最惨无人道的悲剧。

罗伯茨：是的，当然……唔，接下来问我们的最后一个问题，关于我们刚才的整个访谈过程。你认为访谈是一种体裁吗？这让你想起《贝克巨变》中的亨利·贝克了吗？当时采访者千方百计想"再次鄙俗地掘进他'职业生涯'的垃圾堆，找到业已遗失的真相腕表"。

麦克尤恩：当然。唔，我花费了大把时间规避各种采访，可到头来还是做了许多。我的回绝次数大抵是接受次数的五倍或十倍。感觉采访更像是一份职责，是一个人职业守则的一部分。这主要是为了取悦别人吧。我是说，很显然，我并没有从中得到多大益处，你知道的。这好像是无奈之举，所有作家都非做不可。

这种形式本身？它相对比较现代，形式新奇，我觉得它臻益于某种戏剧——双角戏。我猜想，访谈十有八九源于好莱坞，《巴黎评论》使它臻于完善。我听某些人说当今的访谈比起三十年前的要沉闷或愚昧，我当然不这样认为。我最近听了一场伊夫林·沃同时接受三人的采访。目前保存在大英图书馆录音资料馆。提的问题太傻了。傻乎乎的，难以想象。沃从始至终憋住性子没发火。某一刻，他几乎要绝望地怪叫。你知道，比如（模仿干练的BBC播音腔）："沃先生。你是手写呢还是打字?"沃说（正常声音）："都不用，我基本上在一摞大页纸上写。"（采访者声）"纸是画还是没画线?"对话就这样进行。没有一个问题是针对作品的。一个都没有！（又是采访者声）"沃先生，你觉得某一天你想灭了某个人吗?"（笑声）大英博物馆录音资料馆的馆藏真棒。它提醒我们，不该对自己太苛刻。

罗伯茨：你采访过别人，比如厄普代克。

麦克尤恩：是的，我乐在其中。但多数采访只是履行公共义务。

罗伯茨：好嘞，伊恩，不胜感激。谢谢你让我完成义务。（笑）
麦克尤恩：呵，莱恩，对你来说，这完全是另一码事。（笑）

罗伯茨：真的不胜感激。我知道这占了你的时间，耽误了你的写作。
麦克尤恩：丢下笔，给自己放个假呗。没错。